［實用］
非訟事件法

增訂第14版

林洲富◆著　　五南圖書出版公司 印行

梁　序

　　面臨高度開發之工商社會，人際關係日趨複雜，糾紛迭起，涉及人民權利義務之事項，實宜謀求從速處理，將有些適合應用非訟程序處理之訴訟事件，轉型成較無訟爭性之非訟事件處理。故迅速、經濟及有效率地保護人民權益，已成為法律人應研究之重要課題。從而，強化法院處理非訟事件之職權，適應社會之普遍需求，實現司法為民之理念，訴訟非訟化必然成為法律之趨勢。由於非訟事件具有高度之技術性及程序性，需要具有實務經驗者主其事，始能妥適地處理非訟事件。而非訟事件涵蓋廣泛，適用法規多樣繁雜，頗感凌亂。洲富法官辦案認眞，於公暇時攻讀博士學位，誠有研究學問之熱忱，輒將處理非訟實務及教授非訟理論之心得，申述己見，臚列整合成冊，著成《實用非訟事件法》一書，以供實務及學界分享。作者索序予余。余觀其內容，論述詳實，體系架構分明，乃實務與理論兼備之佳論，深信對於有志研讀之學子及實務工作者，良有實益，爰樂為之序。

梁松雄

2004年7月9日

於司法院公務員懲戒委員會

十四版序

　　本書自增訂13版出版迄今已近1年6月，期間經企業併購法於2022年6月進行修正，故作者藉由第14版進行修正及勘誤，除使本書內容減少繆誤外，並加入最新法律規定、實務見解、學說論述及國家考試出處，以符合現行非訟事件法制與國考趨勢。本書「實用非訟事件法」及拙著「民事法案例研究——實體法與程序法之交錯運用」、「實用強制執行精義」、「民事訴訟法案例式」，均屬民事程序法之系列叢書，四本專論形成非訟事件、訴訟事件及執行事件之完整民事程序架構。有鑑學能拙劣，敬祈法界先進宏達，不吝斧正與賜教。

林洲富　謹識

2023年3月22日

于中國文化大學法律系

自 序

　　非訟事件係國家為保護人民私法上之權益,由公權力介入私權關係所形成之創設、變更或消滅效果之事件。職是,應如何適用非訟程序,以迅速、經濟及簡易之方式,處理私權之形成及紛爭,乃為研究非訟事件者,應著墨之重心所在。有鑑於我國學者就非訟事件之論述不多,縱有論之,亦僅就非訟事件法之相關規定,加以論述。然非訟事件涵蓋範圍甚廣,非僅限於非訟事件法所規範者。作者茲將於法院承辦非訟事件之經驗,體系化整理相關學說及實務見解,臚列分析個案,使實務與理論相互印證,作為有心學習非訟事件學子及實務工作者之參考。因本書祈望藉由處理非訟事件之實務經驗,將非訟事件理論轉化成實用之學,故拙著定名為「實用非訟事件法」,敬請法界先進惠予指正,不吝賜教。

林洲富

謹識於臺灣臺中地方法院

2004年7月8日

目 錄 CONTENTS

第一編　總　論

第三編　家事非訟事件

第一編

總　論

目　次

第一章　非訟事件之定義與範圍

關鍵字

| 私權 | 裁定 | 訟爭性 | 民事庭 | 非訟中心 |

第一節　非訟事件之定義

依非訟事件之文義，係對訴訟事件而言。其性質乃國家為保護人民私法上之權益，干預私權關係之創設、變更、消滅而為必要之預防，以免日後發生危害者。其與民事訴訟事件，均涉及私權之範疇，兩者甚難區分。而訴訟上之擔保、督促程序、保全程序及公示催告程序等事項，雖規定於我國民事訴訟法，然其本質並無訟爭性，其處分均以裁定為之，其置於民事訴訟法內，僅屬立法之便宜措施[1]。故非訟事件不限於非訟事件法所規定之範圍。例如，提存法、公證法、土地登記規則等法令所規範之事件，均無訟爭性，其性質均屬非訟事件[2]。

第二節　非訟事件之範圍

一、定　義

非訟事件涵蓋範圍甚廣，依據其涵蓋之事件，有廣義、狹義及最狹義之

---

[1] 葛義才，非訟事件法論，三民書局有限公司，1995年10月，再版，頁4至5。

[2] 最高法院67年度第3次民事庭庭推總會議決定（三），會議日期1978年3月14日。依非訟事件法第1條規定之文義解釋，所謂非訟事件，應不以該法所列舉者為限。

分：（一）廣義之非訟事件，應包括行政機關處理有關私權之非訟事件。例如，因土地登記而取得之不動產物權（土地法第37條）；因公司登記而取得法人資格（公司法第6條）；因專利申請而取得發明、新型及設計等專利權（專利法第2條）；商標註冊而取得商標權（商標法第33條）；（二）狹義之非訟事件則指法院處理無爭訟性質之事件，其適用之法律，包括非訟事件法、家事事件法、民事訴訟法、強制執行法、破產法、提存法及公證法等。而依據非訟事件法之分類，大抵可分民事非訟事件及商事非訟事件；（三）最狹義之非訟事件，專指非訟事件法所規定之範圍。

二、司法實務範圍

本書以非訟事件法、家事事件法及民事訴訟法為基礎，本於司法之實務經驗，參諸法院非訟中心與民事庭之非訟事務，處理非訟之法律範圍，進行整理、分析及歸納，作為本書之探討之內容，計分四主題：（一）第一編為非訟事件之緒論，探討非訟所適用之一般原理與原則；（二）第二編民事非訟事件，其內容有支付命令、意思表示之公示送達、公示催告、除權判決、拍賣事件、供訴訟之擔保、訴訟費用、登記事件、出版事件、證書保存事件及信託事件；（三）第三編家事非訟事件，範圍則有財產管理事件、監護事件、繼承事件、婚姻事件、親權事件、親屬會議事件、扶養事件及安置事件；（四）第四編商事非訟事件分為本票裁定事件、公司事件及海商事件。

第二章　非訟事件法之性質

關鍵字

私法　　　　預防　　　　干預　　　　公權力　　　　職權調查

第一節　概　說

一、公　法

　　非訟事件法係國家保護人民私法權益，對私權關係之創設、變更或消滅，依據當事人之聲請或職權為必要干預之法規範，係以國家公權力介入私權紛爭之預防，法院為權力行使之主體，其性質為公法[1]。

二、程序法

　　非訟事件法之制定目的，在於預防私權紛爭與規範私權關係之形成，以維護社會之安定，並未就實體之權利義務為具體規範，僅就私權紛爭之形式解決方法為程序規定，其為程序法，而與民事訴訟法相同。

---

[1] 姜世明，非訟事件法新論，新學林出版股份有限公司，2013年10月，修訂2版，頁2。

三、普通法

非訟事件法適用於全國之一般人民及一般事項，有別於提存法、公證法、破產法、強制執行法、家事事件法等特別之非訟法規，其性質為非訟事件之普通法。例如，家事非訟事件，除法律別有規定外，準用非訟事件法之規定（家事事件法第97條）。

四、強行法

非訟事件法所規定之程序，其內容不許當事人之意思而隨意變更，其具有強行之性質，其為強行法，而非任意法，法院、當事人及當事人均應遵守程序之規定。例如，抗告，除法律另有規定外，由地方法院以合議裁定之（非訟事件法第44條第1項）。抗告法院為裁定前，應使因該裁定結果而法律上利益受影響之關係人有陳述意見之機會。但抗告法院認為不適當者，不在此限（第2項）。抗告法院之裁定，應附理由（第3項）。

五、國內法

我國所制定之非訟事件法，經公布實施，其為成文法典，具有行使國家主權之功能，僅能施行於我國之領域內，我國機關與人民均應受拘束，論其性質為國內法，為屬地主義之表徵，而與國際法無涉[2]。

---

[2] 黎民，實用非訟事件法體系重點整理，保成出版事業有限公司，2003年4月，頁5至7。

第二節　民事訴訟與非訟事件之區別

一、目　的（90高考公證人；93民間公證人）

（一）民事訴訟事件

　　民事事件大致可分兩大類型，即民事訴訟事件（civil litigation）及非訟事件（noncontentious business）。就民事訴訟之目的而言，在於保護私法上之權利，其於當事人間私法上權利有紛爭時，請求國家機關判斷其等間之紛爭，以確定私法上之權利，並達維持私法秩序之作用[3]。職是，民事訴訟程序之開始，係基於處分主義，採不告不理原則。就訴訟標的係採處分權主義，法院受當事人聲明所拘束，對於當事人所未聲明事項不得為裁判。

（二）非訟事件

　　非訟事件係國家機關以公權力參與私法權利之形成，或防止私法上權利發生爭執而預先以公權力介入之程序。其程序之開始有依聲請及職權兩種（非訟事件法第29條第1項）。就職權程序而言，僅有法院有權發動及終結程序，關係人之聲請僅是督促或引發法院依職權開始程序，關係人之聲明及合意，並無拘束法院之效力。例如，法院依民法規定，宣告改用分別財產制者，應於裁判確定後囑託登記處登記之；其因夫妻一方破產而成為分別財產制者，法院應於破產宣告後，囑託登記處登記之（非訟事件法第104條第2項；民法第1010條、第1011條）。

二、有無訟爭性

（一）民事訴訟事件

　　民事訴訟事件有權利相對立之當事人，法院本於辯論主義之原則，適用裁

3　楊建華，民事訴訟法問題研析（一），三民書局股份有限公司，1991年8月，頁159。

定或判決程序。判決有客觀之既判力範圍，即確定之終局判決中經裁判之訴訟標的，有既判力（民事訴訟法第400條第1項）。確定判決之既判力之主觀範圍，係確定判決，除當事人外，對於訴訟繫屬後為當事人之繼受人者，暨為當事人或其繼受人占有請求之標的物者，亦有效力。對於為他人而為原告或被告者之確定判決，對於該他人亦有效力（民事訴訟法第401條第1項、第2項）。

（二）非訟事件

就有無訟爭性（adversary）而論，非訟事件多無爭訟性，法院依非訟事件之性質，所為之決定，均以裁定行之，並無民事判決程序之適用，不生確定私法上權利之效力[4]。準此，非訟事件法並無類似民事訴訟法第253條及第400條第1項規定，亦無得準用之規定，是非訟事件，不發生一事不再理之問題。非訟事件經裁定確定後，其裁定內容不能實現，當事人仍得再行聲請裁定。反之，非訟事件經裁定確定後，其無內容不能實現情事，自無聲請再行裁定之必要；倘當事人再行聲請裁定，自屬欠缺權利保護之要件，法院應予以駁回[5]。

三、程序之進行

（一）民事訴訟事件

民事訴訟除第三審為法律審，採書面審理外，原則均採言詞辯論主義，為裁判基礎之資料，其提出及蒐集則屬當事人之責任。詳言之，民事訴訟採不干涉主義，凡當事人所未聲明之利益，不得歸之於當事人，所未提出之事實及證據，則不得斟酌之（民事訴訟法第388條）[6]。

（二）非訟事件（103民間公證人）

非訟事件重於預防日後發生民事爭執，其與民事訴訟重於確定私權者及保護已受侵害之私權不同，其程序採簡易及迅速之原則，其聲請或陳述，得以書

4　除權判決雖應行言詞辯論及以判決行之，惟其本質屬非訟事件之性質。

5　最高法院90年度台抗字第666號民事裁定、102年度台上字第269號民事判決。

6　最高法院47年台上字第430號民事判決。

狀或言詞爲之，法院應依職權調查事實及必要之證據（非訟事件法第32條第1項）。非訟事件法第32條第2項規定法院爲調查事實之必要，得命關係人或法定代理人本人到場，使事實易於彰顯，有助法院作成判斷，是非訟事件係採職權探知主義。申言之，法院收受聲請書狀或筆錄後，得定期間命聲請人以書狀或於期日就特定事項詳爲陳述；有相對人者，並得送達聲請書狀繕本或筆錄於相對人，限期命其陳述意見（非訟事件法第30條之2）。因程序之結果而法律上利害受影響之人，得聲請參與程序（非訟事件法第30條之3第1項）。法院認爲必要時，得依職權通知參與程序（第2項）。法院認爲關係人之聲明或陳述不明瞭或不完足者，得曉諭其敘明或補充之（非訟事件法第32條第1項）。關係人應協力於事實及證據之調查。關係人就其提出之事實，應爲眞實、完全及具體之陳述（第2項）。

第三章　非訟事件管轄

關鍵字

受理　　　　　移送　　　　　住所地　　　　　專屬管轄　　　　地方法院

第一節　管轄之定義

　　非訟事件之管轄者，係指法院就具體非訟事件得行使裁判權之界限。而非訟事件由地方法院管轄（法院組織法第9條第3款）。各地方法院依據非訟事件法或民事訴訟法之規定，定其管轄權。定法院之管轄，以關係人聲請或法院依職權開始處理時為準（非訟事件法第8條）。例如，定法院之管轄以聲請時為準，依聲請時之情事，法院有管轄權者，縱使嗣後定管轄之情事有變更，該法院亦有管轄權。

第二節　管轄之類型

一、土地管轄

　　所謂土地管轄，係指法院之管轄區域，以土地之區域作為劃分管轄之標準，凡與該區域有一定關係之事件，均由該法院管轄。例如，有關失蹤人之財產管理事件，專屬其住所地之法院管轄；失蹤人無住所者，應由失蹤人居所地法院管轄。而失蹤人之住所、居所均不明，則由中央政府所在地之法院管轄（家事事件法第142條、第52條第4項）。

二、選擇管轄（105民間公證人）

選擇管轄或競合管轄，係指同一事件，數法院具有管轄權，當事人得選擇法院聲請，由受理在先之法院管轄（非訟事件法第3條本文）。例如，票據法第123條所定執票人就本票聲請法院裁定強制執行事件，由票據付款地之法院管轄（非訟事件法第194條第1項）。二人以上爲發票人之本票，未載付款地，其以發票地爲付款地。倘發票地不在一法院管轄區域內者，各該發票地之法院均有管轄權（非訟事件法第194條第2項；票據法第120條第5項）。

三、移轉管轄（105民間公證人）

法院對非訟事件之處理，以有管轄權爲必要，倘法院調查結果，認爲事件之全部或一部爲無管轄權，應依關係人之聲請或依職權，以裁定移送於其管轄法院（非訟事件法第5條；民事訴訟法第28條第1項）。例如，執票人持有之本票載有付款地，其向發票地所在法院聲請裁定准予強制執行，因票據付款地之法院爲專屬管轄法院（非訟事件法第194條第1項）[1]。職是，應依關係人之聲請或依職權，以裁定移送付款地之法院管轄。

四、補充管轄

非訟事件，除本法或其他法律有規定外，依其處理事項之性質，由關係人住所地、事務所或營業所所在地、財產所在地、履行地或行爲地之法院管轄（非訟事件法第7條）。所謂依其處理事項之性質，應依據各非訟事件之性質，由與其最具有密切關聯性之法院管轄。

---

[1] 最高法院64年台抗字第224號民事裁定。

第四章　非訟事件關係人

關鍵字

聲請人　　　相對人　　　權利能力　　　利害關係人　　　當事人能力

第一節　關係人能力

一、關係人之範圍

　　非訟事件之關係人，包含聲請人、相對人及其他利害關係人（非訟事件法第10條）。凡因裁定而權利受侵害者，該第三人爲事件之關係人，均得爲抗告（非訟事件法第42條第1項）。所謂權利受有侵害，應以裁定當時權利受有侵害者爲限。再者，法院職員審理或執行非訟事件，必須立於公正之第三人立場，始能善盡保護私權之責任，故民事訴訟法有關法院職員迴避之規定，其於非訟事件準用之（非訟事件法第9條）。

二、關係人能力之定義

　　所謂非訟當事人能力或當事人能力，係指有爲非訟事件關係人能力。有權利能力者，有當事人能力。胎兒，關於其可享受之利益，有當事人能力。非法人之團體，設有代表人或管理人者，有當事人能力。中央或地方機關，有當事人能力（非訟事件法第11條；民事訴訟法第40條）。例如，公寓大廈之管理委員會爲非法人團體，其有當事人能力，具有非訟事件關係人能力（公寓大廈管

理條例第38條第1項）[1]。

三、非訟能力

　　所謂非訟能力，係指非訟事件關係人有獨立爲非訟行爲之能力，能獨立以法律行爲負擔義務者，有非訟能力（非訟事件法第11條；民事訴訟法第45條）。例如，非訟事件之聲請人無行爲能力，而其法定代理權有欠缺，倘得補正者，審判長應定期間命其補正，逾期不爲補正，法院得認其聲請爲不合法，以裁定駁回之（民事訴訟法第49條）[2]。

四、多數關係人

　　非訟事件有多數聲請人或相對人時，民事訴訟法有關共同訴訟之規定，於非訟事件關係人準用之（非訟事件法第11條）。例如，認可收養事件，應由收養人與被收養人共同爲聲請人，倘僅由一方提起，其屬欠缺法定要件，聲請不合法（家事事件法第115條第1項）。

第二節　非訟代理人與輔佐人

　　民事訴訟法有關訴訟代理人及輔佐人之規定，其於非訟事件之非訟代理人及輔佐人準用之（非訟事件法第12條）。例如，訴訟代理人應委任律師爲之。但經審判長許可者，亦得委任非律師爲訴訟代理人（民事訴訟法第68條第1項）。非訟事件與訴訟事件不同，倘非訟事件之關係人委任代理人，當事人欄應記載爲代理人，而非訴訟代理人[3]。

1　最高法院96年度台上字第116號、98年度台上字第790號民事判決。

2　最高法院94年度台抗字第855號民事裁定。

3　最高法院84年度第5次民事庭會議。

第五章　非訟事件程序費用

關鍵字

| 裁判費 | 程序費用 | 徵收費用 | 負擔費用 | 費用計算書 |

第一節　非訟事件程序費用之徵收

一、民事訴訟法

　　聲請人向法院聲請發支付命令，應徵收新臺幣500元（民事訴訟法第77條之19第1款）。而聲請假扣押、假處分或撤銷假扣押、假處分（第5款），聲請宣告受監護或撤銷受監護（第6款）；或聲請公示催告或除權判決（第7款），均應徵收新臺幣1,000元。舉例說明如後：（一）聲請准予假扣押、假處分之裁定，不論聲請金額之多寡，均徵收裁判費新臺幣1,000元；（二）提供擔保物事件中，有關聲請供擔保物之變換及聲請供擔保物返還之裁定，不徵收費用。

二、非訟事件法

（一）財產關係

　　聲請法院許可拍賣事件，其為非訟事件，依據非訟事件法第1條規定之意旨，第一章第三節費用之徵收及負擔[1]。而拍賣事件係因財產關係為聲請者，

---

[1]　楊建華，民事訴訟法問題研析（一），三民書局股份有限公司，1991年8月，頁161至162。

依據其聲請之金額，按照非訟事件法第一章第三節之第13條第1款至第6款之規定，徵收費用。申言之，因財產權關係爲聲請者，按其標的之金額或價額，以新臺幣（下同）依下列標準徵收費用：1.未滿10萬元者，徵收500元；2.10萬元以上未滿100萬元者，徵收1,000元；3.100萬元以上未滿1,000萬元者，徵收2,000元；4.1,000萬元以上未滿5,000萬元者，徵收3,000元；5.5,000萬元以上未滿1億元者，徵收4,000元；6.1億元以上者，徵收5,000元。舉例說明之：1.抵押權人以300萬元聲請拍賣抵押物，應徵收2,000元；2.本票持票人持面額300萬元之本票聲請裁定強制執行，亦應徵收2,000元之費用。

（二）非財產關係

　　因非財產權關係爲聲請者，徵收費用新臺幣1,000元（非訟事件法第14條第1項）。家事事件法之家事非訟事件，均爲非財產關係之聲請事件。因非財產權關係而爲聲請，並爲財產上之請求者，關於財產上之請求，不另徵收費用（第2項）。舉例說明之：1.聲請對於未成年子女權利義務之行使或負擔之酌定、改定或變更事件，一併聲請未行使或負擔權利義務之一方給付撫養費（家事事件法第107條第1項）。聲請人就未成年子女權利義務之行使或負擔之酌定、改定或變更部分應繳納費用新臺幣1,000元，而給付撫養費部分，不徵收費用。此爲非訟事件伴隨訴訟事件而來，應於訴訟程序，由訴訟法院合併裁判；2.聲請認可收養子女事件與聲請許可終止收養事件，因屬非財產關係所爲聲請（家事事件法第114條）。聲請人依據非訟事件第14條第1項規定，徵收費用新臺幣1,000元。

（三）抗告費

　　對於非訟事件之裁定提起抗告者，徵收費用新臺幣（下同）1,000元；再抗告者，亦應徵收費用新臺幣1,000元（非訟事件法第17條）。關係人未預納抗告或再抗告費用，法院應限期命其預納，逾期仍不預納者，應駁回其聲請或抗告（非訟事件法第26條第1項）。

第二節　非訟事件程序費用之負擔

一、聲請人負擔

　　非訟事件程序費用，除法律另有規定外，由聲請人負擔。檢察官為聲請人時，由國庫支付（非訟事件法第21條第1項）。例如，依民法第1132條第1項規定，為未成年人及受監護或輔助宣告之人，聲請指定親屬會議會員事件，倘聲請為有理由時，程序費用由未成年人、受監護或輔助宣告之人負擔（家事事件法第181條第1項、第8項）。

二、相對人負擔

（一）準用民事訴訟法

　　非訟事件之程序費用之負擔，有相對人者，準用民事訴訟法有關訴訟費用之規定（非訟事件法第21條第2項）。例如，裁定准許者，命相對人負擔，應引用非訟事件法第21條第2項、民事訴訟法第78條；反之，裁定駁回者，命聲請人負擔，應引用非訟事件法第21條第1項、民事訴訟法第78條。非訟事件法既有負擔費用之規定，故應引用非訟事件法第21條，以為準用民事訴訟法有關訴訟費用規定之依據。不論係命聲請人或相對人負擔程序費用，自可直接引用民事訴訟法第78條，無須再引用同法第95條[2]。倘法院命聲請人與相對人部分負擔者，應引用非訟事件法第21條、民事訴訟法第97條。

（二）適用民事訴訟法

　　依據民事訴訟法所為裁定，固應引用民事訴訟法第95條，以作為準用同法第78條之依據，命聲請人或相對人負擔費用。然無需負擔費用，則無引用民事訴訟法第95條之必要。例如，聲請確定訴訟費用額（民事訴訟法第91條）或聲請返還擔保物（民事訴訟法第104條）。

2　司法院1983年1月13日（72）廳民三字第0030號函。

三、關係人負擔

　　因可歸責於關係人之事由，致生無益之費用時，法院得以裁定命其負擔費用之全部或一部（非訟事件法第22條）。例如，公司法所定股東聲請法院為收買股份價格之裁定事件，法院為裁定前，股東顯無必要而要求選任檢查人就公司財務實況，命為鑑定，致生檢查人無益之報酬，由法院斟酌可歸責之情況，以裁定命股東負擔費用之全部或一部報酬（非訟事件法第182條第3項）。

四、共同關係人負擔

　　民事訴訟法第85條規定，其於應共同負擔費用之人準用之（非訟事件法第23條）。例如，裁定命共同相對人連帶負擔費用，應引用非訟事件法第21條第2項、第23條及民事訴訟法第85條第2項[3]。

五、關係人費用負擔之確定

　　依法應由關係人負擔費用者，法院裁定命關係人負擔時，應一併確定其數額。前開情形，法院於裁定前，得命關係人提出費用計算書及釋明費用額之證書（非訟事件法第24條）。例如，抗告法院於本票裁定事件，倘抗告無理由時，命抗告人負擔抗告程序費用新臺幣1,000元（非訟事件法第24條第1項；民事訴訟法第495條之1第1項、第449條）。因費用之負擔，係依據非訟事件之本案裁判所致，故對於費用之裁定，不得獨立聲明不服而提起抗告（非訟事件法第27條）。法院所為對於費用之裁定，得為執行名義（非訟事件法第28條；強制執行法第4條第1項第6款）。

---

[3]　司法院1988年4月29日（77）廳民一字第540號函。

第六章　非訟事件之裁定與抗告

關鍵字

處分　　　　合議　　　　異議　　　　聲明不服　　　　再抗告法院

第一節　非訟事件之裁定

一、法官審理

（一）獨任制

　　非訟事件之聲請，不合程式或不備其他要件者，法院應以裁定駁回之。但其情形可以補正者，法院應定期間先命補正（非訟事件法第30條之1）。非訟事件之裁判，除法律另有規定外，由獨任法官以裁定行之（非訟事件法第36條第1項）。命關係人為一定之給付及科處罰鍰之裁定，得為執行名義（第2項）。倘裁定有誤寫、誤算或其他類此之顯然錯誤者，法院得依聲請或依職權以裁定更正。對於更正或駁回更正聲請之裁定，得為抗告。不宣示之裁定，應為送達。已宣示之裁定得抗告者，應為送達。駁回聲明或就有爭執之聲明所為裁定，應附理由。裁定經宣示後，為該裁定之法官受其羈束；不宣示者，經公告或送達後受其羈束（非訟事件法第36第3項；民事訴訟法第232條、第236條至第238條）。

（二）裁定送達

　　非訟事件之裁定應送達於受裁定之人；必要時得送達於已知之利害關係人（非訟事件法第38條第1項）。因裁定而權利受侵害者，得聲請法院付與裁定書（第2項）。關係人得聲請法院付與裁定確定證明書（非訟事件法第39條第1項）。

二、司法事務官審理

　　非訟事件，依法律移由處理者，依本法之規定；本法未規定者，準用其他法律關於法院處理相同事件之規定（非訟事件法第50條；民事訴訟法第240條之1）。司法事務官處理受移轉之非訟事件，得依職權調查事實及必要之證據。但命為具結之調查，應報請法院為之（非訟事件法第51條）。司法事務官就受移轉之非訟事件所為處分，其文書正本或節本，由司法事務官簽名，並蓋法院印信（非訟事件法第53條第1項；民事訴訟法第240條之2第2項）。前開處分確定後，由司法事務官付與確定證明書（第3項）。司法事務官就受移轉之非訟事件所為處分，其與法院所為者有同一之效力（非訟事件法第54條；民事訴訟法第240條之3）。因法律移由司法事務官處理者，自應以裁定名稱行之，記載事項與法官所制作者相同，故司法事務官所制作者亦稱裁定[1]。

三、程序停止事由與承受程序

（一）程序停止事由

　　聲請人或相對人有死亡、喪失資格或其他事由致不能續行程序，在有依法令得續行程序之人情形，非訟事件準用民事訴訟法第168條至第180條及第188條，有關訴訟程序當然停止之規定（非訟事件法第35條之1）。因執票人依票據法第123條規定，聲請法院裁定許可強制執行之事件，既限定執票人向發票人行使追索權時，始得為此聲請，對本票發票人以外之人，則不得援用，對之聲請裁定許可強制執行，故發票人死亡後，自不得由其繼承人承受程序。

---

[1]　葛義才，非訟事件法論，三民書局有限公司，2008年5月，再版，頁78。

（二）其他有聲請權人聲明承受程序

　　為求程序之經濟及便利，聲請人因死亡、喪失資格或其他事由致不能續行程序，而無依法令得續行程序之人時，應其他有聲請權人得聲明承受程序，俾以利用同一非訟程序。例如，公司法第172條所定股東聲請選派檢查人事件，其他具備公司法第245條第1項規定要件之股東；或第64條所定選任法人臨時董事事件，其他利害關係人。因非訟事件要求迅速終結，其得聲明承受之期限自不宜過長，倘逾事由發生時起10日未為聲明，即喪失其聲明權，嗣後所為之聲明為不合法。為免程序延宕，法院亦得依職權通知其他有聲請權人於所定期間內，聲明承受程序，以利程序順利進行；該期限長短，核屬法院程序指揮權之範圍（非訟事件法第35條之1第1項）。非訟事件無論係依聲請或依職權開始，倘程序標的之關係人均無處分權，而無人承受程序，法院認為必要，應續行程序（第2項）。

四、和解筆錄之效力

　　為迅速圓融處理聲請人與相對人間之紛爭，就聲請人與相對人間得處分事項之爭執事件，應尊重聲請人及相對人和解之意願，以消弭紛爭，並終結程序。而聲請人與相對人成立和解時，須製作和解筆錄，且於和解筆錄作成時，發生與本案確定裁定相同之效力（非訟事件法第35條之3第1項）。和解係基於聲請人及相對人之意願以解決雙方之紛爭，並終結程序，倘和解具有無效或得撤銷之原因，故終結程序之機能即因而動搖，為保障參與主體之權益，準用民事訴訟法第380條第4項之訴訟上和解成立後，繼續審判之請求期間、應踐行之程式規定（第2項）。再者，聲請人及相對人成立和解，致第三人固有利益或法律地位受法律上不利影響時，為保障其利益及程序權，依原程序撤銷或變更和解對其不利部分，並準用民事訴訟法第五編之一規定之第三人撤銷訴訟程序（第3項）。

五、再審程序

　　非訟事件之本案終局確定裁定，倘程序有重大瑕疵或內容顯有不當，自應

事後給予救濟之途徑，以保障關係人之程序權，故準用民事訴訟法第五編再審程序之規定。而聲請再審者，應依本法第19條準用民事訴訟法第77條之17第2項規定，徵收費用新臺幣1,000元（非訟事件法第46條之1第1項）。再審之目的固在於匡正確定裁判之不當，保障關係人之權益。然關係人曾以同一事由為抗告、聲請再審、聲請撤銷或變更裁定，經以無理由駁回，或知其事由而不為抗告，或抗告而不為主張，經以無理由駁回，自應予限制，以避免關係人一再聲請再審，致程序被濫用，耗費司法資源（第2項）。

第二節　非訟事件法之抗告

一、抗告期間

（一）非訴事件法

1. 裁定之撤銷或變更

為救濟不當之裁定，法院認為不得抗告之裁定不當時，得撤銷或變更之（非訟事件法第40條第1項）。故得抗告之裁定，非經關係人依法抗告，法院不得撤銷或變更之。準此，因聲請而為裁定者，其駁回聲請之裁定，倘非因聲請，法院不得依職權撤銷或變更之（第2項）。非訟事件裁定確定後，倘遇情事變更，致原裁定失其公平性及妥當性，法院得撤銷或變更原裁定（第3項）。為保障關係人之程序權，避免其權利被不當侵害，應使關係人有陳述意見之機會（第4項）。法院撤銷或變更非訟事件裁定，固在尋求非訟事件之妥當性及公平性，惟對善意第三人之權益亦應兼顧，除法律別有規定外，基於交易安全之維護及信賴利益之保護，應認其效力不溯及既往（第5項）。

2. 抗告法院（105公證人）

抗告，除法律另有規定外，由地方法院以合議裁定之（非訟事件法第44條第1項）。抗告法院為裁定前，應使因該裁定結果而法律上利益受影響之關係人，有陳述意見之機會。但抗告法院認為不適當者，不在此限（第2項）。抗告法院之裁定，應附理由（第3項）。例如，非訟事件法第185條至第188條明定公司重整之非訟程序，故公司重整事件屬非訟事件，對於公司重整事件所為

裁定提起抗告，依前揭規定，自應由地方法院以合議裁定之[2]。

3. 抗告期間

權利受侵害者，得爲抗告（非訟事件法第41條第1項）。駁回聲請之裁定，聲請人得爲抗告（第2項）。受裁定送達之人提起抗告，應於裁定送達後10日之不變期間內爲之。但送達前之抗告，亦有效力（非訟事件法第42條第1項）。未受裁定送達之人提起抗告，前項期間應自其知悉裁定時起算。但裁定送達於受裁定之人後已逾6個月，或因裁定而生之程序已終結者，不得抗告（第2項）。例如，未成年人選定監護人之裁定（家事事件法第120條第1項第1款），迨利害關係人知悉時，未成年人業已成年，選定之監護職務亦已終結，故利害關係人不得抗告之。

（二）民事訴訟法

原則上依據民事訴訟法所爲之裁定，原法院或審判長認抗告爲有理由，應撤銷或變更原裁定（民事訴訟法第490條第1項）。例如，聲請人依據民事訴訟法第91條規定，聲請確定訴訟費用額，經法院駁回，經聲請人合法抗告，原法院認抗告爲有理由，應撤銷或變更原裁定。例外情形，係不合法或不得抗告之裁定而抗告者，原法院或審判長不得自行撤銷或變更原裁定（第2項）。例如，提起抗告已逾抗告期間，或係對於不得抗告之裁定而抗告者，原法院或審判長應爲駁回抗告之裁定，其抗告縱有理由，原法院或審判長亦不得自行更正裁定[3]。

二、抗告程序

（一）非訟事件法

抗告，除法律另有規定外，由地方法院以合議裁定之（非訟事件法第44條第1項）。抗告法院之裁定，應附理由（第2項）。抗告法院之裁定，以抗告不合法而駁回者，不得再爲抗告，僅得向原法院提出異議（非訟事件法第45條第

2　臺灣高等法院97年度非抗字第33號民事裁定。

3　最高法院80年台抗字第7號民事裁定。

1項）。法院就異議所為裁定，不得聲明不服（非訟事件法45條第2項；民事訴訟法第484條第3項）。

（二）民事訴訟法

抗告，除別有規定外，由直接上級法院裁定（民事訴訟法第486條第1項）。職是，地方法院依據民事訴訟法所為之非訟事件裁定，應由高等法院作成抗告裁定，其與依據非訟事件法所為裁定，應由地方法院以合議作成抗告裁定，兩者管轄法院不同。

三、再抗告程序

（一）非訴事件法

1. 再抗告法院

除本法前二項之情形之外，對於抗告法院之裁定再為抗告，僅得以其適用法規顯有錯誤為理由（非訟事件法第45條第3項）。非訟事件法第45條雖未明定再抗告之法院，然參照同法第55條第3項規定，本票裁定或拍賣抵押物裁定之再抗告法院應為直接上級法院，即高等法院或其分院[4]。

2. 準用民事訴訟法

抗告程序與再抗告程序，除本法另有規定外，準用民事訴訟法關於抗告之規定（非訟事件法第46條）。例如，受裁定送達之人提起抗告或再抗告，應於裁定送達後10日之不變期間內為之。故提起抗告或再抗告，倘逾法定不變期間者，原法院或抗告法院應以裁定駁回之（民事訴訟法第490條第2項）。

（二）民事訴訟法

抗告法院之裁定，非抗告不合法而駁回者，得就抗告法院所為裁定，提起再抗告（民事訴訟法第486條第2項）。申言之，高等法院就抗告所為裁定，倘非抗告不合法駁回或屬不得上訴第三審法院之事件，自得向最高法院提起再抗告（民事訴訟法第484條第1項本文）。

4　最高法院94年度第8次民事庭會議，會議日期2005年7月19日。

第七章 司法事務官之職權

關鍵字

司法院　　強制執行　　非訟事務　　審判事務　　消費者債務清理條例

第一節 職權範圍

一、司法事務官辦理之非訟事件

　　依法院組織法第17條之2規定，司法事務官辦理下列事務：（一）返還擔保金事件、調解程序事件、督促程序事件、保全程序事件、公示催告程序裁定事件、確定訴訟與非訟費用額事件；（二）拘提、管收以外之強制執行事件；（三）非訟事件法及其他法律所定之非訟事件。例如，本票裁定強制執行、拍賣擔保物事件、失蹤人財產管理事件、收養認可終止、繼承事件、家庭暴力防治法之緊急與暫時保護令、兩岸人民關係條例之大陸人民聲明繼承、消費者債務清理條例之更生程序與清算程序[1]；（四）其他法律所定之事務（第1項）。司法事務官得承法官之命，彙整起訴及答辯要旨，分析卷證資料，整理事實及法律疑義，並製作報告書（第2項）。司法事務官辦理受移轉事件之範圍及日期，由司法院定之（第3項）。

---

[1] 消費者債務清理條例第16條第1項前段規定：法院裁定開始更生或清算程序後，得命司法事務官進行更生或清算程序。

二、調查事實及證據

　　為使司法事務官順利執行職務，有關法官依非訟程序規定得行使之職權，原則上均許其為之，故司法事務官處理受移轉之非訟事件，得依職權調查事實及必要之證據（非訟事件法第51條本文）。例外情形，係命為具結之調查，乃係專屬審判長之權限，因對當事人有重大影響（民事訴訟法第312條第1項；刑法第168條）。自宜加以限制，是命為具結之調查，應報請法院為之（非訟事件法第51條但書）。所謂命為具結之調查，係指命為具結之程序及訊問調查程序，均由法官一併為之，而非僅由法官行具結程序，再由司法事務官進行訊問，致割裂其程序之適用。

第二節　處分之救濟

一、抗告法院（97年第1次司法事務官）

　　設置司法事務官之目的，有合理分配司法資源，將非訟事務與審判事務，使法官減輕事務性之工作負擔，專注審判事務，提高司法效率。故規定司法事務官就受移轉之非訟事件所為處分，其與法院所為者有同一之效力。而聲請人或權利受侵害者，對於司法事務官就受移轉事件所為之處分，得依各該事件適用原由法院所為之救濟程序，聲明不服。前開救濟程序應為裁定者，由地方法院行之（非訟事件法第55條第2項）。因司法事務官所為處分屬裁定之一種，除法律另有規定外，故對司法事務官所為處分抗告，應由地方法院以合議裁定為之（非訟事件法第44條第1項）。

二、異議或再抗告

　　對於抗告法院之裁定，倘以抗告不合法而駁回者，得向抗告法院提出異議（非訟事件法第45條第1項），或有適用法規顯有錯誤為理由，直接上級法院即高等法院提起再抗告（第3項）。

第八章　例題研析

關鍵字

形式審查	實體事項	非訟法理	訴訟法理	職權探知主義

案例1　非訟事件之分類

> 　　非訟事件係國家機關以公權力參與私法權利之形成，或防止私法上權利發生爭執而預先以公權力介入之程序，其區分職權事件及聲請事件。試以處分權主義與職權主義，說明兩者區分之實益。

　　職權事件與聲請事件之區別實益在於處分權主義，即當事人對於非訟程序是否有主導權及就非訟標的有無處分權。職權事件，係指法院依職權開始及終結非訟程序，不受關係人聲請之拘束，依職權調查事實及蒐集證據。反之，屬聲請之非訟事件，係非訟程序因關係人聲請而開始或終止，關係人就非訟之標的具有處分權。

案例2　非訟及訴訟法理之交錯

> 　　非訟事件重於預防日後發生民事爭執，其與民事訴訟重於確定私權者及保護已受侵害之私權不同，其程序採簡易及迅速之原則。試問非訟法理與訴訟法理有無交錯適用之情形？試就理論及實務方面說明之，並以強制執行事件為例（90高考公證人）。

一、理論基礎

　　程序關係人於非訟程序，就非訟事件並未爭執實體事項時，因不具備訟爭性，法院原則無須依據訴訟法理審理該實體事項。舉例說明之：（一）聲請拍賣抵押物准許與否之裁定，僅從程序審查抵押權有無依法登記及債權是否已屆清償期而未受清償者；（二）聲請法院裁定許可對發票人強制執行，法院僅就本票形式上之要件為審查即可；（三）程序關係人爭執實體事項時，法院應審究該實體事項者。例如，最高限額抵押權人聲請拍賣抵押物事件，法院於裁定前，就抵押權所擔保之債權額，應使債務人有陳述意見之機會，使其受程序利益之保障，應依據訴訟法理審理及裁判之（非訟事件法第74條）。

二、強制執行事件

　　強制執行係實現確定私權之程序，就私權之實現，並無訟爭性，其程序重於迅速，是債權人聲請強制執行後，法院固得不詢問債務人而依職權為之，其性質與非訟事件相似。然強制執行事件有對立之當事人存在，即執行債權人及執行債務人，當事人對程序之進行有聲請權及異議權，執行法院對於執行程序所涉及之實體事項，如屬執行程序應具備之要件，必須調查進行審認，因強制執行法未規定之事項，係準用民事訴訟法，而非準用非訟事件法。職是，強制執行程序兼有訴訟事件與非訟事件性質，介於兩者交錯適用之中間程序[1]。例

---

[1] 黎民，實用非訟事件法體系重點整理，保成出版事業有限公司，2003年4月，頁58至59。

如，執行名義應具備形式要件與實質要件：（一）前者應審察是否為公文書、有無表明強制執行之當事人、有無表明執行事項，採非訟法理審查；（二）後者除應審查債務人給付內容與給付性質是否適於強制執行外、亦應認定給付內容是否可能、確定及適法，並採訴訟法理審理[2]。

案例3　形式審查理論

> 　　司法實務對於拍賣抵押物或本票裁定等執行事件，認為均屬非訟事件之性質，應適用形式審查理論，不進行實質審理。試說明法院之審理程序，其依據為何？

一、拍賣抵押物裁定

聲請拍賣抵押物係屬非訟事件，准許與否之裁定，僅從程序審查應否許可強制執行，即抵押權有無依法登記及債權是否已屆清償期而未受清償者，並無確定實體上法律關係存否之性質，故對於此項法律關係有所爭執，即應另行起訴請求確認，而不得於抗告程序中主張以求解決。

二、本票裁定

本票執票人依票據法第123條規定，聲請法院裁定許可對發票人強制執行，係屬非訟事件，此項聲請之裁定及抗告法院之裁定，僅依非訟事件程序，以審查強制執行許可與否，並無確定實體上法律關係存否之效力。即法院僅為形式之審查，就本票形式上之要件是否具備，予以審查即可，倘形式上合法，即應予以准許，不得為實體之審查後而為駁回之裁定。例如，發票人就票據債務之存否有爭執時，應由發票人向民事法院提起確認之訴，以資解決[3]。

2　張登科，強制執行法，三民書局有限公司，2004年2月，修訂版，頁35至36。

3　最高法院57年台抗字第76號民事裁定。

案例4　就非訟事件聲請再審及提起抗告

> 　　債權人聲請法院拍賣債務人提供之抵押物，試問：（一）拍賣抵押物裁定已確定，債務人認有再審原因，聲請再審，法院應如何審理？（二）倘裁定未確定，抵押人提起抗告，法院應如何處理？

一、再審規定

　　民事訴訟法第五編再審程序之規定，非訟事件之確定裁定原則準用之。例外情形，有下列各款情形之一者，不得更以同一事由聲請再審：（一）已依抗告、聲請再審、聲請撤銷或變更裁定主張其事由，經以無理由駁回者；（二）知其事由而不為抗告；或抗告而不為主張，經以無理由駁回者（非訟事件法第46條之1）。

二、抗告規定

　　聲請拍賣抵押物事件，依非訟事件法第72條規定，其性質係屬非訟事件[4]。依據同法第40條第1項規定，法院就非訟事件所為之裁定，倘屬不得抗告者，而原法院認為其裁定不當時，得撤銷或變更之，該裁定亦不得抗告。因聲請而裁定者，其駁回聲請之裁定，非因聲請不得依前項規定為撤銷或變更之（第2項）。準此，得抗告之裁定，抗告權人得依非訟事件法第43條規定提出抗告[5]，除法律另有規定外，由地方法院以合議裁定之（非訟事件法第44條第1項）[6]。抗告法院為裁定前，應使因該裁定結果而法律上利益受影響之關係人，有陳述意見之機會。但抗告法院認為不適當者，不在此限（第2項）。

4　民法所定抵押權人、質權人、留置權人及其他法律所定擔保物權人聲請拍賣擔保物事件，由拍賣物所在地之法院管轄。

5　非訟事件法第41條規定：因裁定而權利受侵害者，得為抗告。駁回聲請之裁定，聲請人得為抗告。因裁定而公益受侵害者，檢察官得為抗告。非訟事件法第43條規定：抗告應向為裁定之原法院提出抗告狀，或以言詞為之。以言詞為抗告時，準用第29條第2項、第3項之規定。

6　最高法院86年度台抗字第100號民事裁定。

抗告法院之裁定，應附理由（第3項）。再者，抗告法院之裁定，以抗告不合法而駁回者，不得再爲抗告。但得向原法院提出異議（非訟事件法第45條第1項）。除前二項之情形外，對於抗告法院之裁定再爲抗告，僅得以其適用法規顯有錯誤爲理由（第3項）。最高法院認爲非訟事件法第45條雖未明定再抗告之法院，然參照同法第55條第3項之規定，本票裁定或拍賣抵押物裁定之再抗告法院應爲直接上級法院，即高等法院或其分院[7]。

案例5　司法事務官所爲處分之救濟

> 　　司法事務官依非訟事件法所爲處分，試問：（一）聲請人或權利受侵害者，應如何救濟。（二）提起救濟後，撤回其救濟者，得否聲請退還裁判費。（三）依強制執行法第12條第1項規定所作爲處分，當事人或利害關係人應如何救濟。

一、非訟事件法

（一）抗告與再抗告

　　聲請人或權利受侵害者，對於司法事務官就受移轉事件所爲之處分，得依各該事件適用原由法院所爲之救濟程序，聲明不服（非訟事件法第55條第1項）。因司法事務官依據非訟事件法所爲處分，其名稱亦稱裁定，其效力與法官所爲裁定相同，故對司法官所爲處分抗告，應由地方法院以合議裁定爲之（非訟事件法第44條第1項、第55條第2項）。對於抗告法院之裁定，得依第45條規定向高等法院提起再抗告。提起抗告或再抗告，均須繳納新臺幣1,000元之裁判費（非訟事件法第17條）。

（二）非訟事件法準用民事訴訟法係採列舉方式

　　非訟事件法就準用民事訴訟法之規定，係採列舉方式，並無概括準用民事訴訟法之規定，非訟事件法對於聲請退費，並未明文準用民事訴訟法之規定，

---

[7] 最高法院94年度第8次民事庭會議，會議日期2005年7月19日。

此為立法者有意排除之，故對於非訟事件之撤回不得聲請退費。準此，抗告人或再抗告人於抗告事件終結前撤回抗告或再抗告，不適用民事訴訟法第83條之退還裁判費之規定。

二、強制執行法

（一）聲請與聲明異議

　　當事人或利害關係人，對於執行法院強制執行之命令，或對於執行法官、書記官、執達員實施強制執行之方法，強制執行時應遵守之程序，或其他侵害利益之情事，得於強制執行程序終結前，為聲請或聲明異議（強制執行法第12條第1項本文）。法官或司法事務官對於強制執行之命令，倘以裁定為之者。例如，除去租賃契約之裁定。當事人或利害關係人對於該裁定不服，其救濟方法為異議，而非提出抗告，提起異議不徵收費用（民事訴訟法第77條之19本文）。聲請與聲明異議，由執行法院裁定之（強制執行法第12條第2項）。

（二）抗告與再抗告

　　就聲請及聲明異議所為裁定，不服者得為抗告（第3項）。因強制執行程序，有準用民事訴訟法之規定（強制執行法第30條之1），倘有再抗告事由或再審事由，亦得提起再抗告（民事訴訟法第486條）或聲請再審（民事訴訟法第507條）。提起抗告、再抗告或聲請再審事件，均須繳納新臺幣1,000元之裁判費（民事訴訟法第77條之18、第77條之17第2項）。抗告人或再抗告人於抗告事件終結前撤回抗告或再抗告，得於撤回後3個月內，聲請退還所繳裁判費2/3（民事訴訟法第83條）。

案例6　非訟事件之抗告與再審

　　非訟事件與民事訴訟事件不同，試以依據非訟事件法與民事訴訟法審理非訟事件之相關規定，說明民事法院應如何處理非訟事件之抗告、再抗告或再審。

一、抗　告

抗　告	非訟事件法	民事訴訟法
抗告期間	10日（第42條第1項）[8]。	10日（第487條）。
抗告人	聲請人、相對人及其他利害關係人（第10條）。	受裁定之當事人或其他訴訟關係人[9]。
抗告要件	因裁定而權利受侵害者，得爲抗告（第41條第1項）。駁回聲請之裁定，聲請人得爲抗告（第2項）。因裁定而公益受侵害者，檢察官得爲抗告（第3項）。	因裁定而受不利益者[10]。
抗告法院	地方法院合議庭（第44條第1項）。	直接上級法院即高等法院（第486條第1項）。
原法院或審判長應撤銷或變更原裁定	法院認不得抗告之裁定不當時，得撤銷或變更之（第40條第1項）[11]。因聲請而爲裁定者，其駁回聲請之裁定，非因聲請不得依前項規定爲撤銷或變更之（第2項）。	原法院或審判長認抗告爲有理由者，應撤銷或變更原裁定（第490條第1項）。對於不得抗告之裁定而抗告者，其抗告縱有理由，原法院或審判長亦不得自行更正裁定，應裁定駁回之[12]。

8　非訟事件法第41條第2項規定：未受裁定送達之人提起抗告，提起抗告之10日期間應自其知悉裁定時起算。但裁定送達於受裁定之人後已逾6個月，或因裁定而生之程序已終結者，不得抗告。

9　最高法院44年台抗字第104號、95年度台抗字第80號民事裁定。

10　最高法院85年度台抗字第316號民事裁定。

11　最高法院80年度台抗字第119號民事裁定：不得抗告之裁定，包括依聲請及依職權所爲之裁定。

12　最高法院80年台抗字第7號、91年度台簡抗字第26號民事裁定。

抗　告	非訟事件法	民事訴訟法
原法院或審判長應裁定駁回	法院認提起抗告不合法，或對於不得抗告之裁定而無不正當，法院應裁定駁回抗告[13]。	原法院或審判長認提起抗告已逾抗告期間，或係對於不得抗告之裁定而抗告者（第490條第2項[14]。
抗告法院自為裁定	抗告法院認抗告為有理由者，原則上應廢棄或變更原裁定（第46條）。	抗告法院認抗告為有理由者，原則上應廢棄或變更原裁定（第492條前段）。例外情形，係有必要情事，得命原法院或審判長更為裁定（後段）[15]。
抗告法院裁定發回	抗告法院認抗告為有理由者，認為有必要者，得命原法院更為裁定（第46條）。申言之，抗告得提出新事實與證據，是抗告法院應自行調查證據、認定事實，認抗告為有理由時，應廢棄原裁定，自為裁定，非有必要，不得率予發回[16]。	何謂必要者，應從嚴衡量，以省發回之煩[17]。所謂必要時，係指抗告法院無從逕為裁定，須由原法院或審判長調查，始能為裁定，或抗告法院就事實與證據自行調查，倍感困難等情形而言。抗告法院就事實與證據之調查，均無困難，且依卷證資料已得自為裁定者，倘命原法院或審判長更為裁定，則於法無據[18]。

---

13 非訟事件法第46條規定：抗告及再抗告，除本法另有規定外，準用民事訴訟法關於抗告程序之規定。

14 最高法院91年度台簡抗字第26號民事裁定。

15 最高法院56年台抗字第554號民事裁定：抗告法院以抗告為有理由者，應為廢棄原裁定之裁定，同時自為裁定代之，或將事件發回原法院或審判長命更為裁定，此在抗告法院有自由選擇之權。事件已達可為裁定程度無行其他程序之必要時，固以自為裁定為宜，倘須其他程序，即可發回。

16 最高法院87年度台抗字第512號、91年度台抗字第179號民事裁定。

17 最高法院96年度台抗字第136號民事裁定。

18 最高法院72年度台上字第175號民事判決；最高法院85年度台抗字第115號、88年度台抗字第378號民事裁定。

二、再抗告

再抗告	非訟事件法	民事訴訟法
再抗告之要件	抗告法院之裁定，以抗告不合法而駁回者，不得再爲抗告。但得向原法院提出異議（第45條第1項）。對於抗告法院之裁定再爲抗告，僅得以其適用法規顯有錯誤爲理由（第3項）。	抗告法院之裁定，以抗告不合法而駁回者，不得再爲抗告。但得向原法院提出異議（第486條第2項）。對於抗告法院之裁定再爲抗告，僅得以其適用法規顯有錯誤爲理由（第4項）。
再抗告法院	非訟事件法之再抗告法院，雖爲高等法院（第46條）。然對於第一審就家事非訟事件所爲裁定之抗告，由少年及家事法院以合議裁定之。對於前項合議裁定，僅得以其適用法規顯有錯誤爲由，逕向最高法院提起抗告（家事事件法第94條第1項、第2項）。職是，受理家事非訟抗告事件之少年及家事法院合議庭之直接上級法院，自爲最高法院[19]。	最高法院（第486條第1項、第5項、第436條之6）。

三、再　審

再　審	非訟事件法	民事訴訟法
再審要件	依非訟事件法第46條之1規定，準用民事訴訟法關於再審程序之規定。	裁定已經確定，而有第496條第1項或第497條之情形者，得聲請再審（第507條）。

---

[19] 最高法院102年度台抗字第432號民事裁定。

案例7　非訟事件之調查程序

> 關於非訟事件裁判，所需事實及證據之蒐集原則，試問：（一）是否採行職權探知主義？（二）關係人是否應協力於事實與證據之調查？（三）就其所提出之事實是否應為真實、完全及具體之陳述（103民間公證人；105司法事務官）？

一、職權探知主義

　　非訟事件採職權探知主義，授予法院蒐集事證之權責，為求裁判之妥當、迅速，除責由法院依職權調查事實及必要之證據外，亦應賦予關係人聲請權，以保障其程序權（非訟事件法第32條第1項）。

二、關係人之協力與陳述義務

　　法院為調查事實，得命關係人或法定代理人本人到場（非訟事件法第32條第2項）。而為儘速妥當處理關係人之爭議，避免發生突襲性裁判，法院應善盡闡明義務，認關係人之聲明、事實上及法律上陳述有不明瞭或不完足情形，法院得曉諭其敘明或補充之（第3項）。法院曉諭陳明、補充或提出之方法，可先定期日通知關係人或法定代理人到場，或使關係人先以書狀為之，均屬於法院程序指揮之一環，應由法院斟酌個案決定之。職是，法院就非訟事件擁有廣泛之裁量權，且須依職權調查事實及必要之證據。故關係人應有負協力義務，法院闡述其裁判所需之事實及證據，由關係人協力陳述事實或提出證據，俾使法院作成妥適迅速之裁判（第4項）。而關係人進行非訟程序，應依誠實信用原則為之，就其提出之事實為真實、完全及具體之陳述，以發現真實，促進程序，而保護實體及程序利益、維持程序經濟（第5項）。

案例8 非訟事件之管轄

> 　　發票人甲住所地在臺中市，因甲向營業所在新北市板橋區之機車經銷商乙，購買機車一部，遂以新北市板橋區為發票地，簽發載有本票付款地為臺中市之本票交付與乙，作為買賣價金之支付，因本票屆期不獲付款，其向發票地所在之臺灣新北地方法院聲請裁定准予本票強制執行。試問臺灣新北地方法院應如何審理？依據為何？

一、移送訴訟之準用

　　民事訴訟法第28條第1項及第29條至第31條之3規定，除別有規定外，其於非訟事件準用之，非訟事件法第5條定有明文。職是，法院得依聲請或職權，移轉非屬其管轄之非訟事件。

二、本票強制執行事件之管轄法院

　　票據法第123條所定執票人就本票聲請法院裁定強制執行事件，由票據付款地之法院管轄。二人以上為發票人之本票，未載付款地，其以發票地為付款地，而發票地不在一法院管轄區域內者，各該發票地之法院均有管轄權（非訟事件法第194條）。

三、移送管轄法院

　　法院對非訟事件之處理，以有管轄權為必要，倘法院調查結果，認為事件之全部或一部為無管轄權，應依關係人之聲請或依職權以裁定移送於其管轄法院（非訟事件法第5條；民事訴訟法第28條第1項）。執票人乙持有付款地為臺中市之本票，其向發票地所在地之臺灣新北地方法院，聲請裁定准予強制執

行，因票據付款地之法院為專屬管轄法院（非訟事件法第194條第1項）[20]。職
是，應依關係人甲或乙之聲請（非訟事件法第10條）；或者依職權以裁定移送
付款地之臺灣臺中地方法院管轄。

---

[20] 最高法院64年台抗字第224號民事裁定。

第二編

民事非訟事件

目　次

第一章　支付命令

關鍵字

異議　　　　督促程序　　　　視爲起訴　　　　專屬管轄　　　　給付請求權

第一節　概　說

一、督促程序之定義

（一）不訊問債務人

　　所謂督促程序者，係指債權人之請求，以給付金錢或其他代替物或有價證券之一定數量爲標的者，得依據債權人單方之聲請，其於不訊問債務人之情況，法院對債務人核發支付命令（民事訴訟法第508條第1項）。支付命令之聲請與處理，得視電腦或其他科技設備發展狀況，使用其設備爲之。其辦法由司法院定之（第2項）。債務人對於支付命令未於法定期間提出異議者，支付命令得爲執行名義（民事訴訟法第521條第1項）。詳言之，督促程序僅依債權人之主張爲基礎，不經言詞辯論及不訊問債務人，僅憑一方之書面審理，對債務人核發附條件之支付命令。債務人對於該命令不於一定之不變期間內提出異

議，即賦予支付命令得為執行名義之特別程序。可知支付命令，係依債權人主張請求原因事實，而債務人對其未異議，為其確定法律關係之基礎。職是，債權人就其主張之事實，應釋明債務人對於支付命令有不服，得不附理由，提出異議，而使支付命令失效，俾兼顧債權人與債務人之雙方利益。

（二）選擇督促程序之因素

債權人選擇督促程序時，其考慮之重點有三：1.債權人應評估債務人異議之蓋然性，倘債務人提出異議之可能性較高，則不適合利用支付命令程序；2.是否得對債務人為合法送達；3.就小額債權事件而言，倘支付命令之程序費用逾小額債權事件程序費用，債權人選擇聲請支付命令之意願將降低[1]。因小額訴訟之裁判費為新臺幣1,000元，其金額逾支付命令之聲請費新臺幣500元，故可提高債權人選擇聲請支付命令之之意願。

二、督促程序之目的

債權人就一定數量金錢或其他代替物或有價證券為標的者，欲向債務人請求者，得先向法院聲請核發支付命令，倘債務人於收受裁定之20日內異議者，再決定是否起訴請求。職是，可節省訴訟費用之支出與可免爭訟之勞累。故督促程序乃便利債權人預料債務人對其請求無爭執時，能簡易、迅速取得裁判確定力及執行力，其可代替給付訴訟之特別程序[2]。

---

[1] 姜世明，督促程序與公示催告程序，月旦法學教室，67期，2008年5月，頁45。

[2] 姚瑞光，民事訴訟法論，大中國圖書公司，2000年11月，修正版，頁665。原告起訴，未據於起訴狀上載明其本人之真正住所或居所，致無法送達訴訟文書，無從命其補正，原告之訴難認為合法，應予駁回（民事訴訟法第116條第1款、第249條第1項第6款）。

第二節　支付命令之聲請

第一項　支付命令之聲請要件

一、須為給付請求權

　　債權人之請求，須以給付金錢或其他代替物或有價證券之一定數量為標的者（民事訴訟法第508條第1項）。例如，基於消費借貸關係，債權人請求借款人與連帶保證人連帶給付本金及其利息、違約金。

二、聲請人無對待給付義務

　　聲請人就該請求應為對待給付，而尚未履行者（民事訴訟法第509條），即債務人有同時履行抗辯權時（民法第264條）。法院不得僅憑債權人之單方聲請，逕行對債務人核發支付命令。例如，聲請人係動產之出賣人，應依同時履行之原則，其向買受人請求買賣價金之同時，應交付動產與買受人，則不得聲請支付命令。

三、支付命令送達國內或非依公示送達者

（一）債務人

　　支付命令之送達非於外國為之或非應依公示送達為之者，法院始得核發支付命令（民事訴訟法第509條）。因支付命令講求簡易及快速取得執行名義，是聲請人不能迅速執行其請求，則不應准許行督促程序。準此，應於外國為支付命令之送達，或依公示送達而為之者，則曠日費時，與督促程序簡易及迅速之本旨相違，雖行督促程序，並無實益可言。

（二）債權人

　　債權人於聲請時，誤載本人住址，嗣核發支付命令後，始發現無法送達

時，而支付命令業已送達債務人而生效，法院自得對於支付命令之聲請人即債權人爲公示送達[3]。

第二項　支付命令之聲請程序

一、管轄法院

（一）專屬管轄

　　審理支付命令有專屬之法院，即支付命令之管轄專屬債務人爲被告，依據民事訴訟法第1條、第2條、第6條或第20條規定，有管轄權之法院管轄（民事訴訟法第510條）。第20條係共同訴訟之特別審判籍之適用，即共同訴訟之被告數人，其住所不在一法院管轄區域內者，各該住所在地之法院均有管轄權。但依第4條至第19條規定有共同管轄法院者，由該法院管轄。例如，債權人基於消費借貸及連帶保證之法律關係，請求借款人及連帶保證人連帶給付借款，借款人、連帶保證人各居住於臺中市及臺南市，臺灣臺中地方法院、臺灣臺南地方法院聲請對借款人、連帶保證人均可核發支付命令。

（二）不適用移送管轄

　　因督促程序之管轄爲專屬管轄，不得依當事人合意管轄爲之，並無民事訴訟法第28條移送管轄。例如，債權人向臺灣臺中地方法院聲請對債務人核發支付命令，倘債務人之住居所非位於臺中市者，則非屬臺灣臺中地方法院管轄，臺灣臺中地方法院應無管轄權，聲請人向該法院聲請核發支付命令，自非適法，應予裁定駁回（民事訴訟法第513條第1項）。

3　司法院1983年1月13日（72）廳民三字第0030號函。

二、聲請之程序

（一）聲請支付命令應表明之事項

聲請人應繳裁判費新臺幣500元（民事訴訟法第77條之19第1款）。不論債權人對債務人請求之金額為若干，一律為新臺幣500元。支付命令之聲請，應表明之事項如後：1.當事人及法定代理人；2.請求之標的及其數量；3.請求之原因事實；其有對待給付者，已履行之情形；4.應發支付命令之陳述；5.法院。因支付命令之聲請，係債權人之請求，以給付金錢或其他代替物或有價證券之一定數量為標的者為限，得聲請法院依督促程序發支付命令（民事訴訟法第511條）。職是，債權人聲請對債務人發支付命令，經核聲請人之請求，並非一定之金額，其支付命令之聲請應予駁回。

（二）債權人之釋明責任

為免支付命令淪為製造假債權及詐騙集團犯罪工具，嚴重影響債務人權益，為兼顧督促程序在使數量明確與無訟爭性之債權，得以迅速、簡易確定，節省當事人勞費，以收訴訟經濟之效果，並保障債權人、債務人正當權益，避免支付命令遭不當利用，債權人就請求之原因事實，有釋明義務（民事訴訟法第511條第2項）。例如，債權人未為釋明，或釋明不足，法院得依民事訴訟法第513條第1項規定，駁回債權人之聲請。

（三）聲請人應釋明其請求之原因事實

1. 請求之原因事實

聲請人應釋明其請求之原因事實為真實（民事訴訟法第511條第3款、第2項）。因支付命令之聲請，法院僅憑一方之書面審理，不訊問債務人，就支付命令之聲請為裁定。為便利法院調查其聲請有無理由，聲請人之陳述非僅指聲請狀內記載請求之原因事實而言，應釋明其請求之原因事實為真實之義務，以免債務人對其請求加以爭執而提出異議，致原期簡易迅速之程序，反較通常訴訟程序為繁雜遲緩，聲請人未釋明其請求之原因事實為真實者，應予駁回。

2. 實體法請求權

支付命令聲請應表明之原因事實，應包括據以請求之實體法請求權。例

如，甲向乙買受不動產，並簽發本票作為支付買賣價金之方法，而本票屆期不
獲兌現，出賣人乙持本票向法院聲請對買受人甲發支付命令，應表明其請求權
之基礎為買賣價金關係或票據票款關係，因其時效有15年（民法第125條）及3
年之不同（票據法第22條第1項）。

三、金錢債權之請求

債權人聲請對債務人發支付命令，如雙方未約定應付利息，其遲延利息
之法定利率為年息5%（民法第203條）。超過部分，自屬無據，應予駁回。再
者，債權人聲請對債務人發支付命令，倘當事人間未約定債務清償日，除支付
命令送達之日以前部分利息，未據聲請人表明債務人已負遲延責任之相當依
據，自不能准許（民法第229條）。

四、票據關係之請求

法院對支付命令之聲請，專就債權人聲請之意旨為形式上審查，債權人執
有債務人簽發之票據，依據票據關係請求，倘表明已提示者，法院應依債權人
主張之事實，發給支付命令。反之，倘自行陳明未為付款提示時，自形式以
觀，可認為已對喪失債務人喪失票據之追索權者，應駁回支付命令之聲請。至
於支票必須委託金融業為付款人，故必須對付款人提示而不獲付款，始得行使
追索權（票據法第4條、第131條第1項）。是聲請人應提出退票理由單，作為
行使追索權之依據。例如，債權人請求對債務人發支付命令，債務人為支票背
書人，而債權人已逾票據法第130條之提示期限[4]。依同法第132條規定，對發
票人以外之前手，喪失追索權，該部分支付命令之聲請，應予駁回。再者，以
票據關係作為支付命令之原因事實者，應以付款之提示日即利息起算日。倘未
約定利率時，則依年息6%計算之利息（票據法第97條第1項第2款）。

4　票據法第130條規定：支票之執票人，應於下列期限內，為付款之提示：1.發票地與
　　付款地在同一省、市區內者，發票日後7日內；2.發票地與付款地不在同一省、市區
　　內者，發票日後15日內；3.發票地在國外，付款地在國內者，發票日後2個月內。

第三項　支付命令之聲請範例

第一款　聲請支付命令之通用範例

一、請求標的

聲請人之聲請狀應記載請求標的：（一）債務人應給付債權人新臺幣○○○元，並自本件支付命令送達之翌日起至清償日止[5]，按年息5%計算之利息[6]；（二）督促程序費用由債務人負擔。

二、請求原因及事實

聲請人應釋明：（一）具體理由即法律關係及請求權基礎；（二）依民事訴訟法第508條規定，聲請法院就前項債權，依督促程序，對債務人發支付命令，促其清償。

第二款　消費借貸之法律關係

一、請求標的

聲請人之聲請狀應記載請求標的：（一）債務人應連帶給付債權人新臺幣○○○元，並自民國○○年○月○日起至清償日止，按年息百分之○○計算之

---

[5] 民法第229條第1項規定：給付有確定期限者，債務人自期限屆滿時起，負遲延責任。例如，定期清償之債務，其利息應自清償日起算。同條第2項規定，給付無確定期限者，債務人於債權人得請求給付時，經其催告而未為給付，自受催告時起，負遲延責任。其經債權人起訴而送達訴狀，或依督促程序送達支付命令，或為其他相類之行為者，與催告有同一之效力。同條第3項規定，前項催告定有期限者，債務人自期限屆滿時起負遲延責任。

[6] 有約定利息，按其約定之利率計算，倘未約定利息，依據民法第203條規定，以年息5%為法定利率。

利息，並自民國○○年○月○日起至清償日止，在6個月以內者，按上開利率10%，超過6個月者以上，按上開利率20%計付違約金[7]；（二）督促程序費用由債務人連帶負擔。

二、請求原因及事實

聲請人應釋明：（一）債務人○○○以債務人○○○為連帶保證人[8]，前於民國○○年○月○日向債權人借用新臺幣○○○元，約定年息按基本放款利率加碼○○計算，採機動利率，逾期清償在6個月以內者，按上開利率10%，超過6個月以上者，按上開利率20%計付違約金，清償期日為○○年○月○日，按月給付利息（或本息），未依約給付，視為全部到期，目前年息百分之○○，立有借據及授信約定書為證。詎債務人自○○年○月○日起，竟不依約給付利息，債權人屢向債務人催討，均置之不理，尚積欠本金新臺幣○○○元及其利息、違約金；（二）依民事訴訟法第508條規定，聲請法院就前項債權，依督促程序，對債務人發支付命令，促其清償。

7　連帶債務而部分金額之利息計算不同，並有違約金。則應請求之標的：（一）債務人應連帶給付債權人新臺幣○○○元，其中新臺幣○○○元自民國○○○起至清償日止，按○○○計算之利息；其中新臺幣○○○元自民國起至清償日止，按○○○計算之利息；其中新臺幣○○○元自民國○○○起至清償日止，按○○○計算之利息；其中新臺幣○○○元自民國○○○起至清償日止，按計算之利息；暨自民國○○○起至清償日止，在6個月以內者，按上開利率10%，超過6個月者，按上開利率20%計算之違約金；（二）督促程序費用由債務人負擔。

8　最高法院45年台上字第1426號民事判決：所謂消費借貸者，係指當事人一方移轉金錢或其他代替物之所有權於他方，而約定他方以種類、品質、數量相同之物返還之契約，民法第474條第1項定有明文。保證債務之連帶責任，係指保證人與主債務人負同一債務，對於債權人各負全部給付之責任者而言，此參照民法第272條第1項規定連帶債務之文義甚明。

第三款　合會會款之法律關係

一、請求標的

　　聲請人之聲請狀應記載請求標的：（一）債務人應給付債權人新臺幣○○○元，並自本件支付命令送達之翌日起至清償日止，按年息5%計算之利息；（二）督促程序費用由債務人負擔。

二、請求原因及事實

　　聲請人應釋明：（一）債權人參加以債務人○○○爲會首之合會（互助會），會員連會首共計○○人，約定民國○○年○月○日起，每月每會新臺幣○○元，有互助會單爲證[9]。債權人按月繳納會款，詎料債務人○○○至○○年○月○日（即第○會）竟宣告倒會（破產、逃匿或其他事由致合會不能繼續進行），債務人○○○爲已得標之會員，債務人自應連帶負責退還債權人前所繳納之會款及標金，計新臺幣○○○元，迭經催討，債務人均置之不理；（二）因會首破產、逃匿或有其他事由致合會不能繼續進行時，會首及已得標會員應給付之各期會款，應於每屆標會期日平均交付於未得標之會員。但另有約定者，依其約定（民法第709條之9第1項）。會首就已得標會員依前項規定，應給付之各期會款，負連帶責任（第2項）。會首或已得標會員依第1項規定，應平均交付於未得標會員之會款遲延給付，其遲付之數額已達兩期之總額時，該未得標會員得請求其給付全部會款（第3項）；（三）依民事訴訟法第508條規定，聲請法院就前項債權，依督促程序，對債務人發支付命令，促其清償。

9　民法第709條之3規定：合會之要式性及會單應記載事項。詳言之，合會應訂立會單，記載下列事項：1.會首之姓名、住址及電話號碼；2.全體會員之姓名、住址及電話號碼；3.每一會份會款之種類及基本數額；4.起會日期；5.標會期日；6.標會方法；7.出標金額有約定其最高額或最低額之限制者，其約定（第1項）。前項會單，應由會首及全體會員簽名，記明年月日，由會首保存並製作謄本，簽名後交每一會員各執一份（第2項）。會員已交付首期會款者，雖未依前二項規定訂立會單，其合會契約視爲已成立（第3項）。

第四款　票據之法律關係

一、請求標的

　　聲請人之聲請狀應記載請求標的：（一）債務人應（連帶）給付債權人新臺幣○○○元[10]，並自民國○○年○月○日起至清償日止，按年息6%計算之利息[11]；（二）督促程序費用由債務人負擔。

二、請求原因及事實

　　聲請人應釋明：（一）債務人簽發民國○○年○月○日、面額新臺幣○○○元、付款人○○○、票號○○○號之支票或本票一張，詎屆期該支票或本票，竟不獲支付，債權人迭經催討，債務人均置之不理[12]；（二）依民事訴訟法第508條規定，聲請法院就前項債權，依督促程序，對債務人發支付命令，促其清償。

第五款　撤回支付命令

　　聲請人得於支付命令未確定前，撤回其支付命令之聲請（民事訴訟法第521條第1項、第2項）。例如，聲請人具狀主張前以其與債務人○○○事件，經貴院受理，茲因當事人已就該事件達成和解，本件已無核發支付命令之必

---

10 票據有多數債務人，即在票據上簽名者，依票上所載文義負責，二人以上共同簽名時，應連帶負責（票據法第5條）。例如，共同發票人、背書人。有多張票據者，則記載如附表所載之新臺幣○○○元，較為清楚。

11 執票人向本票債務人行使追索權時，得要求約定利息者。自到期日起如無約定利率者，依年息6%計算之利息（票據法第97條第1項第2款、第124條）。而執票人向支票債務人行使追索權時，得請求自為付款提示日起之利息，如無約定利率者，依年息6%計算（票據法第133條）。

12 債權人以多張票據聲請支付命令者，得以附表所示票據之發票日期、利息起算日、面額、票號、利率及付款人。

要，爲此請求撤回該支付命令之聲請。

第六款　聲請確定核發支付命令確定證明書

債務人對於支付命令未於法定期間合法提出異議者，支付命令得爲執行名義（民事訴訟法第521條第1項）。前項情形，爲裁定之法院應付與裁定確定證明書（第2項）。職是，債權人得聲請確定核發支付命令確定證明書。例如，聲請狀記載：聲請人與債務人○○○間○○年度促字第○○號○○事件，經貴院於民國○○年○月○日核發支付命令，並經確定在案。爰依民事訴訟法第521條、第399條第1項規定，請求貴院付與支付命令確定證明書[13]。

第四項　法院審理之程序

一、支付命令之記載

支付命令係裁定之一種，應記載事項：（一）當事人及法定代理人；（二）請求之標的及其數量；（三）請求之原因事實。其有對待給付者，已履行之情形；（四）法院；（五）債務人應於支付命令送達後20日之不變期間內，向債權人清償其請求並賠償程序費用，否則應向發命令之法院提出異議；（六）債務人未於不變期間內提出異議時，債權人得依法院核發之支付命令及確定證明書聲請強制執行（民事訴訟法第514條第1項）。例如，法院核發支付命令之內容記載：（一）債務人應於本命令送達後20日之不變期間內，向債權人清償新臺幣○○○元，並自民國○○○即本支付命令送達之翌日起至清償日

13　民事訴訟法第399條規定：當事人得聲請法院付與判決確定證明書（第1項）。判決確定證明書，由第一審法院付與之。但卷宗在上級法院者，由上級法院付與之（第2項）。判決確定證明書，應於聲請後7日內付與之（第3項）。前三項之規定，於裁定確定證明書準用之（第4項）。同法第521條第1項規定：債務人對於支付命令未於法定期間合法提出異議者，支付命令得爲執行名義確定判決有同一之效力（第1項）。再者，法院之支付命令會附記案件一經確定，本院依職權逕行核發確定證明書，聲請人毋庸另行聲請。

止，按年息百分之○計算之利息，並賠償督促程序費用新臺幣○○○；（二）債務人對於本支付命令，得於前項期間內向本院提出異議；（三）債務人不於期間內提出異議，本支付命令得為強制執行之執行名義。

二、支付命令聲請之裁判

（一）審查合法要件

法院首應審查是否合法，即調查有無具備一般訴訟要件及是否符合民事訴訟法第508條至第511條等規定，不符合者，而其情形可補正者，應限期命為補正，倘不能補正或逾期不為補正，則以裁定駁回其聲請。

（二）審查有無理由

1. 法律之理由

聲請符合合法要件後，雖繼而審查法律上是否有理由，惟不審查請求是否真實存在。倘審查結果認債權人請求無理由者，應以裁定駁回（民事訴訟法第513條第1項）。例如，當事人不適格、不法原因之給付、票據未提示或債權未屆清償期等。再者，駁回支付命令聲請之裁定，不得聲明不服，該裁定毋庸送達於債務人（第2項）。因民事訴訟法總則之規定於督促程序亦有其適用。準此，因當事人能力屬一般訴訟要件，聲請人欠缺當事人能力而聲請發支付命令者，法院應認其聲請為不合法以裁定駁回之。該駁回之裁定，雖不屬民事訴訟法第513條第1項所規定之範圍，惟依同條第2項規定，支付命令之聲請，因不具備法定之聲請要件或其聲請，為無理由者，而經法院裁定駁回，均不得聲明不服[14]。

2. 一部或全部有理由

債權人聲請合法並有理由者，應核發支付命令（民事訴訟法第512條）。倘就請求之一部不得發支付命令者，應僅就該部分之聲請駁回之。例如，超過最高利率限制（民法第205條）或法定利率之利息請求（民法第203條），應駁回之。

---

14 司法院1990年5月5日（79）廳民一字第88號函。

三、支付命令之送達（97民間公證人）

　　支付命令送達於債務人後，法院應速通知債權人。發支付命令後，3個月內不能送達於債務人者，其命令失其效力，自不生聲明異議之問題（民事訴訟法第515條第1項）[15]。

四、更正支付命令

　　判決有誤寫、誤算或其他類此之顯然錯誤者，法院得隨時更正或依聲請以裁定更正之，此於支付命令亦應準用之（民事訴訟法第232條第1項、第239條）。所謂顯然錯誤，指裁判中所表示者與法院本來之意思不符，其事一見甚明者而言，包括裁判所記之事實與理由有相矛盾之處，凡足生與法院眞意相左之結果者，均得更正之。舉例說明之：（一）原核發之支付命令所載相對人○○○係依據聲請狀之當事人欄及事實欄之記載而爲，且聲請人所附之支票背書人印文亦模糊不清，難認有類似誤寫之顯然錯誤存在。法院自不得僅憑聲請人事後之補正狀，准予更正原支付命令；（二）聲請人聲請更正支付命令應支付之金額，倘就支付命令本身之記載，一望而知有顯然錯誤，即可更正之。自支付命令所載之原因事實，可知有記載者，自有更正支付之金額[16]。例如，甲聲請對乙發新臺幣（下同）100萬元票款之支付命令，法院於所發支付命令誤寫金額爲1萬元，致乙未於不變期間內，提出異議而告確定。因法院將100萬元寫爲1萬元，就支付命令本身記載觀之，既無從知其係誤寫，法院自不得遽以裁定更正，倘以裁定更正，乙得提起抗告（民事訴訟法第232條第3項）[17]。

---

[15] 最高法院91年度台簡上字第29號民事裁定；臺灣高等法院暨所屬法院90年度法律座談會彙編，2002年7月，頁142至143。

[16] 楊建華，民事訴訟法問題研析（二），三民書局股份有限公司，1991年10月，頁366。

[17] 司法院1982年5月10日（71）廳民一字第0353號函。

第五項 支付命令之效力

一、取得執行名義

債務人對於支付命令未於法定期間提出異議者,支付命令得為執行名義(民事訴訟法第521條第1項)。前開情形,為裁定之法院應付與裁定確定證明書(第2項)。債務人主張支付命令所載債權不存在而提起確認之訴者,法院依債務人聲請,得許其提供相當並確實之擔保,停止強制執行,視為起訴(第3項)。例如,支付命令須經合法送達債務人收受後,債務人未於20日之不變期間內向發支付命令之法院提出異議者,其支付命令雖無既判力,然有執行力。20日之不變期間,應自支付命令送達後起算,倘未經合法送達,則20日之不變期間無從起算,支付命令不能確定。倘支付命令未經合法送達,法院誤認未確定之裁判為確定,依聲請付與確定證明書者,不生執行力。而支付命令於核發後3個月內不能送達於債務人者,依民事訴訟法第515條第2項規定,其命令失其效力,自不生聲明異議或提起確認之訴。

二、時效中斷之效力

依督促程序向法院聲請核發支付命令,與起訴有同一效力,有消滅時效之事由存在(民法第129條第2項)。時效雖因聲請發支付命令而中斷者,然撤回聲請者、受駁回之裁判或支付命令失其效力時,視為不中斷(民法第132條)。

三、聲請支付命令有起訴效果(90律師)

本案尚未繫屬者,命假扣押之法院應依債務人聲請,命債權人於一定期間起訴(民事訴訟法第529條第1項)。假扣押之債權人不於假扣押之法院所命之一定期間內起訴,債務人得聲請命假扣押之法院撤銷假扣押裁定(第2項)。所謂起訴,係指依訴訟程序提起訴訟,得以確定其私權之存在,而取得給付之

確定判決者而言[18]，不包括確認判決在內。該起訴行爲包括債權人依督促程序聲請核發支付命令。因債權人依督促程序聲請核發支付命令，其與起訴有同一效力（民法第129條第2項第1款；民事訴訟法第519條第1項、第529條第2項第2款）。而確定之支付命令具有執行力，倘債權人已聲請發支付命令，是債務人不得聲請命假扣押之法院撤銷假扣押裁定[19]。

四、支付命令確定證明書之性質

支付命令確定證明書由執行司法行政事務之法院核發，乃證明性質之文書，非屬訴訟法院之裁定。準此，所爲撤銷支付命令確定證明書，性質乃執行司法行政事務法院之證明文書，非訴訟法院之裁定，自不得對之抗告[20]。

五、對確定之支付命令提起異議之訴

支付命令送達債務人後，其對於支付命令未於法定期間合法提出異議者，支付命令得爲執行名義（民事訴訟法第521條第1項）。執行名義無確定判決同一之效力者，其於執行名義成立前，倘有債權不成立或消滅或妨礙債權人請求之事由發生，債務人得於強制執行程序終結前提起異議之訴（強制執行法第14條第2項）。準此，對支付命令提起債務人異議之訴，應以支付命令成立前所生之事由，作爲提起債務人異議之訴之原因事實。

六、誤發支付命令確定證明書

發支付命令後，3個月內不能送達於債務人者，其命令失其效力（民事訴訟法第515條第1項）。倘法院誤發確定證明書，自確定證明書所載確定日期起5年內，經撤銷確定證明書時，法院應通知債權人。如債權人於通知送達後20日之不變期間起訴，或通知送達前起訴，均視爲自支付命令聲請時，已經起

---

18 最高法院65年台抗字第44號民事裁定。

19 最高法院85年度台抗字第3號民事裁定。

20 最高法院82年度台抗字第204號民事裁定。

訴（第2項）。前開之督促程序費用，應作爲訴訟費用或調解程序費用之一部（第3項）。再者，對於法院書記官之處分，得於送達後或受通知後10日內提出異議，由其所屬法院裁定（民事訴訟法第240條第2項）。故對於書記官撤銷支付命令確定證明書之處分提出異議，本應由其所屬法院裁定之[21]。

第三節 支付命令之異議

第一項 支付命令異議之效力

一、支付命令失效

（一）3個月內不能送達於債務人

法院核發支付命令後，3個月內不能送達於債務人者，其命令失其效力（民事訴訟法第515條第1項）。自不生聲明異議或聲請再審之問題。此際僅須卷宗歸檔即可，毋庸再爲任何處理。至於不能送達之原因如何，則在非所問。

（二）債務人異議

督促程序係對以給付金錢或其他代替物或有價證券之一定數量爲標的之請求，僅依債權人之聲請，並不訊問債務人，僅憑一方的書面審理，對債務人核發支付命令。倘債務人對於該命令不於一定之不變期間內提出異議，即賦予該命令得爲執行名義。故支付命令係依債權人主張請求原因事實與債務人對其未異議，爲其確定法律關係之基礎。職是，倘債務人對於支付命令之全部或一部有不服，亦不得附理由而提出異議，而使支付命令失效（民事訴訟法第516條第1項）。例如，債務人提起聲明異議狀，記載對支付命令提出異議事：1.異議人於○○年○月○日收受貴院○○年度促字第○○○號支付命令之送達，命異議人於20日內清償債款，但由於該項債務尚有糾葛，爲此依民事訴訟法第516條規定，對於該支付命令，向貴院提出異議；2.撤回異議債務人得在調解成立或第一審言詞辯論終結前，撤回其異議。但應負擔調解程序費用或訴訟費

---

21 最高法院101年度台抗字第123號民事裁定。

用（民事訴訟法第516條第1項）。準此，債務人於上揭期間得撤回異議，不限收受支付命令起算20日之期間。

二、視為起訴或聲請調解

原告雖向法院聲請對被告核發支付命令，惟被告已於法定不變期間即20日內對該項支付命令提出異議，是支付命令失其效力，以債權人支付命令之聲請，視為起訴或聲請調解。視為起訴者，督促程序費用，應作為訴訟費用之一部（民事訴訟法第519條）。法院應限期命原告補繳裁判費，如逾期未補繳納裁判費，應駁回其訴（民事訴訟法第249條第1項第6款）。

三、督促程序費用

所謂督促程序費用，係指在督促程序中所生之一切費用而言，此項費用，應作為視同起訴後訴訟費用之一部。易言之，即將來之通常訴訟為費用之裁判時，其以前督促程序中之費用，應亦包含在內，占總費用中之一部。民事訴訟法第519條第1項規定，以支付命令之聲請視為起訴，其原繳之聲請費，應許其扣抵預繳訴訟費之一部[22]。至於法官雖於起訴前核發給支付命令，然就第一審裁判毋庸迴避裁判[23]。

四、預留就審期間

依民事訴訟法第511條規定，債權人聲請支付命令，應表明：（一）當事人及法定代理人；（二）請求之標的及數量；（三）請求之原因事實；其有對待給付者，已履行之情形；（四）應發支付命令之陳述；（五）法院。而法院准予核發支付命令時，除核發支付命令載明同法第514條所定事項外，並應將債權人聲請狀繕本一併送達於債務人。嗣債務人雖對支付命令提出異議，以債權人之聲請視為起訴，因債務人已收受聲請狀繕本，就債權人請求之事項與內

22　司法院院字第1534號解釋，解釋日期1936年9月1日。

23　司法院院字第433號解釋，解釋日期1931年2月6日。

容，已有相當之瞭解，此項聲請狀之繕本，應可代替起訴狀繕本之送達，自毋庸命債權人補提起訴狀。因視爲起訴後之言詞辯論期日通知，仍應依同法第251條第2項規定預留10日之就審期間，始得爲一造辯論之判決[24]。倘屬寄存送達之情形，自寄存之日起，經10日發生效力（民事訴訟法第138條第2項）。是就審期間自寄存送達之日起，應預留20日。

五、異議逾法定期間

債務人於支付命令送達後，逾20日之不變期間，始提出異議者，法院應以裁定駁回之（民事訴訟法第518條）。例如，債權人對債務人向甲地方法院聲請發給支付命令，債務人收受支付命令後，雖於20日內具狀，誤向乙地方法院提出異議。惟乙地方法院逕以掛號信將該異議狀函寄甲地方法院，該掛號信逾20日到達甲地方法院。依民事訴訟法第516條第1項規定，支付命令之聲請有專屬之管轄法院，債務人對於支付命令，應向發支付命令之法院提出異議，支付命令既爲甲地方法院所發，而甲地方法院與乙地方法院之管轄區域復有不同，債務人之異議狀到達甲地方法院時，已逾20日之不變期間，其異議自屬逾期[25]。

六、債務人對司法事務官所發支付命令提出異議

當事人對於司法事務官處理事件所爲之終局處分，雖得於處分送達後10日之不變期間內，以書狀向司法事務官提出異議，然支付命令之異議，仍適用第518條及第519條規定（民事訴訟法第240條之4第1項）。爲保障當事人之權益，並達到追求程序迅速與訴訟經濟之目的，對於司法事務官處理事件所爲之終局處分，固許當事人得逕向處分之司法事務官提出異議，由其儘速重行審查原處分是否妥當，而爲適當之救濟。然對於司法事務官所發之支付命令，債務人未於法定期間合法提出異議者，因與確定判決有同一之效力，且債務人有無於法定期間合法提出異議，攸關當事人權益甚爲重大，司法事務官就債務人對

---

24 司法院第一期司法業務研究會，民事法律問題研究彙編，2輯，頁329。

25 臺灣高等法院暨所屬法院88年法律座談會彙編，頁85至87。

支付命令提出之異議，自無處理權限，應由法官視債務人異議有無逾期，分別裁定駁回或以債權人支付命令之聲請視爲起訴或聲請調解（民事訴訟法第240條之4第1項但書）。準此，司法事務官所發之支付命令，經債務人提出異議者，仍應適用民事訴訟法第518條及第519條規定，即將債務人提出異議逾期之駁回權，暨合法異議視爲起訴或聲請調解之裁判權，排除於司法事務官職權外，以界定法官與司法事務官權限之分際。例如，債務人對司法事務官所發之支付命令提出異議，並聲請撤銷已核發之支付命令確定證明書者，因支付命令已否因其異議逾期而確定，關乎支付命令有無於3個月內合法送達債務人？債務人有無於支付命令合法送達後20日內提出異議？且涉及支付命令已否確定或有無確定判決同一效力，應由法官審查支付命令確定與否後，決定是否撤銷確定證明書，司法事務官不得逕以裁定處分撤銷之[26]。

第二項　異議人適格

一、債務人

　　債務人於支付命令，固得不附理由向核發命令之法院提出異議。然對法人核發支付命令之場合，其法定代理人並非支付命令所載之債務人，倘法人之法定代理人非以債務人之法定代理人身分具狀聲明異議，係以本人之身分聲明異議，因法人與其法定代理人本人分屬不同之權利主體，是其法定代理人所聲明異議，顯不合法，法院應予裁定駁回。例如，A公司債權人向法院聲請對A公司核發支付命令，A公司之董事長甲以個人名義聲明異議，因其非債務人，法院應駁回甲之異議。

二、第三人

　　債權人因保全債權，固得以自己名義行使其權利（民法第242條）。惟在訴訟或非訟事件程序中，依法律之規定，僅該當事人始得爲之，且依其性質，並不適於由他人代位行使之行爲，自不能准由該當事人之債權人代位行使。如

---

[26] 最高法院100年度台抗字第604號、101年度台抗字第31號民事裁定。

當事人以外之第三人得以債務人之債權人地位，代位債務人對該支付命令行使債務人本不願行使之異議權，亦無異准許第三人任意以當事人間之債權，係屬虛偽為由，未經實體審判程序，即逕予剝奪當事人間選擇督促程序以節省勞費，並使權利義務儘早確定之權利，而於督促程序之立法本旨亦有未合。其雖可能因易於取得執行名義而被不當利用於假債權之虛設，導致損害於真正債權人之利益，惟此種利弊互見之情形，本屬立法者於採擇督促程序制度時，所應考量之範圍，究不能以此種非常態事實之存在，而擴大解釋債務人之債權人得代位債務人對支付命令聲明異議，而致損及當事人利用督促程序，以確定權利義務關係之權利。準此，對支付命令之異議權，自不得由當事人以外之第三人，其於債務人怠於行使其權利時，由第三人行使之[27]。

三、連帶債務人

連帶債務人提出非基於個人關係之事由，其效力及於全體。詳言之，債權人以全體連帶債務人為共同被告提起給付之訴，以被告一人提起非基於個人關係之抗辯，經法院認為有理由為限，始得適用民事訴訟法第56條第1項規定，倘無從斷定其提出抗辯，是否基於個人關係而有理由，自無同條項之適用。惟有學者認為連帶債務人中之一人提出異議未具理由者，其效力應及於全體債務人為宜[28]。同理，其於督促程序之場合，債務人中之一人對於支付命令提出異議，其理由係基於個人關係事由者，效力自不能及於全體債務人[29]。

---

27 最高法院85年度台抗字第590號、99年度台抗字第589號民事裁定。

28 楊建華，民事訴訟法問題研析（二），三民書局股份有限公司，1991年10月，頁372。

29 最高法院52年台上字第1930號民事判決；司法院1987年10月9日（76）廳民一字第2903號函。

第四節　例題研析

案例1　對未約定利息之借款發支付命令

> 甲向其好友乙借款新臺幣100萬元，約定3個月後清償，其等未約定利息，清償日屆滿，甲未依約清償，乙以甲積欠借款未還為由，向法院聲請對債務人發支付命令，並請求年息10%之利息。試問法院應如何處理？依據為何？

一、利息以法定利率計算

應付利息之債務，其利率未經約定，亦無法律可據者，債權人得請求按年息5%計算之利息（民法第203條）。債權人乙聲請對債務人甲發支付命令，因當事人未約定應付利息，其遲延利息之法定利率為年息5%，債權人乙請求以年息10%計算，即應駁回超過年息5%部分利息。

二、駁回逾法定利息部分

支付命令之聲請，依聲請之意旨，認債權人之請求無理由者，法院應以裁定駁回之。就請求之一部不得發支付命令者，應僅就該部分之聲請駁回之（民事訴訟法第513條第1項）。職是，約定利率逾年息16%者，債權人對於超過部分之利息，無請求權，法院應將超過最高利率之利息聲請駁回。

案例2 　對票款請求權發支付命令

> 　　債權人持債務人簽發之支票，於發票日5日後為付款提示，未獲兌現，其持支票向法院聲請核發支付命令，主張依據票據關係請求票款，並請求自發票日起算利息。試問法院應如何處理？依據為何？

一、支票票款之利息請求自付款提示日起算

　　發票人應照支票文義擔保支票之付款；又執票人向支票債務人行使追索權時，得請求自為付款提示日起之利息，如無約定利率者，依年息6%計算（票據法第126條、第133條）。職是，支票之票款利息請求，自付款提示日起算，非自發票日起算。

二、駁回提示日前之利息請求

　　支付命令之聲請，依聲請之意旨，認債權人之請求無理由者，法院應以裁定駁回之。就請求之一部不得發支付命令者，應僅就該部分之聲請駁回之（民事訴訟法第513條第1項）。本件債權人聲請對債務人發支付命令，請求支票票款之利息請求，應自付款提示日起算，非自發票日起算，是提示日前之利息請求，自屬無據，應予駁回。準此，本件支付命令應諭知：本件就民國○○年○○月○○日起至民國○○年○○月○○日止利息部分之聲請駁回。

案例3 　支付命令之專屬管轄

> 　　乙以丙為連帶保證人向甲借款新臺幣10萬元，已屆清償期而未清償。債權人甲對住所地於臺中市之借款人乙及住所地於臺南市之連帶保證人丙，向臺灣臺南地方法院聲請發支付命令。試問債權人聲請支付命令是否合法，理由何在（97民間公證人）？

一、專屬管轄

依據民事訴訟法第510條規定，支付命令之聲請，專屬債務人爲被告時，依同法第1條、第2條、第6條或第20條規定，有管轄權之法院管轄。是支付命令之管轄法院，爲專屬管轄法院，不得合意管轄爲之，縱使債務人收受支付命令不異議，仍無擬制合意管轄之適用（民事訴訟法第26條）。

二、共同管轄權

債務人有數人時，其住所不在一法院管轄區域內者，各該住所在地之法院俱有管轄權（民事訴訟法第20條、第510條）。是本件債權人向臺灣臺南地方法院聲請對債務人乙聲請發支付命令，倘當事人未約定債務履行地（民事訴訟法第12條、第20條但書）[30]。債務人乙雖住居於臺中市，然基於共同訴訟之管轄適用，臺灣臺南地方法院對對債務人乙與丙，均有管轄權，自應准許之[31]。

案例4　發支付命令後始知悉無管轄權

> 債權人聲請法院對債務人核發之支付命令後，經合法送達不到或送達至非債務人之非住居所，債權人為此查報債務人之現址，非在該法院之管轄區域內。試問法院應如何處理？依據為何？

---

[30] 民事訴訟法第20條但書規定特別管轄法院。

[31] 臺灣高等法院95年度抗字第1590號民事裁定：共同訴訟之被告數人，其住所不在一法院管轄區域內者，各該住所在地之法院俱有管轄權。但依第4條至前條規定有共同管轄法院者，由該法院管轄，民事訴訟法第20條定有明文。是適用本條本文之要件有：1.須被告爲二人以上；2.須數被告之住所，不在同一法院管轄區域以內；3.須無民事訴訟法第4條至第19條之共同之特別審判籍。易言之，倘有共同之特別審判籍，即不再適用各被告住所地法院均有管轄權之規定。

一、支付命令送達債權人後發生羈束力

支付命令經送達於債權人,法院應受其羈束,不得自行撤銷該支付命令(民事訴訟法第236條、第238條)。是法院送達支付命令於債務人遭退回,經債權人查報債務人之住址,其已不居住受聲請之法院轄區內,雖致該支付命令違反專屬管轄之規定,然非不能送達,仍應按債務人之現址送達。

二、聲明異議或聲請再審

裁判違背法令者,應依法定程序以謀救濟,不得以法院內部之作業影響其法定效力。支付命令係裁定之一種,經送達於債權人,法院即應受其羈束。債權人查報債務人之現住址,因未在受聲請之法院管轄區域內,導致該支付命令違反專屬管轄之規定,仍應按債務人之現址送達,以待債務人提出異議(民事訴訟法第516條);或者聲請再審,謀求救濟途徑(民事訴訟法第507條、第496條第1項第1款)[32]。

案例5 │ **未約定清償期之利息起算日**

> 債務人乙向債權人甲借款,雙方未約定借款債務之清償日,債權人甲向法院聲請對債務人乙發支付命令,並請求自借款日起算之利息。試問法院應如何處理?依據為何?

一、自受催告時起負遲延責任

給付無確定期限者,債務人於債權人得請求給付時,經其催告而未為給付,自受催告時起,負遲延責任。經債權人起訴而送達訴狀,或依督促程序送達支付命令,或為其他相類之行為者,其與催告有同一之效力(民法第229條

---

32 司法院第16期司法業務研究會期,民事法律專題研究(七),頁211至213。司法院第一廳1983年1月27日(72)廳民三字第0071號函。

第2款）。因當事人未約定借款債務之清償日，是債權人甲向法院聲請對債務人乙發支付命令，其利息起算日，應自送達支付命令與債務人乙之翌日起計算。

二、駁回支付命令送達之日前利息部分

支付命令之聲請，依聲請之意旨，認債權人之請求無理由者，法院應以裁定駁回之。就請求之一部不得發支付命令者，應僅就該部分之聲請，裁定駁回之（民事訴訟法第513條第1項）。職是，債權人甲聲請對債務人乙發支付命令，因當事人間未約定債務清償日，除債權人釋明支付命令送達之日前，債務人已負遲延責任外，否則該部分之利息，應駁回之。

案例6　對支付命令聲明異議已逾法定期間

> 甲向乙住所地所在之地方法院，聲請對乙發支付命令，乙於收受支付命令逾20日後，始向法院提起支付命令異議。試問法院應如何處理？依據為何？

債務人於支付命令送達後，逾20日之不變期間始提出異議者，法院應以裁定駁回之（民事訴訟法第518條）。聲明異議有無逾20日之法定期間，法院得檢視卷內送達支付命令於債務人之送達證書，其與法院收受債務人之異議狀時間，兩者相距之期間有無逾20日。倘第20日為星期日、紀念日或其他休息日時，以其休息日之次日代之（民法第122條）。債務人得於休息日之次日，向法院聲明異議。

案例7　支付命令之審查事項

> 債權人甲依督促程序聲請支付命令，依其聲請狀所載之年齡為15歲，亦無法定代理人，其基於債務人乙積欠賭債為由，向法院聲請對債務人乙發支付命令。試問法院應如何處理？依據為何？

一、命補正訴訟能力之欠缺

支付命令之聲請，應表明請求之原因、事實（民事訴訟法第511條第3款）。是支付命令之聲請，在程序上是否合法，法院仍應依職權調查，債權人甲係未成年人，不能獨立為訴訟行為，法院自應適用民事訴訟法第49條規定，限期命其補正，程序無欠缺後，繼而審查聲請有無理由。

二、就主張之原因事實認定權利保護要件

法院專就聲請人主張之事實為基礎，認定其權利保護要件是否存在，而決定應否准予核發支付命令[33]。因賭博為法律所禁止之行為，其因該行為所生債之關係，並無請求權可言[34]。法院應依民事訴訟法第513條第1項前段規定，請求無理由，裁定駁回之。

案例8 **聲請對票據債務人發支付命令**

> 甲持有乙簽發而經某丙背書之支票一張，發票地與付款地均在臺北市中正區，甲逾發票日後7日，始為付款提示，持票人甲向臺灣地方法院聲請對發票人乙及背書人丙發支付命令。試問該法院應如何處理？依據為何？

一、執票人提示之期限

支票之發票地與付款地在同一省（市）區內者，支票之執票人，應於發票日後7日內，為付款之提示（票據法第130條第1款）。執票人逾票據法第130條

---

33 楊建華，民事訴訟法問題研析（一），三民書局股份有限公司，1991年8月，頁434。

34 最高法院44年台上字第421號民事判決。

之提示期限，依同法第132條規定，對發票人以外之前手，喪失追索權。

二、駁回對背書人之請求

支付命令之聲請，依聲請之意旨認債權人之請求為無理由者，法院應以裁定駁回之；就請求之一部不得發支付命令者，應就該部分之聲請駁回（民事訴訟法第513條第1項後段）。本件支票執票人雖聲請對發票人乙及背書人丙發支付命令，惟持票人已逾票據法第130條之提示期限，對發票人以外之前手，即對背書人丙喪失追索權，該部分支付命令之聲請，應予駁回。

三、形式審查主義

支付命令之聲請，不合於第508條至第511條規定，或依聲請之意旨認債權人之請求為無理由者，法院應以裁定駁回之；就請求之一部不得發支付命令者，應僅就該部分之聲請駁回之（民事訴訟法第513條）。支票執票人為付款之提示被拒絕時，對於前手始得行使追索權（票據法第131條第1項）。支付命令之聲請，雖不訊問債務人，雖僅就債權人聲請為形式審查，然其聲請意旨，違反法律之規定者，法院仍應認為無理由，以裁定駁回之。債權人執有債務人簽發之支票，而未經付款之提示，倘於支付命令聲請時，已有所陳述，法院即應以裁定駁回。反之，如於支付命令聲請時，並未有所陳明未經為付款之提示，則應發給支付命令[35]。

案例9　利息或違約金請求過高

地方法院依據債權人之支付命令聲請，對債務人核發支付命令之裁定時，對於債權人所請求之違約金或利息顯屬過高，致有失公平者。試問法院應如何處理？依據為何？

---

[35] 1989年7月15日（78）廳民一字第778號函。

一、法定及約定利息之限制

當事人間約定利率超過年息16%者,債權人對其超過部分之利息,無請求權(民法第205條)。倘聲請法院發支付命令以為請求,自無理由,可依民事訴訟法第513條第1項規定,以裁定駁回之。再者,當事人間未約定利息,依據民法第203條規定,以年息5%為法定利息,債權人對超過部分之利息,無請求權。是債權人聲請法院發支付命令,其超過年息5%之利息部分,應駁回之。

二、約定違約金

當事人間約定之違約金,倘有過高之情形,法院固依民法第252條規定,可減至相當之數額,然應本諸辯論之結果而為衡量,在督促程序無從認其如何之部分為過高,其請求權既非不存在,自難認其請求為無理由,而依民事訴訟法第513條第1項以裁定駁回之[36]。

案例10 支付命令之異議效力

債權人甲以債務人乙邀連帶保證人丙、丁向其借款新臺幣100萬元,屆清償未還為由,向管轄法院聲請對連帶債務人依督促程序發支付命令,該支付命令嗣經3個月後,乃無法對丁為合法送達。而乙於法定期間內以其非債務人為由,向法院聲明異議。丙之債權人戊則於法定期間內,向法院表明代位丙提出異議。試問法院應如何處理,依據為何(97民間公證人)?

一、支付命令之送達

支付命令送達於債務人後,法院應速通知債權人。發支付命令後,3個月

---

36 司法院1980年8月5日(69)廳民一字第0047號函。

內不能送達於債務人者，其命令失其效力（民事訴訟法第515條第1項）。3個月期間自書記官將正本交付送達之日起算。故支付命令經3個月後，無法對丁為合法送達，甲對丁發之支付命令失其效力。

二、部分連帶債務人提出異議

為避免同一請求，依兩種不同之程序辦理，導致裁判產生牴觸，對訴訟經濟亦無實益。即連帶債務人提出非基於個人關係之事由，其效力及於全體。詳言之，債權人以全體連帶債務人為共同被告提起給付之訴，以被告一人提起非基於個人關係之抗辯，經法院認為有理由為限，始得適用民事訴訟法第56條第1項規定，倘無從斷定其提出抗辯是否基於個人關係而有理由，自無同條項之適用。同理，督促程序之場合，債務人中之一人對於支付命令提出異議，其理由如係基於個人關係事由者，其效力自不能及於全體債務人。準此，乙於法定期間內以其非債務人為由，向法院聲明異議，其屬於個人關係之抗辯，其效力應不及於其他連帶債務人。因保證債務具有從屬性，倘主債務人乙否認債務存在，其效力應及於連帶保證人丙、丁。

三、債權人對異議之代位

（一）代位權要件

債務人怠於行使其權利時，債權人因保全債權，得以自己名義行使其權利（民法第242條）。此項代位權行使之範圍，就同法第243條但書規定旨趣推之，並不以保存行為為限，凡以權利之保存或實行為目的之一切審判上或審判外之行為。例如，假扣押、假處分、聲請強制執行、實行擔保權、催告、提起訴訟等，債權人均得代位行使[37]。

（二）選擇督促程序之權利

在訴訟或非訟事件程序，依法律之規定，僅該當事人始得為之，且依其性

---

[37] 最高法院69年台抗字第240號民事裁定。

質，並不適於由他人代位行使之行為，自不能准由該當事人之債權人代位行使。倘當事人以外之第三人得以債務人之債權人地位，代位債務人對支付命令行使債務人本不願行使之異議權，無異准許第三人任意以當事人間之債權係屬虛偽為由，未經實體審判程序，即逕予剝奪當事人間選擇督促程序以節省勞費，並使權利義務儘早確定之權利，自與督促程序之立法本旨未合。準此，對支付命令之異議權，自不得由當事人以外之第三人，而於債務人怠於行使其權利時，由第三人行使之[38]。

案例11 異議期間

> 地方法院核發之支付命令，經郵務機關於2023年2月1日送達時，在債務人住所地未會晤債務人，亦無受領文書之同居人或受僱人，債務人至2023年3月10日對該支付命令提出異議。試問其異議是否合法？依據為何？[39]

一、寄存送達之生效日

無法依民事訴訟法第136條、第137條規定為送達者，得將文書寄存送達地之自治或警察機關，並作送達通知書兩份，一份黏貼於應受送達人住居所、事務所、營業所或其就業處所門首，另一份置於該送達處所信箱或其他適當位置以為送達；寄存送達，自寄存之日起，經10日發生效力，為同法第138條第1項、第2項所明定。

二、異議不合法

本件支付命令送達之郵務機關於2023年2月1日送達時，在債務人住所地未

---

38 最高法院99年度第6次民事庭會議。

39 臺灣高等法院94年度抗字第2724號民事裁定。

會晤債務人，亦無受領文書之同居人或受僱人，自應為寄存送達，該寄存送達於2023年2月11日發生效力，至2023年3月3日屆滿20日之不變期間。抗告人遲至2023年3月10日始對該支付命令提出異議，為債務人所自承，其異議已逾法定不變期間，法院應以其異議不合法而駁回之。

案例12　聲請對保證人核發支付命令

> 　　甲向乙借款，定有清償期，由丙作為保證人擔保甲之債務。屆期甲未償還借款，乙依督促程序聲請對甲、丙二人發支付命令，請求甲、丙連帶清償借款。試問法院對丙之部分，應否准許[40]？

一、否定說

保證人於債權人未就主債務人之財產強制執行而無效果前，對於債權人得拒絕清償（民法第745條）。乙未先就甲之財產強制執行，且未主張丙有民法第746條各款先訴抗辯權消滅之情形。丙對於乙既得行使先訴抗辯權，法院對於丙之部分自不准發支付命令，應以裁定駁回之。

二、肯定說

民法第745條係規定保證人得行使先訴抗辯權，其行使與否，係保證人之權利，倘保證人不行使此項權利，法院不得逕將法律上之效果，歸屬於保證人，故丙不欲行使其先訴抗辯權，其於法並無不可，丙於收到法院之支付命令後，如表示拒絕清償，自可於法定期間提出，以資救濟。且依同法第739條規定。保證人之履行責任於主債務人不履行債務時，即已發生，至於是否行使先訴抗辯權，乃屬另一問題。甲逾期未清償借款，其屬給付遲延，丙之履行責任已經發生，此時丙對於乙之請求是否主張先訴抗辯權，法院不得而知，自不宜

40　司法院（73）廳民一字第0500號函。

逕予駁回,應以不真正連帶債務之型態,對甲、丙同時發支付命令。

三、本文見解

所謂普通保證者,係指保證人對於債權人未就主債務人之財產強制執行而無效果前,對於債權人得拒絕清償。職是,支付命令之主文得記載:債務人甲應於給付債權人乙新臺幣○○元及自民國○年○月○日起至清償日止,按年息○○計算之利息,如對債務人甲之財產為強制執行無效果時,由債務人丙給付之。

案例13 支付命令之管轄法院

甲於2022年10月11日,其於桃園市中壢區,受住所於嘉義市之乙、住所於臺南市之丙,共同毆打致受有傷害,甲遂於2022年12月9日具狀向臺灣桃園地方法院聲請依督促程序發支付命令,主張支出醫藥費新臺幣(下同)10萬元、看護費用20萬元及精神慰撫金30萬元。試問臺灣桃園地方法院有無管轄權?依據為何?

支付命令之聲請,專屬債務人為被告時,依第1條、第2條、第6條或第20條規定,有管轄權之法院管轄(民事訴訟法第510條)。共同訴訟之被告數人,其住所不在一法院管轄區域內者,各該住所地之法院俱有管轄權。但依第4條至第19條規定有共同管轄法院者,由該法院管轄(民事訴訟法第20條)。因第20條共同管轄之規定,並未排除第20條但書之適用,而本件係因侵權行為涉訟者,得由行為地之法院管轄(民事訴訟法第15條第1項)。準此,臺灣桃園地方法院係行為地之法院,故對本件支付命令之聲請有管轄權(民事訴訟法第20條但書)[41]。臺灣桃園地方法院為特別管轄法院,甲不得向乙、丙之住所地法院臺灣嘉義與臺灣臺南地方法院聲請支付命令。

---

41 臺灣高等法院暨所屬法院93年法律座談會彙編,2005年5月,頁114至115。

案例14　聲請支付命令之裁判費

　　債權人甲以一支付命令聲請狀，主張債務人乙積欠其借款及信用卡消費款各新臺幣（下同）5萬元等2筆金錢債務，並繳納裁判費500元。試問法院應否命聲請人甲補繳督促程序裁判費500元？依據為何？

　　不論訴訟標的價額之核定或財產權訴訟標的金額、價額計徵裁判費，均以起訴為前提（民事訴訟法第77條之1第2項）。支付命令必俟債務人合法提出異議後，始視為起訴，故債權人在提出聲請核發支付命令之初，尚未視為起訴，自應依民事訴訟法第77條之19第1款規定，徵收500元。詳言之，聲請發支付命令徵收裁判費500元，即於督促程序係採定額徵收標準（民事訴訟法第77條之19第1款）。就同一債權人對同一債務人每次聲請發支付命令，僅徵收裁判費500元，而不論債權人該次請求金額之多寡或請求標的之數量為何。至於以一訴主張數項標的者，其價額合併計算之。但所主張之數項標的互相競合或應為選擇者，其訴訟標的價額，應依其中價額最高者定之（民事訴訟法第77條之2第1項）。係指依訴訟程序提起訴訟之情形，該條所定之徵收標準，其於督促程序應無適用。

案例15　債務人撤回異議之訴訟費用負擔

　　債權人甲以債務人積欠其新臺幣（下同）100萬元，向法院聲請對債務人乙核發支付命令，債務人乙於法定期間內提起異議，法院扣除債權人已繳之支付命令裁判費500元，即命債權人甲補繳訴訟裁判費9,500元，經債權人甲補繳後，債務人乙嗣於第一審言詞辯論終結前撤回異議。試問債權人請求退還所補繳之裁判費，法院應如何處理？

　　債務人乙支付命令經債務人於法定期間內提出異議，即視為起訴或聲請調解，且債權人甲依法院之裁定補繳裁判費，乃其訴之合法要件，嗣後債務人乙之撤回異議，僅使該訴訟得不經裁判而終結，此該當債務人得在調解成立或第

一審言詞辯論終結前，撤回其異議。但應負擔調解程序費用或訴訟費用之情形（民事訴訟法第516條第2項）。即就該補繳之裁判費，應由債務人乙負擔，而不應准許債權人甲之聲請退還。至於債權人甲就其補繳之裁判費，可循民事訴訟法第90條規定，向法院聲請裁定確定訴訟費用。

案例16 對繼承人核發支付命令

> 　　甲向乙借款新臺幣（下同）100萬元，甲於借款清償期前過世，債權人乙向債務人即被繼承人甲之繼承人丙、丁之住所所在地法院，依督促程序聲請對丙、丁核發支付命令，請求繼承人連帶清償被繼承人乙逾期未清償之100萬元借款，丙、丁均未於20日之法定期間聲明異議。試問法院應如何處理？依據為何？

　　繼承人依法當然為限定連帶責任，具有法定免責之性質，不待繼承人為抗辯（民法第1148條第2項）。就有關繼承之清償債務事件而言，法院雖應判決命繼承人就被繼承人債權之全額為清償，然應另附以保留支付之判決，而於遺產限度內為清償之保留判決。準此，法院核發支付命令時，應依法定免責說，不待繼承人為抗辯，法院支付命令應判命繼承人就債權之全額為清償，並附以保留支付之諭知[42]。

---

[42] 臺灣高等法院暨所屬法院101年法律座談會民事類提案第10號。

第二章　意思表示之公示送達

關鍵字

| 對話 | 非對話 | 相對人 | 表意人 | 達到主義 |

第一節　意思表示之定義與生效

一、意思表示之定義

　　意思表示者，係表意人欲發生一定私法上之效果，而將其效果意思表示於外部之行為。意思表示之成立要件有三：效果意思、表示意思及表示行為。申言之：（一）效果意思：所謂效果意思者，係指行為人有欲成立某法律行為，發生特定私法上效果之意思。例如，甲欲以新臺幣（下同）100萬元向乙購買汽車，則甲心中期待給付100萬元買賣價金，向乙取得該汽車所有權之效果意思；（二）表示意思：所謂表示意思者，係行為人有意將內心決定之效果表達於外部之意思。例如，甲有將心中期待給付100萬元，以取得汽車所有權之效果意思，表達其外部之意思；（三）表示行為：所謂表示行為者，乃行為人將心中之效果，表達於外部行為。例如，甲將其欲給付100萬元買賣價金，取得乙之汽車所有權之效果意思，以語言向乙為要約表示[1]。

---

[1] 林洲富，民法——案例式，五南圖書出版股份有限公司，2020年9月，8版1刷，頁68至69。

二、意思表示之生效

　　意思表示何時生效，得區分對話與非對話之分別。對話意思表示，係指表意人以立即使相對人瞭解其意思表示之方法，其與相對人直接交換意思。例如，面對面交談。非對話意思表示，係指表示人無法立即使相對人瞭解其意思表示之方法，導致相對人無法立即直接交換意思表示。例如，書信往來。有相對人之對話意思表示生效，民法採瞭解主義，即以對話人為意思表示者，其意思表示，以相對人瞭解時，發生效力（民法第94條）。而有相對人之非對話意思表示生效，民法採達到主義，即非對話而為意思表示者，其意思表示，以通知達到相對人時，發生效力（民法第95條第1項）[2]。職是，對話人為意思表示，無送達問題。而非對話而為意思表示者，應將意思表示之通知送達至相對人，始發生效力。

第二節　公示送達之聲請

一、聲請要件與管轄法院

　　表意人非因自己之過失，不知相對人之姓名、居所者，得依民事訴訟法公示送達之規定，以公示送達為意思表示之通知（民法第97條）。表意人不知相對人之姓名時，向法院聲請公示送達事件，由表意人住所地之法院管轄；不知相對人之居所者，由相對人最後住所地之法院管轄（非訟事件法第66條）。例如，民法第440條第1項所謂支付租金之催告，屬於意思通知之性質，其效力之發生，準用同法關於意思表示之規定，倘房屋出租人非因有自己之過失不知承租人之居所者，得準用同法第97條，依民事訴訟法公示送達之規定，向承租人最後住所地即作為出租標的之房屋所在地法院，聲請公示送達作為催告之通知[3]。表意人向法院聲請意思表示之公示送達，應繳納費用新臺幣1,000元（非訟事件法第14條第1項）。

2　林洲富，民法——案例式，五南圖書出版股份有限公司，2020年9月，8版1刷，頁69。

3　最高法院41年台上字第490號民事判決。

二、應為送達之處所不明者

民事訴訟法第149條第1項第1款所謂應為送達之處所不明者，係指已用相當之方法探查，仍不知其應為送達之處所者而言。除確知受送達人已亡故無從送達，否則即應依上開規定為公示送達。其不明之事實，應由聲請公示送達之人負舉證之責任，而由法院依具體事實判斷之[4]。

三、公示送達之方法

關於公示送達之方法，除應由法院書記官保管應送達之文書，而於法院之牌示處黏貼公告，曉示應受送達人，應隨時向其領取外，法院亦應命將文書之繕本或節本登載於公報或新聞紙，或用其他方法通知或公告之（民事訴訟法第151條）。兩者必須兼備，倘缺其一，則不生公示送達之效力[5]。

四、國外公示送達

為國外送達者，應囑託該國管轄機關或駐在該國之中華民國使領館或其他機構、團體為之（民事訴訟法第145條第1項）。而不能依前項規定為囑託送達者，得將應送達之文書交郵務機構以雙掛號發送，以為送達，並將掛號回執附卷（第2項）。例如，再抗告人既多次入出國境，且在國外居住時間均較在國內居住者為長，自難認其在法院為公示送達時，在國內一定地域有久住之主觀意思及客觀事實。再抗告人出境前往之國家及國外住所地，既無相關資料可供查詢，自不能依民事訴訟法第145條規定為送達，法院將應送達與再抗告人之裁定行國外公示送達程序，即屬有據（民事訴訟法第149條第1項第3款）[6]。

---

4 最高法院82年台上字第272號民事判決；98年度台抗字第957號民事裁定。

5 最高法院98年度台抗字第509號民事裁定。

6 最高法院98年度台抗字第358號民事裁定。

五、公示送達之生效時期

公示送達，自將公告或通知書黏貼公告處之日起，其登載公報或新聞紙者，自最後登載之日起，經20日發生效力；就應於外國為送達而為公示送達者，經60日發生效力。依第150條之職權公示送達者，自黏貼公告處之翌日起，發生效力（民事訴訟法第152條）[7]。

六、裁定之性質

法院准為公示送達時，應由法院書記官保管應送達之文書，而於法院之公告處黏貼公告，曉示應受送達人應隨時向其領取，並登載公報或新聞紙（民事訴訟法第149條第1項、第151條）。因公示催告事件之目的，在於避免表意人無從為意思表示之通知，而遭受不利益之結果，故使其意思表示得依民事訴訟法第149條規定之方法為送達，發生通知之效力，此項公示送達屬意思通知之性質，對之所為之裁定，並非訴訟程序進行中所為之裁定[8]。職是，相對人就准許以公示送達為意思表示通知之裁定，自得提起為抗告[9]。

第三節　例題研析

| 案 例 | 意思表示之公示送達要件 |

乙向甲承租房屋，事後因積欠房租而搬離租屋處，甲為此就乙之戶籍所在地寄發存證信函，催告乙支付租金，經郵局以招領逾期退回。試問：（一）甲為此向法院聲請意思表示之公示送達，法院應如

7　民事訴訟法第150條規定：依第149條聲請公示送達之規定為公示送達後，對於同一當事人仍應為公示送達者，法院依職權為之。

8　民事訴訟法第483條規定：訴訟程序進行中所為之裁定，除別有規定外，不得抗告。

9　最高法院90年度台抗字第324號民事裁定。

何處理？（二）倘甲請求乙給付租金，並提供擔保扣押乙之財產，嗣後甲之本案判決敗訴確定，甲以存證信函催告受擔保利益人乙，應於20日內行使權利，因乙遷移新址不明，以致原件退回，甲是否得向法院聲請公示送達？

一、非住居所不明

表意人非因自己之過失，不知相對人居所，始得依民事訴訟法公示送達之規定，以公示送達為意思之通知（民法第97條）。乙向甲承租房屋，因乙積欠房租而搬離租屋處，甲就乙之戶籍所在地寄發存證信函，催告乙支付租金，經郵局以招領逾期退回，並非以遷移不明為由退回，足見乙之居所並非不明，其因係出外未能收受送達或有其他事故未返住居所，是不符合公示送達之事由[10]。

二、住居所不明

甲起訴請求乙給付租金，並提供擔保扣押乙之財產，嗣後甲之本案判決敗訴確定，甲依據民事訴訟法第104條第1項第3款規定，以存證信函催告受擔保利益人乙於20日內行使權利，因乙遷移新址不明，以致原件退回，足見乙之住居所不明，甲向乙之住居所所在法院聲請公示送達，法院應裁定准為公示送達。

---

[10] 臺灣高等法院80年度抗字第646號民事裁定。

第三章　公示催告

關鍵字

| 證券 | 申報權利 | 公告方式 | 止付通知 | 利害關係人 |

第一節　概　說

一、公示催告程序之類型

（一）宣告死亡事件

　　公示催告程序設計之目的，在於催告利害關係人於一定期間，申報其權利或陳明事實。就宣告事件而言，係法院依利害關係人或檢察官之聲請，以公告方法催告失蹤人或知悉失蹤人生死者，應於一定期間陳報失蹤人尚生存之情事，倘不陳報法院，經宣告死亡判決，確定死亡之時，即發生推定失蹤人死亡之效力。

（二）無人承認之繼承財產事件

有關無人承認之繼承財產事件，係被繼承人死亡而無繼承人、繼承人有無不明時，公示催告繼承人承認繼承、債權人報明債權及受遺贈人是否聲明接受遺贈。

（三）限定繼承事件

有關限定繼承事件，為繼承人向法院陳報限定繼承時，法院應依公示催告程序公告，命被繼承人之債權人於一定期限內報明其債權。該項一定期限，不得在3個月以下（民法第1157條）。準此，被繼承人之債權人應於公示催告之期間向繼承人報明其債權，而非向法院陳報其債權。法院准以限定繼承之公示催告裁定，應命限定繼承人持之登載於公報或新聞紙。

（四）權利申報事件

有關權利申報事件，係法院依當事人之聲請，以公告方法催告不明之利害關係人申報權利，倘不申報者，經法院除權判決後，即發生失權效果之特別訴訟程序[1]。

二、申報權利之公示催告程序定義

所謂公示催告程序者，係指法院依當事人之聲請，以公示方法催告不明之利害關係人，而於一定期間內，申報權利，如不申報，使生失權效果之程序，其目的為宣示失權或證券無效（民事訴訟法第539條第2項）。公示催告程序，因相對人或利害關係人不明，其不經訴訟而確定私權之程序，並無訟爭性，其本質屬非訟事件，為形式上之民事訴訟法。

1　姚瑞光，民事訴訟法論，姚瑞光發行，大中國圖書公司總經銷，2000年11月，修正版，頁693。

三、申報權利之公示催告程序種類

公示催告依據申報權利之標的，可分一般公示催告程序及宣告證券無效之公示催告程序。申言之：（一）一般公示催告程序之催告標的，限於得依背書轉讓之證券及法律有規定者爲限（民事訴訟法第第539條第1項）。例如，倉單依民法第618條規定，係得依背書轉讓之有價證券，其權利之行使與證券之占有有不可分離之關係，證券如有遺失，須依民事訴訟法公示催告程序，經法院爲除權判決後，始使持有人生失權之效果[2]；（二）宣告證券無效之公示催告程序，其催告之標的爲證券[3]。除適用民事訴訟法第557條至第567條規定外，仍適用一般公示催告程序規定。何種情形得依公示催告程序宣告證券無效，應依實體法之規定。

四、聲請公示催告費用

聲請公示催告之費用爲新臺幣1,000元，由聲請人負擔（民事訴訟法第77條之19第7款）。不區分公示催告之金額爲何，均一體適用。聲請公示催告之程序，係聲請除權判決之前置程序，進入除權判決程序後，聲請人須另行繳納聲請除權判決之費用。

第二節　一般公示催告程序

一、聲請要件

聲請權人以公告方法催告不明之利害關係人申報權利，而該權利以得依背書轉讓之證券或法律有規定者爲限（民事訴訟法第539條）。例如，指示證券（民法第716條第2項、第718條）、無記名證券（民法第725條第1項）、倉單（民法第618條）、提單（民法第628條）、載貨證券（海商法第53條、第54

2　最高法院51年台上字第3197號民事判決。

3　證券爲表彰財產上權利之書據，其權利之行使與證券之占有，具有不可分離之關係。

條）、記名公司股票（公司法第164條）、票據法所規定之票據種類、限定繼承（民法第1157條）、繼承人之搜索（民法第1178條）及報明債權與聲明願受遺贈（民法第1179條第1項第3款）[4]。

二、管轄法院

民事訴訟法對於一般公示催告法院管轄，並未特別規定，故原則上應適用民事訴訟法第一編第一章法院管轄之規定。例外情形，係許可公示催告程序有特別規定者，自應從之。例如，民法第1157條、第1178條及第1179條[5]。

三、聲請公示催告範例

（一）支票聲請公示催告

聲請人就支票聲請公示催告，應陳明聲請人持有或簽發，如附表所示之支票，不慎於民國○○年○月○日遺失或被竊，業經通知付款人止付，並向警察局報案。為此依據票據法第19條及民事訴訟法第539條規定，聲請准許公示催告。

（二）就股票聲請公示催告

聲請人就股票聲請公示催告，應陳明聲請人所有股票不慎於民國○○年○月○日遺失或被竊，業已向發行公司辦理掛失在案，為此依據民事訴訟法第539條規定，聲請准許公示催告。

四、撤回公示催告聲請

聲請人於聲請公示催告後，其於法院尚未為准予公示催告裁定前，得撤回

4　票據之種類有匯票、本票及支票。法院實務上以對支票聲請公示催告者最多。

5　姜世明，督促程序與公示催告程序，月旦法學教室，67期，2008年5月，頁52。

公示催告聲請[6]。至於法院雖准予公示催告裁定，然聲請人漏未登報或逾越裁定所定之登報期間，自得重新聲請公示催告；或者支票已尋獲，而聲請撤銷公示催告裁定。

五、公示催告聲請之裁判

公示催告程序，法院僅為形式之審查，不審查實體權利之歸屬，其目的在對於不申報權利人宣告法律上之不利益。而法院對於公示催告聲請之裁判，無論准駁，均應以裁定行之（民事訴訟法第540條第1項）。法院處理之方式有二：（一）駁回聲請之裁定：聲請不備一般訴訟要件或公示催告要件時，其可補正者，應限期命為補正，如逾期不補正或不能補正者，則以裁定駁回其公示催告之聲請。聲請人對駁回裁定，得提起抗告（民事訴訟法第482條）；（二）准許聲請之裁定：法院就公示催告之聲請，認為應准許者，應為公示催告（民事訴訟法第540條第2項）。法院准許公示催告之裁定應記載（民事訴訟法第541條）：1.聲請人；2.申報權利之期間及在期間內應為申報之催告；3.因不申報權利而生之失權效果；4.法院。

六、申報權利之期間

公示催告之公告，應黏貼於法院之公告處，並公告於法院網站；法院認為必要時，得命登載於公報或新聞紙。前開公告於法院網站、登載公報、新聞紙之日期或期間，由法院定之。聲請人未依前項規定公告、登載者，視為撤回公示催告之聲請（民事訴訟法第542條）。以免程序延滯，影響利害關係人之權益。再者，申報權利之期間，除法律別有規定外，自公示催告之公告最後登載公報、新聞紙或其他相類之傳播工具之日起，應有2個月以上（民事訴訟法第543條）。上揭公告方法及申報權利期間之規定，乃法院必須遵行之法定程

6　最高法院85年度台上字第1763號民事判決：撤回起訴與撤回公示催告之聲請，同為當事人向法院表示終結程序，脫離法院繫屬之行為，公示催告程序係規定於民事訴訟法，應適用民事訴訟法之規定。民事訴訟法第262條第1項關於原告於判決確定前得撤回起訴之規定，於公示催告聲請人撤回其聲請時，自應類推適用之。

序，而非僅訓示規定[7]。

七、聲請除權判決

因公示催告僅為聲請除權判決之前置程序，是公示催告聲請人欲取得除權判決，應於申報權利之期間已滿後3個月內，聲請為除權判決。但在期間未滿前之聲請，亦有效力。除權判決前之言詞辯論期日，應並通知已申報權利之人（民事訴訟法第545條）。此3個月為不變期間，逾此期間之聲明，法院應以裁定駁回之[8]。而聲請人得再聲請公示催告，重行公示催告程序。再者，公示催告係催告利害關係人行使權利之程序，未具有確定私權之法律效果，是票據雖經公示催告，在尚未經除權判決前，然執票人仍得對發票人及背書人主張票據之權利，票據債務人依據票據法律關係，應連帶負責（票據法第5條）[9]。

第三節　宣告證券無效之公示催告程序

第一項　管轄法院

一、宣告證券無效之公示催告定義

宣告證券無效之公示催告程序，除適用民事訴訟法第557條至第567條之特別規定外，亦應適用一般公示催告程序規定（民事訴訟法第556條）。所謂宣告證券無效之公示催告，係指法院依該證券之原持有人因證券被盜、遺失或滅失，聲請以公示方法，催告不明之現在持有該證券之人於一定期間內，向法院申報權利。如不申報時，使生失權效果之特別程序。現在持有證券之人，欲主張權利，僅須將證券提出於法院，由法院通知聲請人閱覽無誤後，公示催告程

7　最高法院71年度台再字第215號民事判決。

8　臺灣高等法院83年度抗字第633號民事裁定。

9　最高法院63年台抗字第345號民事裁定；58年度台上字第3056號、97年度台簡上字第18號民事判決。

序即告終結[10]。

二、管轄法院之類型

　　公示催告，由證券所載履行地之法院管轄；未載履行地者，由證券發行人爲被告時，依同法第1條或第2條規定有管轄權之法院管轄；倘無此法院者，由發行人於發行之日爲被告時，依各該規定有管轄權之法院管轄（民事訴訟法第557條）。倘證券係數人共同發行者，而其爲被告時之管轄法院不同時，各法院均有管轄權（民事訴訟法第20條）。例如，聲請人遺失支票一張，其票載付款人爲臺灣銀行淡水分行，其付款地在新北市淡水區，是該公示催告事件應由臺灣士林地方法院管轄[11]。

三、移轉管轄

　　雖有認爲因公示催告之管轄規定，未準用民事訴訟法第28條之移送管轄，是票據之付款地在臺南市，是該公示催告事件應由臺灣臺南地方法院管轄，其向臺灣臺中地方法院聲請公示催告，該法院毋庸裁定移送管轄法院，應以無管轄權駁回之。然本文認爲民事訴訟法第八編既然規範公示催告程序，而民事訴訟法未有排除公示催告程序適用移轉管轄之規定，法院自得依聲請或職權移送管轄法院[12]。

10　最高法院69年台抗字第86號民事裁定。

11　司法院1988年2月3日（77）秘台廳（一）字第01099號函。

12　臺灣高等法院88年度抗字第2688號民事裁定。

第二項　聲請程序

一、聲請人

（一）無記名證券

　　無記名證券或空白背書之指示證券，得由最後之持有人爲公示催告之聲請。前開以外之證券，得由能據證券主張權利之人爲公示催告之聲請（民事訴訟法第558條）。例如，票據喪失時，票據權利人得爲公示催告之聲請（票據法第19條第1項）。所謂票據權利人，係指受款人或受款人背書轉讓而持有票據者而言。準此，聲請人以其遺失票據爲由，聲請准予公示催告，依據聲請人提掛失止付通知書，其上所載受款人與聲請人不同。自不能據此辨證聲請人爲票據持有人或能據證券主張權利之人，倘聲請人與受款人非同一人，其聲請公示催告，自不能准許。易言之，對票據聲請公示催告之聲請人，應與申報支票掛失者，係同一人所爲。

（二）記名證券

　　記名式證券遺失，應由能據證券主張權利之人，即在證券未遺失時，得依實體法本於證券爲主張權利之人。例如，股票係表彰財產權之證券，係基於股東權而發行，係證明股東權之證券，而記名股票之股東，專依股東名簿之記載爲憑（公司法第164條）。準此，記名股票遺失時，應以股東名簿所載之股東聲請公示催告，而非由股票之最後持有人聲請。

二、釋明事項

　　聲請宣告證券無效之公示催告，聲請人應提出能即時調查之證據，以釋明證券被盜、遺失或滅失，暨有聲請權之原因、事實（民事訴訟法第559條、第284條）[13]。所謂釋明，係指當事人提出即時可以調查之證據，俾法院信其主張爲眞實，當事人之主張或陳述，並非使法院得心證之證據方法。換言之，因

---

[13] 最高法院75年度台抗字第453號民事裁定。

釋明而應提出能即時調查之證據者，係指當事人於釋明其事實上之主張時，應同時提出可供法院得隨時進行調查之證據而言，故當事人未同時提出供釋明用之證據，法院自無裁定限期命其補正之必要。準此，倘聲請人聲請公示催告，未據提出能即時調查之證據，以釋明該證券被盜、遺失或滅失，或未釋明有聲請權之原因、事實為真實，其聲請即屬無從准許。

三、支票之公示催告

（一）止付通知書

　　支票為有價證券之一種，支票喪失時之公示催告聲請要件，票據法既無特別規定，則宣告證券無效之公示催告，聲請人自應提出能即時調查之證據，以釋明支票被盜，遺失或滅失及有聲請公示催告權利之原因事實。聲請人提出之掛失止付通知書，僅係個人所填之文書，非所謂能即時調查之證據，自不足以釋明其有聲請權之原因、事實，所為聲請自無從准許[14]。準此，必須再向警察局報案，始盡釋明之責。

（二）支票繕本

　　聲請人應提出支票繕本。例如，聲請人雖以其遺失如附表所列支票，聲請准予公示催告，惟未提出支票繕本，亦未陳明發票人之正確名稱，其不足以據此辨認證券而申報權利。

（三）取得票據之原因

　　聲請人應釋明取得票據原因。例如，依聲請人甲所提出之票據掛失止付通知書，可之發票人為乙、受款人為丙，聲請人甲非發票人或受款人，亦未於向金融業者通知掛失止付時，在掛失止付通知書內「票據掛失止付實際緣由」或「備註」欄內，敘明如何取得該支票，復未於向法院聲請裁定准許公示催告狀，釋明其如何由受款人背書轉讓該支票，難認其提出之掛失止付通知書，有釋明其聲請權之原因事實。

---

14 司法院1991年2月12日（80）廳民一字第182號函。

第三項　公示催告程序

一、申報權利期間

　　持有證券之人，申報權利之期間，自公示催告之公告開始公告於法院網站之日起、最後登載公報、新聞紙之日起，應有3個月以上，9個月以下之期間，向法院申報其權利，並提出該證券（民法第562條）。法院審查宣告證券無效之公示催告之聲請，倘認為應裁定准許者，應為公示催告，法院裁定主文諭知：（一）准對於持有證券之人為公示催告及申報權利期間；（二）如不為申報及提出證券，法院將宣告該證券為無效。

二、公告方式

　　宣告證券無效之公示催告之公告，除依第542條規定應黏貼於法院之公告處，並公告於法院網站；法院認為必要時，得命登載於公報或新聞紙。應黏貼於法院之牌示處，並登載於公報、新聞紙或其他相類之傳播工具外，如法院所在地有交易所者，並應黏貼於該交易所（民事訴訟法第561條）。此公告方式，為法院必須遵行之法定程序[15]。法院准予公示催告，倘有命登載於新聞紙者，應通知聲請人將催告之公告登載報紙，聲請人於登報後，將登載之報紙檢送法院，以供法院審酌聲請人嗣後聲請除權判決時，是否符合申報權利及聲請除權判決等期間。

三、裁定停止公示催告程序

　　申報權利人，倘對於公示催告聲請人所主張之權利有爭執者，法院應酌量情形，在就所報權利有確定裁判前，裁定停止公示催告程序，或於除權判決保留其權利（民事訴訟法第548條）。因公示催告程序，僅為形式上之程序，並不審查實體權利之歸屬，其目的在於對於不申報權利人宣告法律上之不利益。準此，申報權利人，倘對於公示催告聲請人所主張之權利有爭執，應另行提起

---

[15] 最高法院71年度台再字第215號、73年度台上字第980號民事判決。

確認之訴，以確定證券權利之歸屬。

四、申報權利之範例

申報權利人應申報其權利。例如，申報人因相對人（公示催告聲請人）向其購買貨品一批，而持有相對人所簽發臺灣銀行臺中分行為付款人、發票日2018年1月10日、面額新臺幣100萬元、票號第12345號之支票一張。經屆期提示，始知悉相對人竟以遺失或被竊為由，經貴院以○○年度催字第○○○號裁定公示催告，為此檢附該支票影本一件，申請權利，請裁定停止該公示催告程序。再者，法院就申報權利人對於聲請所主張之權利有爭執，應裁定主文諭知：本件於申報權利人所報權利有確定裁判前，停止公示催告程序。

五、聲請不合法者

聲請不備一般訴訟要件或公示催告之要件者，均應以裁定駁回之，對此裁定，得依法提起抗告。再者，就同一證券，重複聲請公示催告者，法院應裁定駁回之（民事訴訟法第253條、第249條第1項第7款）。

六、公示催告程序終結

持有證券人經申報權利並提出證券者，法院應通知聲請人，並酌定期間使其閱覽證券。聲請人閱覽證券認其為真正時，其公示催告程序終結，由法院書記官通知聲請人及申報權利人（民事訴訟法第563條）。申言之，宣告證券無效之公示催告，為法院依該證券之原持有人因證券被盜、遺失或滅失，聲請以公示方法，催告不明之現在持有該證券之人，應於一定期間內向法院申報權利。倘不申報，使生失權效果之特別程序。職是，現在持有證券之人，欲主張權利，僅須將證券提出於法院，由法院通知聲請人閱覽無訛後，公示催告程序即告終結[16]。

---

16 最高法院69年台抗字第86號民事裁定。

七、撤回公示催告聲請及其限制

（一）撤回時期

　　撤回起訴與撤回公示催告之聲請，同為當事人向法院表示終結程序，脫離法院繫屬之行為，公示催告程序係規定於民事訴訟法，應適用民事訴訟法規定。民事訴訟法第262條第1項關於原告於判決確定前得撤回起訴之規定，其於公示催告聲請人撤回其聲請時，自應類推適用之。是公示催告聲請人，得於公示催告程序終結前，撤回其聲請。

（二）視為撤回

　　公告於法院網站、登載公報、新聞紙之日期或期間，由法院定之（民事訴訟法第542條第2項）。倘聲請人未依法院所定日期或期間登載者，視為撤回公示催告之聲請（第3項），以免延滯公示催告程序。例如，法院於公示催告之裁定記載，未於收受送達後1個月內刊登新聞紙，即視為撤回本公示催告之聲請。倘聲請人未於收受公示催告之裁定後，遵守上開期間刊登新聞紙，則視為撤回公示催告之聲請。

（三）程序終結

　　公示催告期間持有證券人提出證券，經公示催告聲請人閱覽後，認為該證券即係其喪失者，公示催告程序即因而終結，即使就證券有實體上之爭執，亦應依一般訴訟解決。故公示催告經法院裁定准許，而公示催告程序已終結者，即無可得撤回之餘地。準此，聲請人不得撤回已終結之公示催告程序之聲請，否則將導致發票人利用公示催告程序，拖延票據權利人行使權利。

第四項　禁止支付之命令

一、發禁止支付命令之範圍

（一）無記名證券

　　無記名證券者，係持有人對於發行人，得請求其依所記載之內容為給付之證券（民法第719條）。是無記名證券發行人，其於持有人提示證券時，即有為給付之義務（民法第720條第1項前段）。故無記名證券發行人並無審查持有人是否為證券真正權利人，真正權利人聲請公示催告在未獲除權判決以前，難免因非真正權利人持該無記名證券對其發行人提示請求給付，而遭損害。準此，因宣告無記名證券之無效聲請公示催告，法院准許其聲請者，應依聲請不經言詞辯論，對於發行人為禁止支付之命令（民事訴訟法第566條第1項）。無記名證券發行人收受禁止支付之命令後，即不得為給付（民法第720條第1項但書）。否則不得以之對抗聲請人，聲請人嗣後獲得除權判決時，仍得向發行人請求給付[17]。

（二）指示證券

　　法院發禁止支付命令者，限於無記名證券。無記名證券為發行人自為給付之自付證券。倘指示他人將金錢、有價證券或其他代替物，給付第三人之證券，則為指示證券者（民法第710條）。職是，指示證券依據民法第718條規定，雖得聲請法院為公示催告，惟不得聲請發禁止支付命令[18]。

---

17 陳計男，民事訴訟法論（下），三民書局股份有限公司，2000年8月，再版，頁474至475。

18 民法第718條規定：指示證券遺失、被盜或滅失者，法院得因持有人之聲請，依公示催告之程序，宣告無效。

二、支票為委託第三人支付之證券

　　票據法所稱之支票，係指發票人簽發一定之金額，委託經財政部核准辦理支票存款業務之銀行、信用合作社、農會及漁會，而於見票時，無條件支付與受款人或執票人之票據（票據法第4條、第127條）。支票之付款人以票據法第4條所定之金融業者為限，是支票上所記載之付款人，並非金融業者，即不能適用票據法關於支票之規定，應認為民法債編所稱之指示證券。被指示人拒絕承擔或給付時，領取人僅可向指示人請求清償其原有債務，倘受讓人因該指示證券已交付對價於領取人，亦僅可本於不當得利向領取人請求返還對價，不得依票據法規定行使追索權[19]。準此，支票非為法律意義之無記名證券，支票付款人亦非證券之發行人，應不適用民事訴訟法第566條第1項規定，得聲請發禁止支付命令。

三、票據法第19條第2項規定

　　票據喪失時，票據權利人得為止付之通知。並應於提出止付通知後5日內，向付款人提出已為聲請公示催告之證明。未辦理公示催告者，止付通知失其效力（票據法第18條）。票據權利人依票據法第18條規定為止付之通知時，應填具掛失止付通知書通知付款人（票據法施行細則第5條第1項）[20]。經止付之金額，應由付款人留存，非依票據法第19條第2項規定，或經占有票據之人及止付人之同意，不得支付或由發票人另行動用（第5項）。即票據喪失時，票據權利人，得為公示催告之聲請。公示催告程序開始後，其經到期之票據，聲請人得提供擔保，請求票據金額之支付；不能提供擔保時，得請求將票據金額依法提存。其尚未到期之票據，聲請人得提供擔保，請求給與新票據（票據法第19條）。職是，支票喪失已有其保全權利之方法，不適用民事訴訟法第

---

[19] 最高法院40年台上字第1371號、49年台上字第2424號民事判決。

[20] 掛失止付通知書應記載：1.票據喪失經過；2.喪失票據之類別、帳號、號碼、金額及其他有關記載；3.通知止付人之姓名、年齡、住所（票據法施行細則第5條第1項）。最高法院97年度台抗字第483號民事裁定。

566條第1項之核發禁止支付命令[21]。

四、禁止支付命令之撤銷

公示催告程序，因提出證券或其他原因未為除權判決而終結者，法院應依職權以裁定撤銷禁止支付之命令（民事訴訟法第567條第1項）。禁止支付命令之撤銷，公示催告之公告，應黏貼於法院之公告處，並登載於公報、新聞紙或其他相類似之傳播工具，如法院所在地有交易所者，並應黏貼於該交易所（第2項）。

第四節　例題研析

案例1　遺失政府公債

> 甲所有面額新臺幣100萬元之中央政府建設公債一張，不慎遺失或遭竊，其向地方法院聲請公示催告。試問地方法院應否准許？依據為何？

一、政府建設公債之本質

國家為支應重大建設發行之無記名中央政府建設公債，係以發行債票方式籌集資金，國庫對公債債票持有人所負之給付義務，本質與自然人或公私法人為發行人，對無記名證券持有人負擔以證券所載之內容而為給付之義務，並無不同。法律為保護無記名證券持有人，其於證券遺失、被盜或滅失時，不使其受不當之損失，民法第720條第1項但書、第725條及第727條之設有各種保護規定及救濟程序，以維持公平，不致影響善意第三人之權益，亦未增加發行人之

---

21 楊建華，民事訴訟法問題研析（一），三民書局股份有限公司，1991年8月，頁450。

負擔，此為對無記名證券久已建立之制度性保障。

二、准許公示催告

1991年7月29日修正公布之中央政府建設公債發行條例第8條前段規定：本公債債票遺失、被盜或滅失者，不得掛失止付，並不適用民法第720條第1項但書、第725條及第727條規定。其禁止掛失止付，並特別排除上述民法對正當公債權利人實體及程序上應享有之權利，立法原意固在尊重契約自由之精神，增進該種公債之流通性，以實現財政之目的。惟其對於國庫明知無記名證券持有人無處分之權利，或受有遺失、被盜或滅失之通知時，仍可因其給付而免責，並限制正當權利人聲請法院依公示催告程序，宣告遺失、被盜或滅失之無記名證券無效，使依該條例發行之無記名公債債票合法持有人，無從依民法關於無記名證券之規定請求權利保護，亦未提供其他之合理救濟途徑，其與憲法第15條保障人民財產權及第16條保障人民因權利受損得依法定程序請求救濟之意旨不符，應自本解釋公布之日起，嗣後依該條例發行之無記名公債，停止適用[22]。

案例2　遺失存單、存摺

> 試問如後事項，所有人或占有人得否向法院聲請公示催告：（一）遺失金融機構發給存款戶之存單或存摺。（二）遺失土地或建物之所有權狀。

一、存單或存摺為權利證明文書

金融機構發給存戶之各種存單或存摺，係屬權利證書之一種，與證券不可與權利分離者有別，不適用民事訴訟法關於宣告證券無效之公示催告程式，倘

---

[22] 大法官會議釋字第386號解釋，解釋日期1995年9月29日。

有遺失，除得依照銀行慣例以求救濟外，別無他法可據[23]。

二、所有權狀非有價證券

　　申報權利之公示催告，以得依背書轉讓之證券或法律有規定者爲限（民事訴訟法第539條第1項）。因土地所有權狀僅是證明所有權歸屬之文書，占有所有權狀之人，非必是所有權人，而所有權之移轉，係以登記爲依據，並非以持有所有權狀爲準。準此，依其性質非有價證券，倘有遺失時，得依土地登記規則第120條規定申請補發，不得聲請公示催告。

案例3　遺失未完成之票據

　　已簽名或蓋章之支票，倘未記載發票年月日及金額或欠缺其中之一而遺失時。試問該未經補充記載完成之票據，向法院聲請公示催告，可否准許？

一、票據之要式性

　　票據喪失時，票據權利人固得爲公示催告之聲請（票據法第19條第1項）。但所謂支票票據，應記載一定之金額及發票年、月、日（票據法第125條第1項第2款、第7款）。依據民事訴訟法第539條第1項規定，申報權利之公示催告，以得依背書轉讓之證券爲限。聲請人所遺失之支票未記載發票日，非屬票據法第19條第1項所稱之票據，亦非得背書轉讓之證券。

二、無效票據不得聲請公示催告

　　票據法第125條第1項第2款、第7款及第11條第1項規定，支票上之金額及

---

23 司法院院字第1815號、第2006號解釋。

發票年月日爲絕對必要記載之事項，欠缺記載，即爲無效之票據。既爲無效票據，即非證券，自不得依民事訴訟法第539條第1項之規定聲請公示催告[24]。

三、止付通知

票據法施行細則第5條第4項雖設有空白票據止付之規定，惟其條文規定，即通知止付之票據如爲業經簽名而未記載完成之空白票據，而於喪失後經補充記載完成者，準用止付之規定辦理。業經簽名而未記載完成之空白票據，應於喪失後經補充記載完成者，始得準用有關止付手續之規定辦理。職是，未經補充記載完成之票據，雖於補充記載成爲有效票據時，得辦理掛失止付，然其未完成前，屬無效之票據，難據此准爲公示催告[25]。

案例4　**支票發票人聲請公示催告**

> 甲向乙購買機械設備，甲爲支付貨款而簽發支票一紙完成，而未交付於貨物出賣人乙時，甲遺失該支票。試問得否向法院聲請公示催告？依據爲何？

支票之發票人爲原始創設票據關係之人，而支票爲支付證券，發票人得以自己爲受款人，爲付款提示（票據法第125條第4項）。是發票人於簽發支票後，尚處於自己持有，亦爲票據權利人。依據民事訴訟法第558條第1項規定，無記名證券或空白背書之指示證券，得由最後之持有人爲公示催告之聲請。準此，發票人甲簽發支票後，尚未交付受款人前，本人爲持有支票之人，倘遺失支票，自得向法院聲請公示催告。

24　最高法院68年度第15次民事庭會議決議（三），會議日期1979年10月23日。臺灣高等法院83年度抗字第527號民事裁定。

25　臺灣高等法院暨所屬法院67年度法律座談會民事類第38號，發文日期1978年11月23日。最高法院68年度第15次民事庭會議決議（三），會議日期1979年10月23日。

案例5 公示催告聲請人

> 甲簽發禁止背書之記名式支票與乙後，乙嗣以債權讓與之方式，將該支票債權讓與丙。試問丙遺失該支票，是否得向法院聲請公示催告？

民事訴訟法第539條第1項規定得宣告證券無效之公示催告，以得依背書轉讓之證券及其他法律有規定者爲限，支票係屬證券之一種，倘欲爲公示催告之聲請，亦應以得背書轉讓者爲限。系爭支票載明受款人並經發票人記載禁止背書轉讓，依票據法第144條準用第30條第2項規定，屬不得依背書轉讓之支票，是丙縱取得該支票，僅得依民法有關債權轉讓之規定爲請求，而無法主張票據權利，自不得爲公示催告之聲請[26]。

案例6 執行銀行止付專戶之留存金額

> 債務人甲在乙銀行開立支票存款帳戶後，簽發支票一紙交予丙，嗣以支票喪失為由，向乙銀行為止付通知，並聲請公示催告，乙銀行乃將止付之金額轉撥入該行止付保留款留存，即撥入銀行「其他應付款－掛失止付專戶」科目。因債權人未在公示催告期間內申報權利，債務人甲亦未於公示催告期間屆滿後，聲請除權判決。嗣丙另行提起給付票款之訴訟，經勝訴判決確定，聲請就債務人甲於乙銀行之止付專戶之留存金額強制執行。試問法院應如何處理如後問題：（一）止付專戶內之專款是否仍屬甲之財產，而得為強制執行？（二）經執行法院為扣押後，得否續行換價之程序？（三）另一債權人丁取得對甲之執行名義，得否聲請就止付保留款專戶之款項參與分配？

---

26 最高法院87年度台抗字第100號民事裁定。

一、執行債務人於止付專戶之專款

止付保留款專戶性質係受止付者特別委任，有票據掛失止付時，並於特定情形始能付款，其與一般存款不同。因存入止付保留款專戶之留存金額在未爲給付前，性質仍屬寄託，不因該存款有特定用途，而謂非債務人甲之寄託物。是該止付保留款於所有權移轉前仍爲發票人甲之存款，其與受扣押之財產相同。而實施假扣押或假處分之財產，他債權人仍可聲請強制執行之情形。職是，止付專戶內之專款仍屬甲之財產，自得爲強制執行之標的。

二、換價程序

票據雖經公示催告，在尙未經除權判決前，執票人仍得對發票人主張票據上之權利[27]。而票據法第19條第2項僅在規定公示催告之聲請人提供擔保後，請求給付票款，並非以此限制善意執票人行使票據上之權利[28]。準此，丙已取得確定判決爲執行名義聲請強制執行，即得直接進行換價程序。

三、參與分配

票據法施行細則第5條第5項之不得支付或由發票人另行動用，係指付款人自行支付或發票人自行動用而言，止付之保留款所有權移轉前，仍不失爲發票人之存款，經實施假扣押或假處分之財產，他債權人仍可聲請強制執行之情形，執行法院得依取得執行名義之他債權人丁之聲請，准予參與分配。因執票人丙之票據債權爲普通債權，不因票據法施行細則第5條規定而有優先受償權，應與丁之普通債權平均受償[29]。

---

[27] 最高法院63年台抗字第345號民事裁定。

[28] 最高法院71年度台上字第2601號民事判決。

[29] 臺灣高等法院暨所屬法院99年法律座談會彙編，2011年1月，頁404至412。

第四章　除權判決

關鍵字

保留權利　　　判決程序　　　形成判決　　　言詞辯論　　　失權效果

第一節　概　說

一、除權判決定義

　　所謂除權判決者，係指法院依當事人之聲明，以公示之方法，催告利害關係人申報權利，於不申報權利時，使生失權之效果[1]。準此，公示催告之聲請人，如欲使利害關係人喪失其權利，應再向法院聲請除權判決，其究係喪失何種權利，則視准為公示催告之法律定之。例如，宣告死亡之除權判決，其宣告喪失之權利為人之生命權（民法第9條）。換言之，失蹤人經死亡宣告，法律之權利義務關係，即與真實死亡具同一效力。是其財產由其繼承人繼承，其與配偶之婚姻關係消滅，其配偶自得再婚[2]。至於證券無效之公示催告程序，其

---

[1] 楊建華，民事訴訟法問題研析（一），三民書局股份有限公司，1991年8月，頁452。

[2] 死亡宣告之效力係屬推定死亡，有法律上利害關係之人仍得提出反證以推翻其效力。

宣告喪失之權利，則爲該證券所表彰之權利。

二、行判決程序

　　除權判決關係他人權利之喪失，法院不得依職權爲之，其聲請人應限於原爲公示催告之聲請人。聲請人公示催告之聲請，屬事項聲明；而除權判決之聲請，則爲程序聲明，法院依此進行除權判決聲請事件之程序[3]。除權判決雖非確定私權之爭執程序，然法院就除權判決之聲請，應依判決爲之，非以裁定爲之。

第二節　除權判決之審理

一、除權判決之聲請

（一）得於申報權利之期間已滿後3個月內

　　公示催告，聲請人得於申報權利之期間已滿後3個月內，聲請爲除權判決。但在期間未滿前之聲請，亦有效力（民事訴訟法第545條第1項）。例如，聲請狀應記載爲聲請除權判決事件如後：（一）應受判決事項之聲明：請求判決附表所列支票無效；（二）聲請之事實及原因：聲請人因不愼遺失如附表所示之支票一紙，經貴院○○年催字第○○○號裁定公示催告在案，並已刊登○○年○月○日報，附報紙一份。現因申報權利之期間已屆滿，並無任何人依法主張權利，足見如附表所示之支票確爲聲請人遺失。爲此依民事訴訟法第545條第1項規定，聲請貴院爲除權判決。

（二）不變期間

　　申報權利之3個月爲不變期間，倘聲請人聲請除權判決，已逾3個月之法定

3　陳計男，民事訴訟法論（下），三民書局股份有限公司，2000年8月，再版，頁464。

期間，其聲請為不合法，應予駁回（民事訴訟法第547條）[4]。例如，法院准為公示催告裁定所定申報權利期間，為自該公示催告之公告最後登載新聞紙之翌日起6個月，而依聲請人提出之登載公示催告公告之新聞紙，其登載公示催告之公告日期為2021年1月1日，是至2021年6月30日止，係屆滿6個月之申報權利期間之終期，聲請人本應於申報權利之期間已滿後3個月內，即2021年9月30日前聲請除權判決，但聲請人遲至2021年10月1日始聲請為除權判決，已逾3個月之法定期間，其聲請為不合法，應予駁回。再者，未登載於公報或新聞紙者，因其未踐行公示催告程序，聲請除權判決時，亦應駁回。

二、除權判決聲請事件之審理（90司法官；90行政執行官）

（一）審查合法要件

　　法院對於除權判決之聲請，首應審查其是否符合聲請之合法要件。例如，聲請人非原公示催告之聲請人、已逾3個月之聲請期間、未繳納裁判費用等[5]。其可補正者，應限期命為補正，如不能補正或逾期不為補正，則以其聲請為不合法，以裁定駁回之（民事訴訟法第547條）。

（二）言詞辯論

　　法院審查聲請合法要件後，因除權判決應經言詞辯論，法院始得判決（民事訴訟法第221條第1項）。故法院應指定言詞辯論期日，即除權判決前之言詞辯論期日，應通知聲請人及已申報權利之人（民事訴訟法第545條第2項）。反之，法院及聲請人固均知悉證券為第三人占有，惟第三人未向法院申報權利，法院應視為無人申報權利之情形。公示催告聲請人不於言詞辯論期日到場者，法院應依其聲請另定新期日，不得依職權為之（民事訴訟法第549條第1項）。聲請另定新期日，自有遲誤時起，逾2個月後，不得為之（第2項）。該次公示催告程序即告終結，法院對於除權判決之聲請，毋庸為任何裁定。聲請人遲誤新期日者，不得聲請更定新期日，該次公示催告程序即告終結

4　臺灣臺中地方法院1996年2月份法律座談會紀錄表。

5　民事訴訟法第77條之19第7款規定，聲請除權判決應徵收裁判費新臺幣1,000元。

（第3項）。

三、除權判決之費用負擔

　　法院為除權判決者，程序費用由聲請人負擔。但因申報權利所生之費用，由申報權利人負擔（民事訴訟法第549條之1）。而聲請除權判決之費用為新臺幣1,000元（民事訴訟法第77條之19第7款）。

四、除權判決聲請事件之審理

（一）駁回除權判決聲請之裁定

　　申報權利人，如對於公示催告聲請人所主張之權利有爭執者，法院審理結果，倘認公示催告不合法定要件或欠缺聲請除權判決之要件時，其情形可補正者，應限期命為補正，如不依限期補正或不能補正者，均應以裁定駁回除權判決之聲請（民事訴訟法第547條）[6]。例如，原則上除權判決聲請人與公示催告聲請人非同一人，法院應駁回除權判決之聲請。例外情形，公示催告聲請人將其債權讓與於除權判決聲請人，經提出讓與書或向法院陳明，倘符合聲請除權判決之要件，法院應為除權判決（民法第294條）。

（二）裁定停止公示催告程序

　　利害關係人申報權利，倘對於公示催告聲請人所主張之權利有所爭執，法院應酌量情形，在就所報權利有確定裁判前，裁定停止公示催告程序。由除權判決之聲請人就有爭執之權利，向法院提起確認之訴，以確定權利之歸屬，故非訟事件程序，轉換成訴訟程序解決當事人之爭議。

（三）保留權利之除權判決

　　申報權利人對於公示催告聲請人所主張之權利雖有爭執，然法院斟酌情形，認無停止公示催告之必要者，得於除權判決保留申報權利人之權利（民事

6　最高法院70年台抗字第110號民事裁定。

訴訟法第548條）。即一面宣示「某權利或證券無效」，同時諭知「申報權利人○○○之某權利保留」。該保留權利之判決，並非確認申報權利人所申報之權利存在，亦無實質之確定力。是當事人就實質權利之歸屬認定，應另行訴訟解決之。至於聲請人對除權判決所附之限制或保留，得爲抗告（民事訴訟法第554條）。抗告法院僅能就應否保留或附該限制爲審查，不得就實體之爭執爲判斷。

（四）除權判決

法院就除權判決之聲請認爲合法及有理由，應爲除權判決，宣示某權利喪失或證券無效。除依一般規定宣示及送達外，法院應以相當之方法，將除權判決之要旨公告之（民事訴訟法第550條）。

五、除權判決之效力

（一）形成判決

法院認爲聲請宣告證券無效之除權判決有理由者，其判決主文應宣示「如附表所示之證券無效」[7]。此判決屬形成判決之性質，判決經宣示後，爲該判決之法院受其羈束，故除當事人對於判決提起再審之訴，或對於除權判決提起撤銷之訴時，爲該判決之法院得撤銷或變更外，判決縱有不當或違法情事，爲該判決之法院，亦無自行變更之餘地[8]。準此，有除權判決後，聲請人對於依證券負義務之人，得主張證券上之權利（民事訴訟法第565條第1項）。因除權判決而爲清償者，其於除權判決撤銷後，仍得以其清償對抗債權人或第三人。但清償時已知除權判決撤銷者，不在此限（第2項）。

---

[7] 除權判決理由記載：一、上開證券，經本院以○○年度催字第○○號公示催告；二、所定申報權利期間，已於○○○屆滿，迄今無人申報權利；三、依民事訴訟法第564條第1項判決如主文。

[8] 最高法院101年度台抗字第678號民事裁定。

（二）權利人行使權利

公示催告僅係催告利害關係人申報權利，權利人並未喪失權利。舉例說明之：1.票據雖經公示催告，然尚未經除權判決前，執票人仍得對發票人及背書人主張票據上之權利；2.記名股票遺失，在公示催告中，尚未經法院爲除權判決者，公司對於其股東身分之認定，依公司法第165條第1項規定之旨趣，仍應以股東名簿之記載爲依據[9]。再者，爲保護善意第三人，民事訴訟法第564條規定，爲法院應公告除權判決之要旨。

第三節　除權判決之撤銷

一、訴訟當事人及訴之目的

對於除權判決，固不得上訴（民事訴訟法第551條第1項）[10]。惟除權判決有程序上之重大瑕疵，或者有再審事由時，應設救濟之途徑，得由因除權判決而受不利益之人爲原告，以公示催告聲請人爲被告，提起撤銷除權判決之訴（同法條第2項）。此訴之目的在於除去已確定之除權判決之效力，訴之性質爲形成判決，其與再審之訴相類似。

二、管轄法院

提起撤銷除權判決之訴，應向原爲除權判決之法院提起撤銷除權判決之訴，應解爲專屬法院管轄，並以原除權判決之原告，爲撤銷除權判決之被告，以民事訴訟法第551條第2項規定之事由，作爲撤銷除權判決依據。

9　公司法第165條第1項規定：股份之轉讓，非將受讓人之姓名或名稱及住所或居所，記載於公司股東名簿，不得以其轉讓對抗公司。

10　包括保留權利之除權判決。

三、撤銷事由

（一）法律不許行公示催告程序者

許爲公示催告者，限於得依背書轉讓之證券或其他法律有規定（民事訴訟法第551條第2項第1款）。例如，聲請人非系爭股票之所有人，聲請公示催告及除權判決，於法即有未合。

（二）未爲公示催告之公告或不依法定方式爲公告者

未爲公示催告之公告，或不依法定方式爲公告者，蓋其程序顯有重大瑕疵（民事訴訟法第551條第2項第2款）。例如，宣告證券無效之公示催告，法院所在地有交易所者，依民事訴訟法第561條規定，其公告並應黏貼於該交易所，此爲公告必須遵行之法定方式，臺灣臺北地方法院所在地之臺北市，設有臺灣證券交易所，倘公示催告之公告，未依此項方式行之，是得依據同法第551條第2項第2款規定，提起撤銷除權判決之訴[11]。

（三）不遵守公示催告之公告期間者

一般申報權利之期間，除法律別有規定外，自公示催告之公告最後登載公報、新聞紙或其他相類之傳播工具之日起，應有2個月以上（民事訴訟法第543條）。而宣告證券無效之公示催告之申報權利期間，自公示催告之公告最後登載公報、新聞紙或其他相類之傳播工具之日起，應有3個月以上，9個月以下（民事訴訟法第562條）。職是，不遵守公示催告之公告期間，成爲撤銷事由（民事訴訟法第551條第2項第3款）。

（四）爲除權判決之法官應自行迴避者

民事訴訟法第32條規定，法官應自行迴避而未迴避參與判決之情形如後（民事訴訟法第551條第2項第4款）：1.法官或其配偶、前配偶或未婚配偶，爲該訴訟事件當事人者；2.法官爲該訴訟事件當事人八親等內之血親或五親等內之姻親，或曾有此親屬關係者；3.法官或其配偶、前配偶或未婚配偶，就該

---

11 最高法院73年度台上字第980號民事判決。

訴訟事件與當事人有共同權利人、共同義務人或償還義務人之關係者；4.法官現為或曾為該訴訟事件當事人之法定代理人或家長、家屬者；5.法官於該訴訟事件，現為或曾為當事人之訴訟代理人或輔佐人者；6.法官於該訴訟事件，曾為證人或鑑定人者；7.法官曾參與該訴訟事件之前審裁判或仲裁者。所謂前審裁判，雖不以下級審裁判為限，然除權判決對於撤銷除權判決之訴，為民事訴訟法第32條第7款所謂前審裁判[12]。

（五）已經申報權利而不依法律於判決中斟酌者

利害關係人已合法申報其權利，而法院於判決時，未依民事訴訟法第548條規定辦理。即申報權利人，倘對於公示催告聲請人所主張之權利有爭執者，法院應酌量情形，在就所報權利有確定裁判前，裁定停止公示催告程序，或於除權判決保留其權利（民事訴訟法第551條第2項第5款）。

（六）有第496條第1項第7款至第10款之再審理由者

該等再審事由如後（民事訴訟法第551條第2項第6款）：1.參與裁判之法官關於該訴訟違背職務犯刑事上之罪者，或關於該訴訟違背職務受懲戒處分，足以影響原判決者；2.當事人之代理人或他造或其代理人關於該訴訟有刑事上應罰之行為，影響於判決者；3.為判決基礎之證物係偽造或變造者；4.證人、鑑定人、通譯、當事人或法定代理人經具結後，就為判決基礎之證言、鑑定、通譯或有關事項為虛偽陳述者。例如，除權判決之聲請人謊報支票遺失之誣告罪行，而該誣告行為，已影響除權判決所示之支票正確性。

四、提起撤銷除權判決之訴之程序

提起撤銷除權判決之訴之程序，應以訴狀表明下列各款事項，提出於原為除權判決之法院：（一）當事人及法定代理人；（二）聲明不服之判決及提起撤銷除權判決之訴之陳述；（三）應於撤銷除權判決之聲明；（四）撤銷之理由及關於撤銷理由並遵守不變期間之證據；（五）訴狀內宜記載準備本案言詞

---

12 最高法院95年度台抗字第611號民事裁定。

辯論之事項，並檢附除權判決。

五、起訴之法定期間

撤銷除權判決之訴，固應於30日之不變期間內提起之（民事訴訟法第552條第1項）。此項期間，自原告知悉除權判決時起算（第2項）。所謂知悉，係指原告已確實知悉除權判決之內容而言，是法律非規定自除權判決公告時起算，而係自知悉時起算。因公告與送達有別，不能因有公告，而推定原告必已確實知悉除權判決之內容[13]。

六、裁判費用之計算

撤銷除權判決之訴，其訴訟標的係撤銷除權判決之形成權，並非屬於財產權之訴訟。故無論為何種除權判決，如宣告證券無效或其他除權判決。對之提起撤銷之訴時，均屬非因財產權而起訴，應依民事訴訟法第77條之14規定，徵收裁判費用新臺幣3,000元[14]。惟有認為宣告證券無效之除權判決，其對象乃為表彰財產權之證券，自屬關於財產權而判決者[15]。倘提起此項撤銷除權判決之訴，為民事因財產權而起訴，應按民事訴訟法第77條之13規定，繳納裁判費。

七、訴訟標的

除權判決係使不申報權利人生失權之效果，因此項判決不得上訴（民事訴訟法第551條第1項）。是法院經宣示，其判決即為確定，不申報權利人即喪失其權利。而撤銷除權判決之訴，則有法定原因時，變更原來除權判決所生之法律上效果，依其性質應為形成之訴（第2項）。其訴訟標的應為撤銷除權判決

---

13 最高法院70年度台上字第3492號民事判決。

14 最高法院67年度第7次民事庭庭推總會議決定（一），會議日期1978年7月11日。

15 楊建華，民事訴訟法問題研析（一），三民書局股份有限公司，1991年8月，頁452至453。

之形成權，此與對確定判決聲明不服之再審之訴相同[16]。

八、撤銷除權判決之效力

撤銷除權判決之判決，其效力溯及既往。例如，宣告股票無效之除權判決經撤銷後，原股票應回復其效力。但發行公司如已補發新股票，並經善意受讓人依法取得股東權時，原股票之效力，即難回復。其因上述各情形喪失權利而受損害者，得依法請求損害賠償或為不當得利之返還。故公司於換發新股時而有過失者，原權利人自得依法向公司請求因股票權益喪失之損害賠償[17]。

第四節　例題研析

案例1　未登載於公報或新聞紙

> 甲因遺失支票一紙，業經法院裁定准以公示催告在案，甲未登載公示催告公告於新聞紙，其於逾6個月後，聲請判決宣告該支票無效。試問法院應如何處理？依據為何？

法院雖就甲遺失之支票准為公示催告之裁定，然申報支票權利之期間，自公示催告開始公告於法院網站之日起、最後登載公報、新聞紙之日起，應有3個月以上，9個月以下（民事訴訟法第562條）。準此，聲請人甲並未登載於公報、新聞紙或其他相類之傳播工具，是其聲請自有未合，應予駁回。

---

16 楊建華，民事訴訟法問題研析（三），三民書局股份有限公司，1992年4月，頁451。

17 司法院大法官會議釋字第186號解釋，解釋日期1984年3月9日。

案例2 國家賠償事件

> 甲雖就公示催告之遺失支票,已經申報其為票據權利人,然法院為除權判決,不於判決中斟酌之。試問甲據此向法院撤銷除權判決在案,甲以除權判決已損害其權利為由,起訴請求國家賠償,是否有理由?

一、國家賠償之要件

(一)損害賠償之特別要件

公務員違法侵害人民之自由或權利者,除依法律受懲戒外,應負刑事及民事責任。被害人民就其所受損害,並得依法律向國家請求賠償(憲法第24條)。據此而有國家賠償之立法,此項立法,自得就人民請求國家賠償之要件為合理之立法裁量。國家賠償法第2條第2項前段規定,公務員於執行職務行使公權力時,因故意或過失不法侵害人民自由或權利者,國家應負損害賠償責任,係國家對公務員之侵權行為,應負損害賠償責任之一般規定。而同法第13條規定,有審判或追訴職務之公務員,因執行職務侵害人民自由或權利,就其參與審判或追訴案件犯職務上之罪,經判決有罪確定者,適用本法規定。係就有審判或追訴職務之公務員之侵權行為,應負損害賠償責任之特別規定。

(二)維護審判獨立及追訴

憲法所定平等之原則,並不禁止法律因國家機關功能之差別,而對國家賠償責任為合理之不同規定。國家賠償法針對審判及追訴職務之特性,而為國家賠償法第13條之特別規定,為維護審判獨立及追訴不受外界干擾所必要,尚未逾越立法裁量範圍,其與憲法第7條、第16條、第23條及第24條規定,並無牴觸。準此,對於有審判或追訴職務之公務員,主張因其執行職務侵害人民自由或權利,而欲請求該公務員所屬之機關賠償損害時,須符合國家賠償法第13條就審判及追訴職務之特性,所為之特別規定,即須該公務員就參與審判或追訴案件犯職務上之罪,經判決有罪確定者,始得為之;不能僅依同法第2條第2項

規定，請求該公務員所隸屬機關賠償其所受損害[18]。

二、除權判決無確定私權之效力

除權判決關係他人權利之喪失，法院不得依職權爲之，其聲請人應限於原爲公示催告之聲請人。聲請人公示催告之聲請，係所謂事項之聲明；而除權判決之聲請，則爲程序上之聲明，法院依此而進行除權判決聲請事件之程序。除權判決並非確定私權之爭執，其權利之確定，應依訴訟事件之判決爲之。詳言之，公示催告之聲請人，固得於申報權利期間終竣時起3個月內，聲請爲除權判決，然法院就除權判決之聲請，僅得調查其聲請是否合法、公示催告之要件是否具備，而不得就權利之實體爲辯論及裁判。倘申報權利人於公示催告所定期間內申報權利，並爭執聲請人所主張之權利者，聲請人或申報權利人仍須另行提起民事訴訟，請求確定其權利，要非公示催告程序所得解決[19]。準此，甲就公示催告之遺失支票，雖已申報其爲票據權利人，惟並不表示其確爲票據權利人，其亦應起訴確認票據權利之歸屬。

三、除權判決應行言詞辯論程序

法院對於除權判決之聲請，首應審查其是否有不合法之情形。可補正者，應限期命爲補正，如不能補正或逾期不爲補正，則以其聲請爲不合法，以裁定駁回之（民事訴訟法第547條）。法院審查聲請合法後，因除權判決應經言詞辯論，本院始得判決（民事訴訟法第221條第1項）。故法院應指定言詞辯論期日，即除權判決前之言詞辯論期日，應通知聲請人及已申報權利之人（民事訴訟法第545條第2項）。職是，審理除權判決之法官，應屬國家賠償法第13條所稱之參與審判者，除參與審判之法官，因該除權判決而犯職務上之罪，經判決有罪確定者，國家始就有審判者之侵權行爲，負損害賠償責任。

---

18 大法官會議釋字第228號解釋；最高法院75年度台再字第115號民事判決。

19 最高法院71年度台再字第215號民事判決。

四、請求損害賠償或不當得利之返還

　　法院就利害關係人甲已合法申報其票據權利，而法院於除權判決時，未依民事訴訟法第548條規定辦理，即申報權利人對於公示催告聲請人所主張之權利有爭執者，法院應酌量情形，在就所報權利有確定裁判前，裁定停止公示催告程序，或於除權判決保留其權利。嗣後甲向原為除權判決之法院提起撤銷除權判決之訴，獲得勝訴判決確定。因撤銷除權判決之判決，其效力溯及既往，倘原權利人有喪失權利而受損害者，得依法向聲請除權判決之人，請求損害賠償或為不當得利之返還。

案例3　撤回除權判決之聲請

　　除權判決事件之聲請人於法院言詞辯論終結前撤回，並於撤回後3個月內，聲請退還所繳裁判費2/3。試問法院應如何處理？依據為何[20]？

一、應退裁判費

　　民事訴訟法第83條第1項規定於總則編，且除權判決亦須經第一審言詞辯論程序，故撤回除權判決時，亦有民事訴訟法第83條第1項之適用。依據民事訴訟法第83條之立法目的，係鼓勵當事人撤回無益或不必要之訴訟，以減省法院之勞費。撤回除權判決亦有減少無益或不必要訴訟之實益，尤其在已有持有證券之人申報權利時，更為明顯。職是，本文認為除權判決應行言詞辯論程序，屬判決程序，亦應適用民事訴訟法第83條第1項之退費規定。

20　臺灣高等法院暨所屬法院94年度法律座談會民事類提案第33號。

二、不應退裁判費

民事訴訟法第83條第1項規定，原告撤回其訴者，訴訟費用由原告負擔。其於第一審言詞辯論終結前撤回者，得於撤回後3個月內，聲請退還該審級所繳裁判費2/3。是其僅適用於有兩造之訴訟事件，除權判決之性質屬非訟事件，提起之人為聲請人並非原告。況除權判決僅有一審，無所謂第一審言詞辯論終結之問題，自無民事訴訟法第83條第1項之適用。

案例4　除權判決之效力

> 當事人以本票裁定為執行名義聲請強制執行後，權利人遺失該本票，嗣後向法院聲請除權判決。試問該除權判決可否代替本票原本之提出，據以聲請強制執行發票人之責任財產？

本票為完全而絕對之有價證券，具無因性、提示性及繳回性，該權利之行使與本票之占有，有不可分離之關係，其執票人以法院准許強制執行裁定聲請執行時，固仍須提出該本票原本於執行法院，始得謂已提出強制執行法第6條第1項第6款規定，所稱得為強制執行名義之證明文件。惟民事訴訟法第565條第1項規定，有除權判決後，聲請人對於依證券負義務之人，得主張證券上之權利，是宣告證券無效之除權判決，可使聲請人取得持有證券人之同一地位，並有足以代聲請人持有證券之效力，該聲請人與持有證券相同。職是，該聲請人自得以除權判決據以聲請強制執行，以替代該本票[21]。

---

21 最高法院98年度台抗字第710號民事裁定。

第五章　拍賣事件

關鍵字

併付拍賣　　形式審查主義　　實施抵押權　　對物之執行名義　　最高限額抵押權

第一節　概　說

一、拍賣之定義

　　所謂拍賣者，係指拍賣期日，使應買人以口頭公開競爭出價或書面密封投標出價，以出價已達底價及最高者為拍定之人之買賣方式[1]。而拍賣，因拍賣人拍板或依其他慣用之方法，為賣定之表示而成立（民法第391條）。舉例說明之：（一）拍定應就應買人所出之最高價，高呼3次後為之（強制執行法第70條第3項）；（二）投標前應繳納保證金（強制執行法第89條）。

---

[1] 張登科，強制執行法，三民書局股份有限公司，2001年9月，修訂版，頁271。

二、拍賣之類型

拍賣可分為私人間之任意拍賣與藉由公權力之強制拍賣。申言之：（一）任意拍賣依據民法第391條至第397條規定，其為特種買賣之一種，即係由多數應買人公開出價中，擇其最高者，並與之訂立契約之一種競爭買賣[2]；（二）強制拍賣規定於強制執行法，就強制執行程序而言，必須於強制執行法無明文規定時，始可適用民法規定[3]。

三、拍賣及標賣之異同

拍賣與標賣，雖均為使競買人各自提出條件，擇其最有利者而出賣之方法。惟拍賣時，各應買人均得知悉他人之條件而有再行提出條件之機會。而標賣時，各投標人均不知悉他人之條件，而無再行提出條件之機會，此為其不同之點。因強制執行法之拍賣，係採秘密之書面投標，其與標賣之概念相同。拍賣之表示為要約之引誘，而非要約。而標賣之表示，究為要約之引誘抑為要約，自應解釋標賣人之意思定之。詳言之：（一）標賣人無以之為要約之意思，應解為要約之引誘，故開標後標賣人或不與全體投標人訂約，或與出價較低之投標人訂約，均無不可；（二）標賣之表示明示與出價最高之投標人訂約者，除別有保留外，則應視為要約，出價最高之投標即為承諾，買賣契約因之成立，標賣人應負出賣人之義務[4]。

四、債權之擔保

設定債權之擔保有對人之擔保及對物之擔保。質言之：（一）所謂對人之擔保，即由第三人擔保債權之履行，倘債務人不履行時，由第三人代負履行之責任；（二）所謂對物之擔保，係以特定物擔保債權之履行，債務人不履行

2　法務部1984年6月29日（73）法律字第7138號函。

3　司法院院字第2568號解釋，解釋日期1943年9月21日。

4　最高法院99年度台上字第683號民事判決。

債務時，債權人得直接對其擔保物行使權利，以滿足其債權[5]。如抵押權、質權、留置權均為擔保物權。倘債務人不履行債務，擔保物權人即得依法自行拍賣或聲請法院拍賣擔保物。欲聲請法院拍賣擔保物，應先取得執行名義，始得持之聲請法院拍賣擔保物。例如，抵押權人或質權人，得向法院聲請准予拍賣抵押物或質物之裁定，經法院為許可強制執行之裁定後，得作為執行名義（強制執行法第4條第1項第5款）。

第二節　拍賣抵押物

第一項　概　論

一、抵押權之定義

所謂普通抵押權者，係指債權人對於債務人或第三人不移轉占有而供其債權擔保之不動產或動產，債權人得就賣得價金而優先於其他債權而受清償（民法第860條；動產擔保交易法第15條）。即債務人於債權已屆清償期，而未受清償者，抵押權人得聲請法院拍賣抵押物，經法院為許可強制執行之裁定（強制執行法第4條第1項第5款）。該准予拍賣抵押物之執行名義，屬於對物之執行名義，僅能對抵押物加以執行，不得對債務人之其他財產加以執行[6]。

二、管轄法院

民法第873條所定不動產抵押權人聲請拍賣抵押物事件，由拍賣物所在地

5　郭振恭，民法，三民書局股份有限公司，2002年11月，修訂3版1刷，頁525。

6　抵押權人、質權人或留置權人，為拍賣抵押物、質物或留置物，得聲請法院為許可強制執行之裁定，該等執行名義均屬對物之執行名義。非訟事件法第72條規定，民法所定抵押權人、質權人、留置權人及其他法律所定擔保物權人聲請拍賣擔保物事件，由拍賣物所在地之法院管轄。

之法院管轄（非訟事件法第72條）⁷。至於拍賣動產抵押物，亦由動產所在地之法院管轄（動產擔保交易法第21條；非訟事件法第72條）。

三、形式審查主義（103民間公證人；105司法事務官）

聲請准許拍賣抵押物為非訟事件，不得請求以判決為之。換言之，聲請拍賣抵押物係屬非訟事件，准許與否之裁定，僅從程序上審查應否許可強制執行，即抵押權有無依法登記及債權是否已屆清償期而未受清償者，其並無確定實體上法律關係存否之性質，此為形式審查理論，毋庸於公開法庭進行言詞辯論。準此，對於此項法律關係有所爭執者，即應另行起訴請求確認，而不得於抗告程序中主張以求解決[8]。抵押權人並無於聲請拍賣抵押物事件，舉證證明其權利存在之義務[9]。

四、抵押人死亡

繼承人自繼承開始時，承受被繼承人財產上之一切權利義務（民法第1148條）。強制執行法規定，拍賣之抵押物，如為未經辦理繼承登記之不動產，執行法院應囑託地政機關辦理繼承登記後拍賣之[10]。準此，抵押人死亡時，抵押權人為行使抵押權，檢附抵押人之繼承人戶籍謄本，聲請法院對抵押人之繼承人裁定准許拍賣抵押物，法院應予准許[11]。

五、聲請執行要件

拍賣抵押物裁定係不經宣示之裁定，是必須合法送達始生執行力（民事訴

7　聲請拍賣質物、留置物及提存物亦適用。

8　最高法院50年度台抗字第186號民事裁定。

9　最高法院89年度台抗字第181號民事裁定。

10　強制執行法第11條第3項、第4項規定。

11　司法院（70）廳民一字第0649號函。

訟法第238條）。準此，抵押權人持拍賣抵押物裁定，向執行法院聲請拍賣抵押物，應提出裁定送達證明或確定證明書，始符合聲請執行之要件。

六、對物之執行名義

法院許可拍賣抵押物之裁定，係對物之執行名義，其性質與對人之執行名義不同。對人之執行名義，是以債務人之一般財產為執行對象。而對物之執行名義，僅以特定財產之價值為限，實現擔保債權人之債權，是抵押權人不得持法院許可拍賣抵押物之裁定，向法院聲請就債務人其他財產為查封拍賣[12]。

第二項　不動產抵押權

第一款　不動產抵押權之定義

一、取得抵押權原因

不動產抵押權之取得原因，除繼承外，有依法律行為及法律規定兩種。申言之：（一）抵押權基於當事人之設定行為而取得者，稱為意定抵押權或約定抵押權；（二）基於法律規定而取得抵押權者稱為法定抵押權。例如，民法第513條規定，法定抵押權成立須經登記。為保護承攬人亦規定，承攬人得請求定作人為法定抵押權之登記。是法定抵押權之登記應為生效要件，並非僅為對抗要件[13]。

二、抵押權之客體

抵押人以其所有之建物及其基地為抵押權人設定抵押權，因土地及建築物分屬不同之物權，縱使建物於性質上不得與土地之利用分離而存在，仍得個別

---

12 臺灣高等法院臺中分院88年度上字第351號民事判決。

13 邱聰智、姚志明校訂，新訂債法各論（中），元照出版有限公司，2002年10月，頁99。

為單獨之交易客體。抵押權人雖自得分別向法院聲請單獨拍賣建物或土地之拍賣抵押物裁定。惟公寓大廈之全部或一部分，具有使用上之獨立性，且為區分所有權標的之專有部分，不得與其所屬建築物共用部分之應有部分及其基地所有權或地上權之應有部分，分離而為移轉或設定負擔，公寓大廈管理條例第3條第3款及第4條第2項定有明文[14]。即專有部分不得與其所屬建築物共用部分之應有部分及其基地所有權之應有部分分離而為移轉。是公寓大廈管理條例於1995年6月28日制定公布後，公寓大廈之區分所有建物及基地所有權或地上權同屬一人所有，其建物或基地所有權、地上權移轉時，應受上開條例禁止規定之限制。準此，法院應一併拍賣不得分別拍賣，否則有違同條例第4條第2項之禁止規定，無法辦理所有權移轉[15]。

第二款　約定抵押權

一、約定抵押權之類型

（一）普通抵押權

　　約定抵押權可分普通抵押權及最高限額抵押權兩種類型，不論何種類型之抵押權，抵押權人於債權已屆清償期時，得向法院聲請准予拍賣抵押物裁定，據此申請強制執行均應提出他項權利證明書、不動產登記謄本、抵押權設定契約書及債權憑證（強制執行法第6條第1項第5款）。例如，借據、本票、支票等。再者，抵押權人聲請拍賣抵押物，在普通抵押，因必先有被擔保之債權存在，而後抵押權始得成立，故僅須抵押權已經登記，且登記之債權已屆清償期

---

14 所謂區分所有，係指數人區分一建築物而各有其專有部分，並就其共用部分按其應有部分有所有權。而專有部分係指，公寓大廈之全部或一部分，具有使用上之獨立性，且為區分所有之標的者。另共用部分則指公寓大廈專有部分以外之其他部分及不屬專有之附屬建築物，而供共同使用者，公寓大廈管理條例第3條第2至4款定有明文。

15 林洲富，實用強制執行法精義，五南圖書出版股份有限公司，2023年2月，17版1刷，頁217至218。

而未受清償，法院即應准許之[16]。

（二）最高限額抵押

　　最高限額抵押權與普通抵押權不同，最高限額抵押係就將來應發生之債權所設定之抵押權，其債權額在結算前並不確定，實際發生之債權額不及最高額時，應以其實際發生之債權額為準[17]。即最高限額抵押權成立時，可不必先有債權存在，縱經登記抵押權，因未登記已有被擔保之債權存在，如債務人或抵押人否認先已有債權存在，或於抵押權成立後，曾有債權發生，自抵押權人提出之其他文件為形式上之審查，無法知悉是否有債權存在時，法院應不准許拍賣抵押物[18]。為兼顧債權人及債務人雙方之權益，非訟事件法第73條第2項、第74條所明定，最高限額抵押權人聲請拍賣抵押物事件，法院於裁定前，就抵押權所擔保之債權，應使債務人有陳述意見之機會。此為程序之保障，是法院於裁定前，應先通知債務人，倘未合法通知，係違反法定程序，得作為抗告之理由。反之，經合法通知債務人，已賦予其聽審之機會，而債務人不陳述意見，法院自得依據卷內資料加以裁定。

（三）抵押權登記事項

　　不動產登記謄本所記載抵押權之相關事項如後：1.登記日期：民國○○○；2.擔保債權範圍：本金最高限額新臺幣○○○元或本金新臺幣○○○元；3.抵押權存續期間：不定期或自民國○○○起至民國○○○止；4.清償日期：依各個債務契約所定；5.利息：依各個債務契約所定；6.遲延利息：依各個債務契約所定；7.違約金：依各個債務契約所定；8.債務人；9.義務人即抵押人。

---

16 最高法院58年台抗字第524號民事裁定。

17 最高法院62年台上字第776號民事判決。

18 最高法院71年台抗字第306號、96年度台抗字第298號民事裁定。

二、營造建築物之併付拍賣權

　　土地所有人於設定抵押權後，在抵押之土地上營造建築物者，抵押權人於必要時，雖得於強制執行程序中聲請法院將其建築物與土地併付拍賣。然對於建築物之價金，無優先受清償之權（民法第877條第1項）。前項規定，其於第866條第2項及第3項之情形，如抵押之不動產上，有該權利人或經其同意使用之人之建築物者，準用之（第2項）。準此，將建物併付拍賣之要件，不須建築物與土地均屬同一人始可。

三、法定地上權

　　民法第876條第1項規定法定地上權之成立，須以經抵押權人拍賣抵押物為其要件，如由抵押權人以外之普通債權人聲請查封拍賣系爭土地，自難視為已有地上權之設定[19]。詳言之，設定抵押權時，土地及其土地上之建築物，同屬於一人所有，而僅以土地或僅以建築物為抵押者，於抵押物拍賣時，視為已有地上權之設定，其地租、期間及範圍由當事人協議定之。不能協議者，得聲請法院以判決定之（民法第876條第1項）。設定抵押權時，土地及其土地上之建築物，同屬於一人所有，而以土地及建築物為抵押者，如經拍賣，其土地與建築物之拍定人各異時，亦有法定地上權之適用（第2項）。倘在抵押權設定當時，土地及其地上之建築物同屬一人所有，其後將土地或建築物之全部或一部分別讓與他人，或將土地與建築物一併讓與他人。而拍賣抵押物時，所有人已有異動或與他人形成共有關係時，亦可成立法定地上權[20]。

---

[19] 最高法院78年度台上字第2123號、98年度台上字第478號民事判決。

[20] 最高法院81年度台上字第2450號民事判決。

第三款　法定抵押權

一、承攬人之法定抵押權

（一）須經登記

　　法定抵押權爲基於法律規定而取得抵押權者，舉民法第513條規定爲例。申言之，就承攬人之法定抵押權而言，承攬之工作爲建築物或其他土地上之工作物，或爲此等工作物之重大修繕者，承攬人得就承攬關係報酬額，對於其工作所附之定作人之不動產，請求定作人爲抵押權之登記；或對於將來完成之定作人之不動產，請求預爲抵押權之登記（民法第513條第1項）。請求抵押權之登記，承攬人於開始工作前亦得爲之（第2項）。倘承攬契約已經公證者，承攬人得單獨申請之（第3項）。換言之，法定抵押權之發生，易致與定作人有授信往來之債權人，因不明該不動產有法定抵押權之存在而受不測之損害，故得由承攬人請求定作人會同爲抵押權登記，並兼採「預爲抵押權登記」制度，並以訂定契約時已確定之「約定報酬額」爲限。爲確保承攬人之利益，承攬人於開始工作前請求抵押權之登記亦得爲之。再者，承攬契約內容業經公證人作成公證書者，雙方當事人之法律關係自可確認，足認定作人已有會同前往申辦登記抵押權之意，承攬人毋庸向定作人請求[21]。

（二）增值限度法定抵押權優先

　　建築物或其他土地上之工作物，因修繕而增加其價值，則就因修繕所增加之價值限度內，因修繕報酬所設定之抵押權，自有公示作用，當優先於成立在先之抵押權。易言之，就修繕報酬所登記之抵押權，因工作物修繕所增加之價值限度內，優先於成立在先之抵押權（民法第513條第4項）。

（三）基於承攬關係所完成之定作人建築物

　　承攬之工作爲新建建築物，承攬人得就承攬關係報酬額，對於將來完成之定作人之不動產，請求預爲抵押權之登記。此項請求，承攬人於開始工作前亦

---

[21] 民法第513條之修正理由。

得爲之（民法第513條第1項、第2項）。所稱預爲抵押權之登記，僅係預先、暫時性登記，其與就已登記之不動產設定抵押權登記，兩者不同。其抵押權之行使，仍以將來完成之不動產，係由承攬人基於承攬關係所施作，且屬定作人所有爲限，承攬人始得就承攬關係報酬額對之取償。倘已完成而未辦理建物所有權第一次登記之建築物與其預爲抵押權登記所擬興建之建築物不符，所有權人是否爲原定作人亦有爭執時，倘承攬人欲實施抵押權，仍應由其負證明之責（非訟事件法第73條）。況抵押權人因實行抵押權，聲請法院裁定許可拍賣抵押物，本應列抵押物之現在所有人爲相對人，取得執行名義，始得對之聲請強制執行拍賣抵押物[22]。

二、實施抵押權

（一）範　圍

因法定抵押權所擔保之範圍僅以承攬報酬爲限，倘其擔保之承攬報酬債權屆期而未獲清償，承攬人即得主張實行抵押權。此之抵押權實行，其方法與一般意定抵押權相同，應向法院聲請拍賣抵押物程序爲之（民法第873條、第883條）。實務認爲承攬人係依據其他法律規定取得執行名義，其不得據以就承攬工作物爲法定抵押權之實行[23]。例如，就承攬報酬債權聲請支付命令，其後據以聲請強制執行，承攬人不得主張優先受償權[24]。

（二）提起確認之訴

1. 爭執部分

倘承攬人有因承攬關係取得對於定作人之債權，在未受清償前，固得依民法第873條規定，聲請法院拍賣承攬之工作所附定作人之不動產，而定作人對於債權之存在或數額，有所爭執，因法定抵押權須經登記，解釋上亦如約定抵

---

[22] 最高法院106年度台抗字第17號民事裁定。

[23] 邱聰智、姚志明校訂，新訂債法各論（中），元照出版有限公司，2002年10月，頁101。

[24] 最高法院65年度台上字第1950民事判決。

押權，應由債務人即定作人提起確認債權不存在之訴[25]。反之，抵押權人聲請法院強制執行拍賣抵押物，應以抵押物現在所有權人為執行債務人。故就抵押物所有權歸屬、因承攬關係所生債權之存在與否、抵押權及於抵押物之範圍有所爭執，應另行提起確認之訴，承攬人始得聲請法院裁定拍賣抵押物[26]。

2. 無爭執部分

法院就無爭執部分，得裁定准許拍賣。而於裁定前，使債務人有陳述意見之機會，以確定是否為債權擔保之範圍，俾免將來對於債務人造成難以回復之損害[27]。此為程序之保障，是法院於裁定前，應先通知債務人，倘未合法通知，係違反法定程序，得作為抗告之理由。反之，經合法通知債務人，已賦予其聽審之機會，而債務人不陳述意見，法院自得依據卷內資料加以裁定。

第三項　動產抵押權

一、動產抵押權之定義

所謂動產抵押權者，係指抵押權人對於債務人或第三人不移轉占有，而就擔保之動產，其於債務人不履行契約時，得占有抵押物，並得出賣，就其賣得價金，優先於其他債權而受清償之交易（動產擔保交易法第15條）。再者，設定動產抵押權，須契約載明應逕受強制執行並經登記，得依該契約書聲請法院強制執行交付抵押物，必占有抵押物，始得自行拍賣（動產擔保交易法第17條、第19條）[28]。

二、管轄法院

動產抵押權與不動產抵押權，同屬擔保物權，不動產抵押權依民法第873

---

25 邱聰智、姚志明校訂，新訂債法各論（中），元照出版有限公司，2002年10月，頁102。

26 最高法院91年度台抗字第344號民事裁定。

27 非訟事件法第73條。

28 最高法院60年台上字第3206號民事判決。

條規定，得聲請法院拍賣抵押物，而以法院所爲許可強制執行之裁定爲執行名義，動產抵押權人不自行出賣或拍賣抵押物時，亦得向抵押物所在地之法院聲請拍賣，而以法院所爲許可強制執行之裁定爲執行名義[29]，毋庸先占有抵押物，並依照強制執行法第二章動產執行規定辦理。非訟事件法第72條規定，民法所定抵押權人、質權人、留置權人及其他法律所定擔保物權人聲請拍賣擔保物事件，由拍賣物所在地之法院管轄。

三、動產抵押權之標的物

動產抵押權之標的物，即機器、設備、工具、原料、半製品、成品、車輛、農林漁牧產品、牲畜及總噸位未滿20噸之動力船舶或未滿50噸之非動力船舶，均得爲動產擔保交易之標的物（動產擔保交易法第4條第1項）。前開各類標的物之品名，由行政院視事實需要及交易性質以命令定之（第2項）。而動產擔保交易之標的物，有加工、附合或混合之情形者，其擔保債權之效力，雖及於加工物、附合物或混合物，然以原有價值爲限（動產擔保交易法第4條之1）。

四、動產抵押權之成立

動產抵押權之設定，應以書面訂立契約。非經登記，不得對抗善意第三人（動產擔保交易法第5條第1項）。其動產抵押契約，應載明如後事項（動產擔保交易法第16條第1項）：（一）契約當事人之姓名或名稱、住居所或營業所所在地；（二）所擔保債權之金額及利率；（三）抵押物之名稱及數量，如有特別編號標識或說明者，其記載；（四）債務人或第三人占有抵押物之方式及其所在地；（五）債務人不履行債務時，抵押權人行使動產抵押權及債權之方法；（六）如有保險者，其受益人應爲抵押權人之記載；（七）訂立契約年、月、日。

---

[29] 最高法院61年度第1次民庭庭推總會議決議（二），會議日期1972年8月22日。

第四項　權利抵押權

　　所謂權利抵押權者，係指以所有權以外之不動產物權或準物權爲標的之抵押權。其與一般抵押權不同處，係以權利爲標的物，而非以物爲標的物。例如，地上權、農育權、典權（民法第882條）；採礦權（礦業法第14條第2項）；漁業權（漁業法第6條）。而權利抵押權準用抵押權之規定，抵押權人得向抵押標的物所在地之法院，聲請拍賣抵押之權利（民法第882條、第883條）[30]。

第五項　抵押權效力範圍

一、抵押權所擔保之債權

　　抵押權效力所及範圍，包括抵押權所擔保之債權及抵押權之標的範圍。而抵押權所擔保者爲原債權、利息、遲延利息、違約金及實行抵押權之費用。但契約另有約定者，不在此限。得優先受償之利息、遲延利息、1年或不及1年定期給付之違約金債權，以於抵押權人實行抵押權聲請強制執行前5年內發生及於強制執行程序中發生者爲限（民法第861條）。

二、從物及從權利

（一）定　義

　　抵押權之效力，及於抵押物之從物與從權利（民法第862條第1項）。所謂稱從物者，係指非主物之成分，常助主物之效用，而同屬於一人（民法第68條第1項前段）。所謂常助主物之效用，係指有輔助主物之經濟目的，並與之相依爲用，客觀上具恆久之功能性關聯，而居於從屬關係者，始足當之。倘與之分離，亦不致喪失他物之利用價值或減損其經濟效用者，並非該物之從物。而

---

30 非訟事件法第72條規定：民法所定抵押權人、質權人、留置權人及其他法律所定擔保物權人聲請拍賣擔保物事件，由拍賣物所在地之法院管轄。

從物之於主物，其具有輔助主物之經濟目的，客觀上與主物間有不可分離之功能關聯，是主物爲抵押權之擔保，抵押權之效力，自及於抵押物之從物與從權利，以鞏固抵押權之信用。

（二）頂樓增建

主建物頂樓有增建之建物，增建建物係由該主建物之公共樓梯獨立進出，而增建物有客廳、餐廳、臥房及廚廁。準此，頂樓增建物既有獨立之出入口及經濟效用，顯非該建物之從物。因不動產物權，依法律行爲而取得、設定、喪失及變更者，非經登記，不生效力（民法第758條第1項）。獨立頂樓增建物雖未經合法登記，然爲抵押權設定前即存在者，頂樓增建物亦爲抵押權效力所及；反之，獨立頂樓增建物係於抵押權設定後附加者，準用民法第877條規定，抵押權人對於增建物之價金，仍無優先受清償之權（民法第862條第3項）。

三、天然孳息

抵押權之效力，及於抵押物扣押後自抵押物分離，而得由抵押人收取之天然孳息（民法第863條）。所謂天然孳息者，係指果實、動物之產物及其他依物之用法所收穫之出產物（民法第69條第1項）。是抵押之農地遭抵押權人聲請法院扣押後，農地上所種植之農作物雖因成熟收割而分離，惟抵押權之效力亦及於該農作物。所謂抵押人就抵押物得收取之法定孳息，係指抵押權人就抵押物扣押後，抵押人就抵押物得收取之法定孳息，有優先受清償之權利，非指抵押權人就該法定孳息當然有收取權[31]。

四、法定孳息

抵押權之效力，及於抵押物扣押後抵押人就抵押物得收取之法定孳息。但抵押權人，非以扣押抵押物之事情，通知應清償法定孳息之義務人，不得與之

---

[31] 最高法院100年度台上字第877號民事判決。

對抗（民法第864條）。所謂法定孳息者，係指利息、租金及其他因法律關係所得之收益（民法第69條第2項）。

五、物權客體之獨立性

建築物必須具有構造上與使用上之獨立性，始能滿足物權客體獨立性之要求。構造上之獨立性，係指建築物在構造上必須有屋頂及四周牆壁或其他相鄰之構造物，俾與土地所有權支配之空間區隔遮斷或劃清界線。所謂使用上之獨立性，係指在機能上，而於土地所有權支配空間內區隔之空間，必須可使吾人日常生活或經營事業活動之用。從屬於建築物之增建部分，已具有構造上之獨立性，但在使用功能上，其與建築物作一體利用，而欠缺使用上獨立性者，應認為不具獨立性之建築，性質上屬於建築物之附屬物。究竟是否欠缺使用上之獨立性，應依該增建部分之經濟目的、其與建築物是否具有物理上、利用上或機能上之一體性或所有人之意思及其他各種主客觀情事，依社會一般觀念，綜合考量而定之[32]。

第六項　拍賣抵押物之裁定

一、強制執行法第4條第1項第5款之執行名義

（一）擔保債權之範圍

抵押權人於債權已屆清償期，而未受清償者，得向法院聲請，取得拍賣不動產抵押物裁定，持之拍賣抵押物，就其賣得價金而受清償（民法第873條；非訟事件法第72條）。因抵押權設定契約所擔保之債權，不僅限於借款本金，即借額以外之違約金亦在其內，而有違約金約定者，不問其作用為懲罰或為損害賠償額之預定，除其金額過高，經訴由法院依據民法第252條規定減至相當之數額外，債務人應照約定履行，不得以約定之違約金超過法定利率為由，作為拒絕抵押權人聲請拍賣抵押物之藉口。

---

32 最高法院100年度台上字第4號民事判決。

（二）聲請拍賣抵押物

抵押權人聲請拍賣抵押物，其聲請內容如後：為聲請拍賣抵押物事，聲請事項：1.請將相對人所有如附表所示土地、建物裁定准予拍賣；2.聲請程序費用由相對人負擔。事實及理由：相對人於民國○○年○月○日向聲請人借款新臺幣（下同）○○○元，約定○○年○月○日償還，利息按○○○計算，逾期按○○○計付違約金，並以前述不動產為擔保，設定本金最高限額○○○元抵押權，經登記在案。詎料屆期不為清償，為此依據民法第873條規定，聲請裁定准予拍賣抵押物。

（三）債權讓與

讓與債權時，該債權之擔保及其他從屬之權利隨同移轉於受讓人，此為從權利之法定移轉（民法第295條第1項前段）。倘其從權利為抵押權，固不以登記為生效要件。惟受讓人如聲請法院拍賣抵押物而實行抵押權，其結果將使抵押權發生變動，性質為處分行為，依民法第759條規定，非經登記不得為之。

二、拍賣抵押物裁定之相對人

拍賣抵押物之相對人，須為抵押物之所有人，始對該抵押物有處分權。是不動產所有人設定抵押權後，將不動產讓與第三人，依據民法第867條規定，抵押權具有追及效力，抵押權不因此而受影響，抵押權人應以現不動產之所有人為相對人，向法院聲請拍賣抵押物[33]。

三、許可拍賣抵押物之裁定無既判力

聲請拍賣抵押物，係屬非訟事件，僅須其抵押權已經依法登記，並依登記之清償期業已屆滿而未受清償時，法院即應為許可拍賣之裁定，不問其實際上之清償期有無變更。倘當事人就此有爭執時，應提起訴訟以求解決，不得依抗告程序聲明不服。換言之，抵押權人依民法第873條第1項規定，聲請法院拍賣

---

33 最高法院74年台抗字第431號民事裁定。

抵押物，係屬非訟事件，此項裁定，應準用民事訴訟法之規定提起抗告（非訟事件法第46條）。因拍賣抵押物裁定，係非訟事件程序之法理審查強制執行之許可與否，抗告法院之裁定，亦僅從程序上審查原裁定之當否，均無確定實體上法律關係存否之性質，故此項裁定，就債權及抵押權之存否並無既判力，當事人仍得起訴請求確認[34]。準此，法院所為許可拍賣抵押物之裁定，聲請人於聲請法院拍賣抵押物，經法院裁定准許後，仍就原債權再行提起給付之訴，不能謂欠缺權利保護要件。

四、重複聲請拍賣抵押物裁定之禁止

法院為准許拍賣抵押物之裁定後，抵押權人即得以之為執行名義聲請強制執行，倘該抵押權人嗣後重複聲請法院裁定拍賣，因原裁定並未失效，其聲請新裁定，顯無實益，應不予准許[35]。

第七項　執行之停止

強制執行程序開始後，除法律另有規定外，固不停止執行（強制執行法第18條第1項）。乃在使債權人之債權早日實現，以保障人民之權利。然抵押權人因聲請拍賣抵押物，經法院為許可強制執行之裁定，而據以聲請強制執行者，抵押人如對該裁定提起抗告，或依強制執行法第14條規定提起異議之訴時，法院均得依同法第18條第2項規定，為停止強制執行之裁定。是抵押人以該裁定成立前實體上之事由，主張該裁定不得為執行名義而提起訴訟時，其情形較裁定程序為重，抵押人得依同法第18條第2項規定，聲請為停止強制執行之裁定[36]。

---

34 最高法院49年台抗字第244號民事裁定。

35 最高法院80年台抗字第66號民事裁定。

36 大法官會議釋字第182號解釋；最高法院73年度台抗字第478號、75年度台抗字第219號民事裁定。

第三節　拍賣質物

一、質權之定義及種類

（一）動產質權

　　質權分為動產質權及權利質權。所謂動產質權者，係指因擔保債權，債權人占有由債務人或第三人移交之動產，得就其賣得價金，優先受償之權。動產質權之成立，以移轉占有為要件（民法第884條）。例如，甲向乙向借款新臺幣10萬元，為擔保此項借款之清償，甲乃交付一克拉之鑽石與乙，設定動產質權。所謂移轉占有，依同法第946條第2項準用第761條規定，雖不以現實交付者為限，亦包括指示交付與簡易交付亦包括之[37]。惟質權人不得依占有之改定，使出質人代自己占有質物。

（二）權利質權

　　權利質權係以可讓與之債權及其他權利，作為質權之標的物（民法第900條）。所謂其他權利者，係指所有權及不動產用益物權以外之其他一切財產權，包括著作權、專利權及有價證券。例如，倉單為有價證券，以之為標的物而設定質權者，其屬證券債權質權之設定，依民法第908條規定，其設定應依背書方法為之。倘以寄存於倉庫之動產設定質權，屬於同法第884條動產質權之範圍，因移轉占有而生效力。

二、許可拍賣質物之裁定

（一）對物之執行名義

　　質權人於債權已屆清償期，而未受清償者，得拍賣質物，就其賣得價金而受清償（民法第893條第1項）。民法債編所定之拍賣，在拍賣法未公布施行前，得照市價變賣，但應經公證人、警察機關、商業團體或自治機關之證

---

[37] 最高法院52年台抗字第128號民事裁定、54年度台上字第1057號民事判決。

明（債編施行法第28條）。如質權人欲聲請法院拍賣，可聲請質物所在地之法院許可拍賣質物之裁定（強制執行法第4條第1項第5款；非訟事件法第72條）[38]。准許拍賣抵押物之裁定及准許拍賣質物之裁定，其性質均屬對物之執行名義，不得對債務人一般財產執行[39]。

（二）拍賣質物之要件（107司法事務官）

所謂未受清償者，包括全部未受清償及一部未受清償。而質權所擔保範圍，包括原債權、利息、遲延利息、違約金、保存質物之費用及因質物隱有瑕疵而生之損害賠償。但契約另有訂定者，不在此限（民法第887條）。可見動產質權之效力，原則上與抵押權相同。是出質人自不得以已為債務一部之清償，阻止質權人拍賣質物。況質權人有拍賣質物之權利，並無拍賣質物之義務。故民法第893條規定，僅謂質權人於債權屆期未受清償時，有拍賣質物優先受償之權利，並非認其必須負有拍賣之義務。準此，質權人就質物行使權利或逕向債務人請求清償，仍有選擇之自由[40]。再者，質權人應於拍賣前，通知出質人，並提出通知證明，以供法院斟酌。但不能通知者，不在此限（民法第894條）。因質權係未經登記之擔保物權，倘債務人就擔保物所擔保債權之發生或其範圍有爭執時，法院僅得就無爭執部分裁定准許拍賣，以兼顧債權人及債務人之利益（非訟事件法第73條）。

（三）形式審查主義（107司法事務官）

因質權係未經登記之擔保物權，倘債務人就擔保物所擔保債權之發生或其範圍有爭執時，就形式審查主義以觀，法院僅得就無爭執部分裁定准許拍賣，以兼顧債權人及債務人之利益（非訟事件法第73條）。第72條所定事件程序，關係人就聲請所依據之法律關係有爭執者，法院應曉諭其得提起訴訟爭執之（第74條之1第1項）。前項情形，關係人提起訴訟者，準用第195條規定，提起偽造或變造本票確認之訴及其效力（第2項）。

---

38 最高法院52年台抗字第128號民事裁定。

39 最高法院52年台抗字第128號民事裁定。

40 最高法院49年台上字第2211號民事判決。

三、質物之代位物及設定動產抵押

倘因質物有腐壞之虞，或其價值顯有減少，足以害及質權人之權利者，質權人得拍賣質物，以其賣得價金，代充質物（民法第892條第1項）。前開情形，如經出質人之請求，質權人應將價金提存於法院。質權人屆債權清償期而未受清償者，得就提存物實行其質權（民法第892條第2項）。再者，質物在質權設定後，出質人得再設定動產抵押權，該動產抵押權不影響質權人之質權。

第四節　拍賣留置物

一、留置權之定義

所謂留置權，係指債權人占有屬於他人之動產，關於其物所生之債權，在未受清償前得留置其物，並於一定要件，得拍賣之，以優先清償之物權。例如，甲開設汽車修理廠，乙將其車輛送廠修理，甲於乙未清償修理費前，得留置乙之送修車輛[41]。

二、留置權之要件

債權人占有屬於他人之動產，應具有如後要件者，而於未受清償前，得留置債務人之動產。申言之：（一）債權已至清償期未受清償者；（二）債權之發生，與該動產有牽連之關係者；（三）其動產非因侵權行為或其他不法之原因而占有者；（四）占有之始明知或因重大過失而不知該動產非為債務人所有者（民法第928條）。例如，出賣人甲將買賣標的物之冷氣機交付買受人乙，依民法第761條第1項規定，其所有權已移轉於乙。嗣後該冷氣機因須修護而由甲卸回占有，其與有牽連關係之債權，僅為修護費用。因原買賣契約之價金債權，其與甲占有之冷氣機，兩者間並無牽連關係存在。職是，甲主張基於價金債權，而將乙交付修護之冷氣機予以留置不還，為無理由[42]。

---

41 郭振恭，民法，三民書局股份有限公司，2002年11月，修訂3版1刷，頁567。

42 最高法院62年台上字第1186號民事判決。

三、商業行為視為有牽連關係

商人間因營業關係所生之債權，其與因營業關係而占有之動產，即可視為有牽連關係而成立留置權（民法第929條）。縱其債權與占有，係基於不同關係而發生，且無因果關係，仍無不可[43]。例如，顧客將衣服交付洗衣業者所生之債權，即與該洗衣業者因營業關係而占有之洗衣物，即被視為有牽連關係，可免除舉證之困難。

四、許可拍賣留置物之裁定

（一）拍賣留置物之要件

債權人於其債權已屆清償期而未受清償者，得定1個月以上之相當期限，通知債務人，聲明如不於其期限內為清償時，即就其留置物取償（民法第936條第1項）。債務人不於前開項期限內為清償者，債權人得依關於實行質權之規定，拍賣留置物，或取得其所有權（第2項）。債權人不能定1個月以上期間通知債務人，於債權清償期屆滿後，經過6個月仍未受清償時，債權人則就留置物取償（第3項）。再者，留置權人如留置物具備拍賣要件，得自行拍賣留置物，亦可聲請留置物之所在地法院，許可拍賣留置物之裁定，並以該裁定為執行名義，聲請執行法院拍賣留置物（強制執行法第4條第1項第6款；非訟事件法第72條）[44]。債權人因保管留置物所支出之必要費用，得向其物之所有人，請求償還（民法第934條）。

（二）形式審查主義

因留置權之取得毋庸登記，債權人對債務人有無擔保債權，並無依國家機關作成之登記文件可明確證明。準此，留置權係未經登記之擔保物權，倘債務人就擔保物所擔保債權之發生或其範圍有爭執時，法院僅得就無爭執部分裁定准許拍賣，以兼顧債權人及債務人之利益（非訟事件法第73條）。質言之，

---

43 最高法院60年台上字第3669號民事判決。

44 非訟事件法第72條規定：民法所定抵押權人、質權人、留置權人及其他法律所定擔保物權人聲請拍賣擔保物事件，由拍賣物所在地之法院管轄。

債務人就留置物所擔保之債權之發生或其範圍有爭執時，應由債權人循訴訟方式，取得債權確已存在及其範圍之證明，始得聲請法院裁定拍賣留置物，以兼顧債務人之權益[45]。

五、準留置權

民法留置權章之規定，其於其他留置權準用之。但其他留置權另有規定者，從其規定（民法第939條）。此等留置權，其所擔保之債權不必與留置物有牽連關係，並非真正之留置權。例如，不動產之出租人，就租賃契約所生之債權，對於承租人之物置於該不動產者，有留置權（民法第445條第1項）。而該不動產出租人之留置權，不以該留置物為不動產之出租人所占有[46]。旅店主人就住宿、飲食、沐浴或其他服務及墊款所生之債權，其於未受清償前，對於客人所攜帶之行李及其他物品，有留置權（民法第612條第1項）。

第五節　拍賣提存物

一、提存之定義

所謂提存者，係指清償人以消滅債務目的或依照法院之裁判，將其給付物或擔保物為債權人寄存於提存所之契約行為，其為提存人與提存所間之契約，性質屬第三人利益契約，而法律關係應適用寄託契約之規定。提存事件與私法上之權利義務有關，依其性質應為非訟事件。

二、提存之目的

依據提存之目的，提存可分清償提存與擔保提存。申言之：（一）清償提存係以消滅債務為目的之提存，其與清償效力同，是不依債務本旨之提存，不

---

[45] 最高法院89年度台抗字第541號民事裁定。

[46] 最高法院28年上字第687號民事判決。

生清償之效力[47]。即因不能確知孰為債權人而難為給付者，清償人固得將其給付物為債權人提存之，惟其提存，除有雙務契約債權人未為對待給付或提出相當擔保之情形外，不得限制債權人隨時受取提存物，否則未依債務之本旨為之，不生清償之效力[48]；（二）所謂擔保提存，係指於民事訴訟程序或非訟事件程序，依照法院之裁判，提供一定財產置於法院提存所為擔保，准許提存人得聲請法院為一定行為或不為一定行為[49]。例如，為假執行或免為假執行所提供之擔保。

三、拍賣提存物

提存物提存後，有毀損、滅失或減少價值之情形時，提存物保管人得報經該管法院許可拍賣提存物，其有市價者，照市價出賣，扣除拍賣、出賣及其他費用後，將其餘額交由當地代理國庫之銀行保管（提存法第15條）。

第六節　例題研析

| 案例1 | 土地及建物併付拍賣 |

> 　　債務人所有土地設定抵押權後，第三人在土地上營造建物，並非該土地所有權人所興建，惟該建物所有權登記於債務人名下。試問抵押權人得否持拍賣抵押物裁定，主張依據民法第877條規定，請求執行法院將建築物與土地併付拍賣？

---

47 詹森林、馮震宇、林誠二、陳榮傳、林秀雄，民法概要，五南圖書出版股份有限公司，2002年10月，4版2刷，頁309。

48 最高法院46年台上字第47號民事判決。

49 非訟事件法令暨法律問題研究彙編（一）提存事件，司法院第一廳，1991年6月，頁238。

民法第877條係為保護抵押權人之利益及社會之經濟而設之規定，故於土地抵押後，在其上營造之建築物，雖非土地所有人所建，然於抵押權實行時，該建築物與抵押之土地已歸一人所有，為貫徹上開立法目的，自有本條之適用，得於必要時，將土地抵押後，在其上營造之建築物，而與該土地併付拍賣[50]。

案例2　拍賣抵押物要件

> 抵押權人向法院聲請拍賣抵押物，而抵押權登記所擔保之債權清償日期尚未屆至；或者未提出債權已屆清償期之憑證。試問法院應如何處理？依據為何？

抵押權人於債權已屆清償期，而未受清償者，固得聲請法院拍賣抵押物，就其賣得價金而受清償，民法第873條定有明文。惟抵押權所擔保之債權清償期未至，或未提出債權已屆清償期之憑證，依上開條文反面解釋，即不得聲請拍賣抵押物。準此，本件抵押權登記，所擔保之債權清償日期尚未屆至，抵押權人聲請拍賣抵押物，自有未合，法院應予裁定駁回之。

案例3　不動產抵押權之類型

> 試以債權發生之從屬性、債權消滅之從屬性及債權數額之確定性，說明民法第881條之1第1項之最高限額抵押權與第860條之普通抵押權，兩者相異處。

---

[50] 最高法院89年度台抗字第352號民事裁定。

	最高限額抵押權	普通抵押權
債權發生之從屬性	最高限額抵押，抵押權成立時，可不必先有債權存在[50]。職是，為擔保現在已發生或將來可能發生之債權，提供不動產以為擔保；至設定抵押權時，所擔保之債權是否存在，則非所問。	抵押權人聲請拍賣抵押物，在普通抵押，因必先有被擔保之債權存在，而後抵押權始得成立，故僅須抵押權已經登記，且登記之債權已屆清償期而未受清償，法院即應准許之。換言之，必須先有債權存在，而後始得為擔保該債權而設定抵押權。
債權消滅之從屬性	所謂最高限額抵押契約，係指所有人提供抵押物與債權人訂立在一定金額限度內擔保現在已發生及將來可能發生之債權之抵押權設定契約而言。雖抵押權存續期間內已發生之債權，因清償或其他事由而減少，原訂之抵押契約依然有效，債權人在約定限額範圍內，對於抵押物仍享有抵押權，抵押人於存續期間屆滿前，自不得請求塗銷抵押權設定登記[51]。	普通抵押權因擔保特定債權，其債權如歸於消滅，則其抵押權即隨之消滅。
債權數額之確定	最高限額之抵押權契約，係指所有人提供抵押物與債權人訂立在一定金額之限度內，擔保現在已發生及將來可能發生之債權之抵押權設定契約而言，其實際債權額係在結算確定。	普通抵押權於成立時，其擔保之債權業已確定。

---

51 最高法院71年台抗字第306號民事裁定。

52 最高法院90年度台上字第602號民事判決。

案例4 拍賣程序費用之負擔

> 抵押權人因抵押債務人不於約定期限內履行債務，聲請法院拍賣抵押物。試問聲請准予拍賣抵押物裁定與執行抵押物之程序費用，究應由何人負擔？

一、單一相對人

依非訟事件法第21條雖規定，非訟事件之程序費用，應由聲請人（即債權人）負擔。然民法第861條規定，抵押權所擔保者，為原債權、利息、遲延利息違約金及實行抵押權之費用。而抵押權人之聲請法院拍賣抵押物，係出於抵押債務人之債務不履行，屬實行抵押權之費用，自應由債務人負擔[53]。

二、多數相對人

民事訴訟法第85條規定，其於應共同負擔費用之人準用之（非訟事件法第23條）。法院裁定准許拍賣抵押物，於抵押物所有人為多數人時，仍以抵押物為執行拍賣之對象，而非以該抵押物所有人為執行之對象，故關於程序費用之負擔，應諭知由相對人共同負擔。換言之，因法院准為拍賣抵押物之裁定，乃就相對人所供擔保之不動產准予拍賣，法院裁定之對象為相對人之物，非相對人。裁定書所列相對人，僅表明物之所有人及應負擔程序費用之人。而抵押物之拍賣，並無連帶拍賣之問題，無須令由相對人連帶負擔可言[54]。

---

[53] 臺灣高等法院暨所屬法院57年度第1次法律座談會。

[54] 司法院1988年5月31日（77）廳民三字第0666號函。

案例5 形式審查主義

> 最高限額抵押權人，提出業經債務人即發票人聲請執行假處分，禁止向付款人為付款提示之支票一張作為債權憑證，其於發票日後，聲請法院裁定許可拍賣抵押物。試問法院應如何處理？依據為何？

最高限額抵押權人既已提出已屆清償期之支票一張作為債權憑證，從形式上審查，已足認有債權存在，且已屆清償期而未受清償。至於實際上之清償期已否因假處分禁止該支票為付款提示而發生變更，乃實體問題，非聲請拍賣抵押物所得過問。況假處分屬保全程序，為保全日後強制執行而設。故假處分程序之執行，並不能發生實體法上權利義務變更之效果。職是，在聲請拍賣抵押物事件，法院對於最高限額抵押權人所主張債權已屆清償期之事實，所為形式上之審查，並不因該債權憑證之支票，已受假處分程序之實施而有所影響，自應准許拍賣抵押物[55]。

案例6 就拍賣抵押物裁定聲請再審及提起抗告

> 債權人聲請法院拍賣債務人提供之抵押物，拍賣抵押物裁定確定後，債務人認有再審原因，依據民事訴訟法第507條、第496條第1項第12款聲請再審。或者裁定未確定，債務人提起抗告。試問法院應如何處理？依據為何？

一、非訟事件適用再審程序

抵押權人向法院聲請拍賣抵押物，係屬非訟事件，而非訟事件法有準用民事訴訟法關於再審之規定（非訟事件法第46條之1第1項）。職是，對於該事件之確定裁定聲請再審，其依法有據。

---

[55] 民事法律專題研究（14），司法院，1996年5月，頁177至178。

二、抗告規定

　　聲請拍賣抵押物事件，依非訟事件法第72條規定，係屬非訟事件[56]。依據同法第40條第1項規定，法院就非訟事件所爲之裁定，倘屬不得抗告者，而原法院認爲其裁定不當時，得撤銷或變更之，該裁定亦不得抗告。準此，得抗告之裁定，原法院縱認原裁定有不當時，亦僅得依非訟事件法第46條準用民事訴訟法第486條第1項規定，由直接上級法院裁定[57]。而抗告法院之裁定，以抗告不合法而駁回者，不得再爲抗告。但得向原法院提出異議（民事訴訟法第486條第2項）。對於抗告法院之裁定再爲抗告，僅得以其適用法規顯有錯誤爲理由（第3項）。再抗告法院爲高等法院或其分院（非訟事件法第55條第3項）。

案例7　拍賣事件之保障債務人程序

　　非訟事件法第73條第2項與第74條規定，法院於裁定前，應使債務人有陳述意見之機會，此乃法律賦予債務人之程序保障規定，倘最高限額抵押權人聲請拍賣抵押物時，該抵押物已轉讓於第三人。試問法院是否應踐行該保障債務人之程序，依據爲何（97第2次司法事務官；97民間公證人）？

一、程序利益保障

　　非訟事件本質上不具訟爭性，程序上適用非訟法理，倘訟爭性顯現時，爲保障程序主體之程序利益，應交錯適用訴訟法理。債務人及受讓抵押物之第三人均爲拍賣抵押物裁定之程序主體，其等自應受程序利益之保障。債務人之債務是否存在及其範圍，會影響抵押人之抵押物受拍賣清償程度。況抵押人之

---

[56] 民法所定抵押權人、質權人、留置權人及其他法律所定擔保物權人聲請拍賣擔保物事件，由拍賣物所在地之法院管轄。

[57] 最高法院86年度台抗字第100號民事裁定。

抵押物是否被拍賣，會影響其後對債務人之求償權問題，為保障其等之程序利益，通知其等陳述意見，應屬有其必要性。職是，法院未通知債務人陳述意見，而成作成准許拍賣抵押物之裁定，其所為非訟程序不合法，債務人得作為抗告之理由（非訟事件法第73條第1項、第2項、第74條）。

二、最高限額抵押權之性質

最高法院認為最高限額抵押權登記時，無須先有債權之存在，法院無從依登記資料判斷債權之存否，抵押權人聲請拍賣抵押物後，倘債務人或抵押人對於被擔保債權之存否有所爭執，應由抵押權人提起確認之訴，以保護其利益，在其獲得勝訴判決確定前，法院不得逕為許可拍賣抵押物之裁定[58]。

三、通知債務人陳述意見

債務人向債權人借款，並提供不動產為債權人設定最高限額抵押權，債務人於債權已屆清償期而未清償，抵押權人聲請拍賣抵押物時，該抵押物已轉讓於第三人，法院於裁定前，應使債務人有陳述意見之機會。況拍賣抵押物之相對人，須為抵押物之所有人，始對該抵押物有處分權。是不動產所有人設定抵押權後，將不動產讓與第三人，依民法第867條規定，抵押權具有追及效力，抵押權不因此而受影響，抵押權人行應以現不動產之所有人為相對人，向法院聲請拍賣抵押物。準此，法院於裁定前，應踐行該保障債務人之程序。

案例8 最高限額抵押權之擔保範圍

> 甲以其所有不動產，為乙銀行設定本金最高限額抵押權新臺幣（下同）1,200萬元，並借款1,000萬元，甲嗣後將該不動產與移轉登記予丙，因甲未依約清償該債務，乙銀行持以聲請法院裁定拍賣抵押

---

58 最高法院78年度台抗字第66號、80年度台抗字第16號、80年度台抗字第291號民事裁定。

物，並聲請強制執行，丙持1,200萬元及執行費至執行法院清償上開
債務，並請求撤銷查封，乙銀行以甲所欠債務除本金外，尚有利息、
違約金總計1,500萬元，而拒絕受償。試問執行法院應如何處理？依
據為何？

　　動產查封後，債務人得於拍定前提出現款，聲請撤銷查封（強制執行法第
58條第1項、第113條）。所謂最高限額抵押權，係指為設定抵押物應擔保債權
之最高限額所設定之抵押權，其抵押權所擔保範圍，雖包括本金、利息、違約
金等，然仍應受最高限額之限制，倘其本金、利息、違約金等總額，已逾最高
限額，其超過部分即無優先受償權（民法第860條、第861條）。準此，丙提
出抵押物所擔保之最高限額1,200萬元及執行費，向乙銀行清償，已達清償目
的，乙銀行拒絕受領，執行法院應將該款項提存，並撤銷查封[59]。

---

[59] 司法院第11期司法業務研究會期，民事法律專題研究（五），頁177至179。

第六章　供訴訟之擔保

第一節　概　說

第一項　供訴訟擔保之目的

一、擔保提存之目的

提存有清償提存及擔保提存兩種類型：（一）前者係債務人有法定原因時，將其應給付於債權人之標的物，存置於法院提存所，使其發生清償效力（民法第326條、第327條）；（二）後者係於民事訴訟程序或非訟事件程序，依照法院之裁判，提供一定財產存置於法院提存所為擔保，准許提存人得聲請法院為一定行為或不行為[1]。

---

[1] 非訟事件法令暨法律問題研究彙編（一）—提存事件，司法院第一廳，1991年6月，頁238。

二、供訴訟擔保之債權範圍

　　訴訟上供擔保之目的在於確保訴訟費用之賠償，或者確保因執行所生之損害賠償。依據供訴訟擔保之債權範圍而言，可區分三種類型：（一）確保原告日後對於被告履行賠償訴訟費用；（二）確保因供擔保而宣告假執行或保全執行，擔保被告或債務人因假執行或保全執行所受之損害賠償[2]；（三）確保因供擔保而免為假執行或保全執行，擔保原告或債權人因免為假執行或保全執行所受之損害賠償。受擔保利益人，就供擔保之提存物，其與質權人有同一權利（民事訴訟法第103條第1項）。

三、法定質權

　　供訴訟擔保屬法定質權之一種，其擔保之債權範圍，應視原擔保之目的而定之。申言之：（一）因供訴訟費用之擔保者，自以得求償之訴訟費用為限；（二）因金錢債務之假執行或免假執行之擔保，其質權之範圍應包括本案之執行。另因提供擔保而為保全執行或免為執行者，其質權之範圍，應僅限於因為保全執行或免為執行所生之損害[3]。再者，財團法人法律扶助基金會分會，認為法律扶助事件顯有勝訴之望，並有聲請實施保全程序之必要者，受扶助人應向法院繳納之假扣押、假處分擔保金，其全部或一部，得由分會出具之保證書代之（法律扶助法第65條）。

2　所謂保全執行係指假扣押及假處分。

3　楊建華，民事訴訟法問題研析（一），三民書局股份有限公司，1991年8月，頁166至169。惟最高法院1968年3月12日民刑庭總會決議，認為金錢債務之假執行，債務人提供擔保免假執行後，被判決敗訴確定，債權人聲請就擔保金求償，惟已有第三人具狀聲明參與分配，此種情形，按債務人所供免假執行之擔保金，係為賠償債權人因免假執行而受之損害，僅於債權人請求賠償損害時，債權人始有與質權人同一之權利，故仍應制作分配表分配。準此，當僅認以因免假執行而受之損害為限，始有與質權人同一之權利，不包括本案給付。

第二項　供訴訟擔保之要件

一、供訴訟費用之擔保要件

（一）原告應供訴訟費用之擔保要件

　　所謂訴訟費用之擔保者，係確保原告日後對於被告履行賠償訴訟費用之義務，因被告之聲請而預供擔保[4]。其立法意旨，係因原告於中華民國無住所、事務所及營業所者，將來訴訟終結命其負擔賠償訴訟費用時，難免執行困難，為保全被告利益，故設此預供訴訟費用擔保之規定。法院裁定命原告應供訴訟費用之擔保要件如後：1.原告在中華民國境內無住所、事務所及營業所者。且被告就原告之請求，就無爭執之部分；或者原告於中華民國有資產，不足以賠償訴訟費用者（民事訴訟法第96條）。所謂在中華民國境內無住所、事務所及營業所者，應指在中華民國司法權所及之轄區無住所、事務所或營業所而言。例如，原告甲公司起訴請求被告乙給付貨款，而甲公司設址於新加坡，其於中華民國並無事務所或營業所，法院得因乙之聲請，以裁定命甲公司供訴訟費用之擔保；2.法院應依被告之聲請，倘被告已為本案之言詞辯論者，不得聲請原告供擔保，除非被告就擔保之原因，知悉在後（民事訴訟法第97條）；3.原告未經准予訴訟救助者（民事訴訟法第110條第1項第2款）。

（二）酌定擔保額

　　法院命原告供擔保者，應於裁定中定擔保額及供擔保之期間（民事訴訟法第99條第1項）。所酌定擔保額，以被告於各審應支出之費用總額為準（第2項）。例如，以被告於第一審至第三審之裁判費與第三審之委任律師費用，作為法院酌定擔保額之基準。

二、假執行或免為假執行之供擔保要件

　　關於財產權之訴訟，原告釋明在判決確定前不為執行，恐受難於抵償或

4　姚瑞光，民事訴訟法論，大中國圖書公司，2000年11月，修正版，頁166。

難以計算之損害者，法院應依其聲請，宣告假執行（民事訴訟法第390條第1項）。原告陳明在執行前可供擔保而聲請宣告假執行者，法院應定相當之擔保額，宣告供擔保後，得為假執行（第2項）。無論法院應依職權或依聲請宣告假執行，均得宣告非經原告預供擔保後，不得為假執行，此為附條件之假執行（民事訴訟法第392條第1項）[5]。再者，法院為宣告假執行時，亦得依聲請或依職權，宣告被告預供擔保，或將請求之標的物提存而免為假執行，此為供免為假執行之擔保（民事訴訟法第392條第3項）。

三、保全執行或免為保全執行而供擔保要件

債權人向法院聲請保全裁定時，其應就請求及保全之原因釋明之（民事訴訟法第284條、第526條第1項、第533條）[6]。倘債權人陳明願供擔保或法院認為適當，聲請假扣押或假處分者，法院得酌定相當之擔保，命供擔保後為假扣押或假處分，此為附條件之保全裁定（民事訴訟法第526條第2項、第533條）。再者，法院所為之假扣押或假處分裁定，應記載或得記載債務人供所定金額之擔保或將請求之金額提存，得免為或撤銷假扣押、假處分（民事訴訟法第527條、第533條）。

四、*毋庸繳裁判費*

供訴訟擔保事件依據民事訴訟法第77條之19第1款至第5款與第7款等規定，非屬應徵收裁判費之事項。準此，聲請供訴訟擔保或供擔保物之返還事件，均毋庸繳裁判費。

5　應依職權宣告假執行者，有民事訴訟法第389條第1項所列之3種類型。

6　民事訴訟法第525條規定聲請保全裁定之程序。

第二節　供擔保物之提存

一、供擔保之方法

　　供擔保之方法有五（民事訴訟法第102條）：（一）提存現金；（二）法院認為相當之有價證券；（三）當事人約定之提存物；（四）保險人或經營保證業務之銀行出具保證書；（五）法院得許由該管區域內，有資產之人具保證書代之。供擔保人須依裁定將法院所酌定之擔保物，提交於法院所在地之代理國庫銀行，取得提存物之收取收據，始完成提存擔保物之手續。再者，財團法人法律扶助基金會分會，認為法律扶助事件顯有勝訴之望，並有聲請實施保全程序之必要者，受扶助人應向法院繳納之假扣押、假處分擔保金，其全部或一部，得由分會出具之保證書代之（法律扶助法第65條）。

二、相當之有價證券

　　所謂有價證券，係指在市面流通而得交易買賣之證券而言，可轉讓定期存單具有其財產上之價值，無論是否到期，均得作為供擔保之提存物之標的[7]。至於不可轉讓之定期存款單不得流通，亦不得為買賣之標的，其非有價證券，不得作為提存之擔保物。至於法院認為相當之有價證券，其有價證券之實際價值是否與現金相當，應由裁判法院斟酌之[8]。再者，法院就關於准許假扣押、假處分或宣告假執行或免為假執行等裁判，倘准以有價證券供擔保或准許變換擔保為有價證券者，應於主文具體載明有價證券之名稱、種類、面額及數量，並審查該證券之實際價值，使應供擔保物之人提存確實之擔保物，以免影響受擔保利益人之權益[9]。而擔保人提存等值之有價證券，應按裁判時該有價證券市價計算。

7　可轉讓之定期存單得依法流通、轉讓或充作其他擔保之用。

8　最高法院43年台抗字第90號民事裁定。

9　司法院1992年4月9日（81）院台廳一字第05181號函。

三、提存之擔保物係金錢者

提存事件性質係屬非訟事件，提存所僅得由提存書之記載就形式之程式爲審查，提存所並無權爲審查或認定[10]。而法院所在地有代理國庫之銀行時，法院收受提存之金錢，應交由該銀行之國庫部門保管，受擔保利益人或供擔保人依據提存法第12條規定，自可向提存所請求給付實收之利息。

第三節　供擔保物之變換

一、變換方式

供擔保之提存物或保證書，除得由當事人約定變換外，法院得依供擔保人之聲請，以裁定許其變換（民事訴訟法第105條第1項）。申言之，變換之方式有二：（一）當事人約定；（二）法院裁定。例如，供擔保人聲請變換擔保物，其聲請內容記載：聲請人前依法院○○年○字第○○號裁定，爲相對人提供○○銀行可轉讓定期存單○張、面額新臺幣○○○元擔保物在案，並以法院○○年存字第○○號提存事件提存在案。茲因該擔保物於○○年○○月○○日到期，爲屆期取回上開擔保物，依據民事訴訟法第105條第1項規定，聲請准予變換爲同額之○○銀行可轉讓定期存單。

二、現金與有價證券可互換

（一）變換要件

供擔保應提存現金，或法院認爲相當之有價證券（民事訴訟法第102條第1項）。前開擔保得由保險人或經營保險業務銀行出具保證書代替（第2項）。如應供擔保之原告均不能爲前揭之提存者，法院得許由該管區域內有資產之人具保證書代之（第3項）。所謂供擔保之提存物或保證書，得由當事人約定變換外，法院得依供擔保人之聲請，以裁定許其變換，係指已爲提存或已具保證

10　臺灣高等法院88年度抗字第4231號民事裁定。

書供擔保後，嗣後聲請變換之情形而言（民事訴訟法第105條第1項）。其與應供擔保之原告自始不能為提存者，法院得許以保證書代之情形有異。準此，保證書雖得易以提存物或易以他人之保證書，然將提存物易為保證書，屬於法無據[11]。

（二）審酌因素

供擔保人所供之擔保，旨在擔保其就本案訴訟將來能獲勝訴之確定裁判，而於其一旦受敗訴之裁判確定，作為賠償受擔保利益人支出訴訟費用或所受損害之用。供擔保人在向未依法院裁判所定提供擔保前，聲請變換擔保物為等值之有價證券或以現金代替原裁判所定之擔保，倘於受擔保利益人尚無不利，應無不許其聲請變換擔保之理。法院裁定准許供擔保人變換供擔保之提存物時，應斟酌變換後之提存物與原裁判所定之擔保，在經濟上具有相當之價值。而有價證券不以已上市或公開發行者為限，僅須法院認為其價值與現金相當者即可[12]。再者，法院准許變換提存物，所為裁定主文應諭知：聲請人依法院○○年度○字第○○號民事裁定，提存之○○銀行可轉讓定期存單○○張，面額各為○○○、○○○及○○○，合計新臺幣○○○元，准予變換為○○銀行同額之可轉換定期存單供擔保。

第四節　供擔保物之返還

第一項　返還擔保物之原因

訴訟上供擔保之目的，本於確保訴訟費用之賠償，或者確保因執行所生之損害賠償。倘供擔保之目的，嗣後已不存在，供擔保人自得聲請返還擔保物。而返還擔保物之原因，可分為毋庸裁定返還及裁定返還兩種態樣。職是，當事人向法院聲請返還擔保物，應提出如後事證之一：（一）提存書及提存國庫收款收據；（二）原命擔保之裁判；（三）擔保原因消滅之證明。例如，聲請撤

---

[11] 最高法院43年台抗字第122號民事裁定。

[12] 最高法院82年度台抗字第47號民事裁定。

銷假扣押裁定、假處分裁定及裁判確定證明；（四）倘屬訴訟終結者，供擔保人應提出定20日以上之期間催告受擔保利益人行使權利，而未行使之證明，如存證信函。再者，法院受理該等聲請事件時，應調閱擔保物之提存卷宗、假執行或保全之執行卷宗，審查供訴訟擔保之事由。並查明受擔保利益人於法院有無對供擔保人提起損害賠償訴訟事件，其係指因保全程序或本案訴訟不當所生之損害賠償之事件。倘當事人現正訴訟中，應嗣裁判結果，再決定是否准予返還擔保物。而就法院所為供擔保物之提存、變換及返還之裁定，均得抗告，並應停止執行之（民事訴訟法第100條、第105條第2項）。

第二項　毋庸裁定返還

一、返還事由

提存法第18條第1項、第17條第1項規定之事由，得聲請該管法院提存所返還提存物，無需受擔保人或受取權人同意。毋庸經法院裁定，即得返還者，如向法院聲請者，則駁回之，並於理由內敘明，應逕向該管地方法院之提存所聲請。申言之，擔保提存之提存人於提存後，有下列情形之一者，得聲請該管法院提存所返還提存物：（一）假執行之本案判決已全部勝訴確定；（二）因免為假執行而預供擔保或將請求標的物提存，其假執行之宣告全部失其效力；（三）假扣押、假處分、假執行經裁判後未聲請執行，或於執行程序實施前撤回執行之聲請；（四）因免為假扣押、假處分、假執行預供擔保，而有前款情形；（五）假扣押、假處分所保全之請求，其本案訴訟已獲全部勝訴判決確定；其請求取得與確定判決有同一效力者，亦同；（六）假執行、假扣押或假處分所保全之請求，其本案訴訟經和解或調解成立，受擔保利益人負部分給付義務而對提存物之權利聲明不予保留；（七）依法令提供擔保停止強制執行，其本案訴訟已獲全部勝訴判決確定；（八）受擔保利益人於法官或提存所主任前，表明同意返還，經記明筆錄；（九）提存出於錯誤或依其他法律之規定，經法院裁定返還確定（提存法第18條第1項）。

二、返還期間

聲請法院提存所返還提存物,應於供擔保原因消滅之翌日起10年內為之;逾期者,其提存物屬於國庫(提存法第18條第2項)。例如,甲於2007年1月1日依據法院准予供擔保對乙為假扣押之裁定,向法院提存所提存擔保金後,聲請假扣押執行。嗣甲對乙提起本案訴訟,而於2008年1月1日獲得全部勝訴判決確定,甲遲至2019年1月1日始向法院提存所聲請取回提存物,已逾提存法第18條第2項規定之10年期間,其請求權因罹於時效而消滅,聲請應不准許。

第一款 假執行之本案判決全部勝訴確定

假執行之本案判決已全部勝訴確定,此返還擔保物之規定,為原告供擔保假執行,嗣後原告獲勝訴判決確定者,得聲請返還擔保物(提存法第18條第1項第1款)。再者,被告供擔保免假執行,被告獲勝訴判決確定,即債務人提供擔保免為假執行,其於債權人本案訴訟全部敗訴確定,其假執行之宣告全部失其效力,債務人即被告得聲請該管法院提存所返還提存物,毋庸裁定返還擔保物(提存法第18條第1項第2款)[13]。準此,債權人或債務人因全部勝訴確定,已不發生因假執行或因免假執行發生損害之問題,無供擔保之必要,自應返還擔保物。聲請返還擔保物時,應提出判決勝訴確定之證明文書,供提存所審查要件。例如,提出各審判決書正本或確定證明書。

第二款 保全請求之本案訴訟已全部勝訴或與確定判決同一效力者

一、本案訴訟

假扣押、假處分所保全之請求,其本案訴訟已全部勝訴或其請求取得與確定判決有同一效力者(提存法第18條第1項第5款)。本款所稱本案訴訟,係指假扣押、假處分之債權人就保全執行所為之請求提起訴訟,而具有判決之實質確定力者。其本案請求無論為給付之訴、確認之訴或形成之訴,均應適用。聲

---

[13] 最高法院60年度第1次民庭庭長會議決議,會議日期1971年11月23日。

請人應提出各審判決書正本或支付命令正本、確定證明書等證明文件。

二、保全執行之債權與本案確定判決債權同一性

（一）債權同一性

　　原告所保全執行之債權必須與本案確定判決債權同一性，始得依據提存法第18條第1項第5款規定，聲請該管法院提存所返還提存物。舉例說明之：1.債權人甲聲請假扣押所保全之貨款請求金額固僅為新臺幣（下同）20萬元，惟其本案訴訟判決債務人乙應給付甲貨款25萬元確定，足見假扣押所保全之請求，已獲全部勝訴確定，其與提存法第18條第1項第5款規定相當，甲可逕向提存所聲請返還因假扣押所提存之擔保金，毋庸先聲請法院裁定；2.甲聲請假扣押所保全之貨款請求金額為25萬元，惟因事後部分清償，其本案訴訟判決乙應給付甲貨款20萬元確定，保全執行之債權與本案確定判決債權係屬同一，亦屬假扣押所保全之請求，已獲全部勝訴確定。甲可逕向提存所聲請返還因假扣押所提存之擔保金，毋庸先聲請法院裁定。再者，所保全之債權數額，超過勝訴判決之數額，非屬假扣押所保全之債權全部獲勝，其與提存法第18條第1項第5款規定不符[14]。

（二）請求標的相同

　　因提存為非訟事件，法院提存所亦無權作實質之審查，為貫徹便民之立法精神，保全程序之本案，應從寬解釋，僅請求之標的兩者相同即可。例如，債權人以清償票款為請求原因聲請假扣押，其於提供擔保實施假扣押查封後，旋取得與假扣押金額相同之清償債務民事確定判決，依據提存法第18條第1項5款規定，得逕向提存所請求取回擔保物。因本款規定假扣押、假處分之本案全部勝訴確定者，可向提存所取回提存物，毋庸裁定，旨在便民。債權人取得確定判決之金額與假扣押請求之金額相同，提存所應准債權人取回提存物，毋庸民

---

14 非訟事件法令暨法律問題研究彙編（一）—提存事件，司法院第一廳，1991年6月，頁115。

事庭裁定[15]。

（三）請求標的非同一

　　請求標的非同一，其與提存法第18條第1項第5款規定不符。例如，假扣押裁定雖係就給付租金事件而為，然勝訴判決係對遷讓房屋事件為之，因兩者債權則非同一，自非假扣押所保全之請求，該勝訴判決與本案訴訟已獲全部勝訴判決之情事不同。

三、本票裁定非屬本案訴訟

　　本票裁定准許強制執行確定，並非本案訴訟已獲全部勝訴確定，其性質屬非訟事件，是執票人本於本票債權，聲請裁定假扣押發票人財產後，雖嗣後取得本票准許強制執行之確定裁定，其非供擔保之原因消滅。債權人應先聲請撤銷假扣押裁定，再定20日以上之期間催告受擔保利益人行使權利而未行使，始可聲請法院裁定返還擔保金。聲請人未聲請撤銷假扣押裁定，難謂應供擔保之原因已消滅，是相對人自無從行使對擔保金之權利。準此，本票裁定准許強制執行確定，並非本案訴訟已獲全部勝訴確定，不得依提存法第18條第1項第5款規定，返還擔保提存物[16]。

四、先取得本案全部勝訴確定判決

（一）民事訴訟法第531條規定

　　債權人先取得本案全部勝訴確定判決，再取得保全裁定對債務人財產加以執行，依據民事訴訟法第531條之立法意旨，債權人自得依提存法第18條第1項第5款規定，聲請返還提存物[17]。蓋提存法第18條第1項第5款之立法意旨，在

15　臺灣高等法院暨所屬法院62年度法律座談會。

16　臺灣高等法院暨所屬法院70年度法律座談會，民事類第45號，發文日期1981年5月25日。臺灣高等法院臺南分院80年度抗字第224號民事裁定。

17　臺灣高等法院85年度抗字第2545號民事裁定。民事訴訟法第531條第1項規定：假扣

於保全執行之請求，其本案訴訟獲全部勝訴判決或依督促程序之支付命令確定者，因債權人之請求確實存在，債務人自應忍受債權人以保全執行對其權利所受之限制。而不認其就債權人所提存之提存物有受損害賠償擔保之權利，故債權人得聲請返還提存物。提存法並無在本案全部勝訴判決確定後，所為假扣押提供之擔保不得聲請返還之限制規定，倘保全執行所欲保全之債權，其於聲請保全前已經全部勝訴判決確定或依督促程序之支付命令確定，債務人並未因保全執行就其權利所加之限制，而更受有損害，就受保全執行擔保利益之債務人而言，未因該保全執行而受不利益，應不認其對權利人所提存之提存物有受賠償之權[18]。

（二）先取得本案全部勝訴確定判決再取得假扣押裁定

　　債權人甲對債務人乙取得本案全部勝訴確定判決後，嗣後以同一請求對乙取得假扣押裁定，並供擔保就乙之財產執行完畢，雖甲已有本案確定判決可為執行名義，得逕行聲請強制執行，而無聲請假扣押裁定為執行之必要。然甲已因有本案全部勝訴確定判決而確定其對乙之請求權存在，乙並未因甲依假扣押對其權利所加之限制，而受有損害，揆諸民事訴訟法第531條規定，應不認其對某甲所提存之提存物有受賠償之權利。準此，甲自得依提存法第18條第1項第5款規定，聲請返還提存物[19]。

五、對待給付之確定判決

　　假扣押債權人提供擔保後，就其保全之請求經獲得勝訴判決確定者，雖其判決附有同時對待給付之裁判，就原告請求判決之訴訟標的言，仍不失為全部勝訴之判決，原告未為給付前，不得就被告應為之給付聲請強制執行[20]。對被

押裁定因自始不當而撤銷，或因第529條第4項及第530條第3項之規定而撤銷者，債權人應賠償債務人因假扣押或供擔保所受之損害。

18　臺灣高等法院85年度抗字第1674號民事裁定。

19　司法院（78）廳民一字第935號函。

20　最高法院69年度台上字第2019號民事判決。

告而言，原告之取回供擔保之提存物，不致使被告發生損害，原告自得據以依提存法第18條第1項第5款規定，聲請管轄法院提存所返還提存物[21]。

第三款　保全請求之本案訴訟經和解或調解成立

一、訴訟上和解或法院調解

　　假執行、假扣押或假處分所保全之請求，其本案訴訟經和解或調解成立，受擔保利益人即本案訴訟被告、保全執行程序之債務人應負全部之給付義務；或雖負部分給付義務，而對提存物之權利聲明不予保留者（提存法第18條第1項第6款）。例如，債權人甲於供擔保實施假扣押後，其與債務人乙成立訴訟上和解，乙應負全部之給付義務，依提存法第18條第1項第6款及提存法施行細則第16條規定，甲得逕向法院提存所聲請返還提存物。而甲另定20日以上期間，催告乙行使權利而未行使，因而聲請法院裁定返還提存物，雖亦符合民事訴訟法第104條第1項第3款規定，惟提存法就提存事項而言，為民事訴訟法之特別法，應優先適用，自無更依民事訴訟法上開規定，裁定核准發還擔保金之必要，是甲之聲請，應予裁定駁回[22]。

二、鄉鎮市調解條例之調解

　　鄉鎮市調解條例所核定之調解書，其與民事確定判決有同一效力，屬提存法第18條第1項第6款所稱之調解成立者（鄉鎮市調解條例第24條第2項）。準此，聲請人依據本款聲請取回擔保物時，應提出調解筆錄或調解書。

21　司法院（79）廳民二字第454號函。

22　司法院1984年8月28日（73）廳民一字第0672號函。

第四款　未聲請執行或執行前撤回聲請

一、未執行或執行前撤回

假扣押、假處分、假執行經裁判後未聲請執行，或於執行程序實施前撤回執行之聲請（提存法第18條第1項第3款）。法院應依供擔保人之聲請，返還其提存物，毋庸裁定。所謂實施前，指對執行標的物開始為強制執行行為前，即指查封或扣押命令生效之前而言。因強制執行程序尚未實施，並無損害發生，故許債權人撤回後，返還其擔保物。債權人得聲請執行處聲請核發未執行證明，憑以向提存所領回擔保物。反之，執行法院已依假扣押裁定實施查封，即非於假扣押執行程序實施前撤回執行之聲請，是聲請人不得聲請核發於執行程序實施前撤回執行之證明書，以聲請返還擔保金。

二、毋庸撤銷保全執行裁定

供擔保人於假扣押或假處分執行程序實施前，撤回執行之聲請，縱未聲請撤銷假扣押或假處分裁定，依提存法第18條第1項3款規定，得聲請法院返還其提存物，毋庸裁定[23]。況債權人收受假扣押或假處分裁定後已逾30日者，不得聲請執行（強制執行法第132條第3項）。是債權人撤回執行聲請，再依據保全程序之執行名義聲請執行，通常已逾30日，縱使未聲請法院撤銷保全裁定，亦不得持之聲請執行。因保全裁定即喪失執行名義之效力，倘供擔保人持保全裁定聲請執行，而遭法院以已逾法定期間為由，駁回執行之聲請，自視為經裁判後未聲請執行（提存法第18條第1項第3款前段）。

第五款　其他返還事由

其他毋庸裁定之返還事由如後：（一）受取權人同意返還（提存法第17條第1項第3款）；（二）依法令提供擔保停止強制執行，其本案訴訟已獲全部勝訴判決確定（提存法第18條第1項第7款）；（三）受擔保利益人於法官或提存

---

[23] 最高法院86年度台抗字第53號民事裁定。

所主任前表明同意返還，經記明筆錄（提存法第18條第1項第8款）；（四）提存出於錯誤或其他法律之規定，經法院裁定返還確定者（提存法第17條第1項第1款、第18條第1項第9款）。聲請該管法院提存所返還提存物，應於供擔保原因消滅或應自提存之翌日起10年內為之，逾期其提存物歸屬國庫（提存法第17條第2項、第18條第2項）。

第三項　法院裁定返還

第一款　概　論

一、裁定返還事由

法院應依供擔保人之聲請，以裁定命返還其提存物或保證書之事由有三：（一）應供擔保之原因消滅者；（二）供擔保人證明受擔保利益人同意返還者。該同意返還，應僅限於明示同意始足當之，是成立訴訟和解，兩造僅表明各自負擔其訴訟費用，難謂有同意返還之意思；（三）訴訟終結後，供擔保人證明已定20日以上之期間，催告受擔保利益人行使權利而未行使，或法院依供擔保人之聲請，通知受擔保利益人於一定期間內行使權利，並向法院為行使權利之證明而未證明者（民事訴訟法第104條第1項）。前開聲請之裁定，得為抗告，抗告中應停止執行（第2項）。法院准予還返擔保物之裁定，應分別引用民事訴訟法第106條前段、第104條第1項第1款至第3款。再者，因聲請還返擔保物，不須徵收費用，故毋庸引用民事訴訟法第95條、第78條。

二、聲請返還擔保物例稿

聲請返還擔保物之聲請狀記載：為聲請裁定返還擔保金事：（一）聲請人與相對人間○○○事件（貴院○○年度○字第○○○號），業經聲請人聲請撤銷假扣押（或假處分）及撤回假扣押執行（或假處分）確定或經判決確定在案。聲請人前依貴院○○年度全字第○○號假扣押（或假處分）裁定，並以○○年度存字第○○○號提存事件提存新臺幣○○○元；（二）聲請人已於訴

訟終結後，定20日以上期間催告相對人行使權利，而其未行使，爲此檢附假扣押裁定、假處分或民事判決書、撤銷假扣押或假處分裁定、裁定或判決確定證明書、提存書、國庫收據、存證信函及郵證回執等件，依據民事訴訟法第104條第1項規定，聲請法院裁定准予返還擔保物。再者，法院准許返還擔保物裁定主文，應諭知法院○○年度存字第○○○號提存事件，聲請人所提存之擔保金新臺幣○○○元准予發還。聲請費用由相對人負擔。

第二款　應供擔保之原因消滅

一、要　件

　　應供擔保之原因消滅者，須由法院裁定准許，始得取回擔保物（民事訴訟法第104條第1項第1款）。茲分述其要件如後：（一）受擔保利益人無損害發生；（二）保全執行之債權人於本案請求勝訴判決確定；（三）供擔保人已賠償受擔保利益人之損害[24]。

二、本案勝訴確定

　　保全執行之債權人於本案請求勝訴確定，應區分其勝訴之債權有無逾其所保全之債權及勝訴範圍而定。詳言之：（一）債權人勝訴之金額逾保全之金額時，此屬提存法第18條第1項第5款規定之返還擔保物事由，毋庸法院裁定，自得逕向提存所請求返還。或者，債權人勝訴之金額雖未逾保全之金額時，惟其獲得全部勝訴判決，其毋庸撤回保全程序之聲請及執行，法院即可裁定准予返還提存之擔保物。例如，債權人保全之金額爲新臺幣100萬元，其起訴僅請求新臺幣90萬元而獲全部勝訴確定；（二）因保全執行或免爲保全執行所提供之擔保物，乃預爲供擔保人於本案訴訟敗訴時，受擔保利益人可能因保全執行，致受有損害之賠償而設。因供擔保人所提之本案請求，既經判決敗訴確定，並已由受擔保利益人聲請撤銷保全執行在案，則供擔保人之損害賠償責任，因其本案訴訟敗訴而開始，其保全執行雖經撤銷，然應供擔保之原因尚未消滅，依

---

24 最高法院53年台抗字第279號民事裁定。

民事訴訟法第104條第1項第1款規定,該擔保物不應准予發還之[25]。

三、受擔保利益人無損害發生

原告之假執行之本案判決敗訴,且已撤回假執行之聲請者,被告免假執行之擔保原因即消滅。例如,被告於第一審遭敗訴判決,被告依據判決提供擔保免為假執行。被告提起上訴,嗣經第二審廢棄原判決,改判駁回原告第一審之訴及假執行之聲請。原告向第三審上訴,尚未判決確定之際,被告聲請返還擔保金。第一審假執行宣告已失其效力,第一審原告不得再依已被廢棄之原判決聲請假執行(民事訴訟法第395條第1項)。因原告未因第一審被告為免假執行而供擔保,導致受有損害。職是,應認其應供擔保之原因消滅,被告自得向法院聲請返還擔保物。

第三款　受擔保人同意返還

法院就准否返還擔保物之意思表示,應為裁定表示之。且受擔保利益人有無同意返還,由法院依據當事人聲請,依據相當資料認定後,為准否返還裁定。是民事訴訟法第104條第1項第2款規定,供擔保人證明受擔保利益人同意返還者,應由法院為准否返還之裁定。供擔保人以此款事由,聲請返還擔保物,可提出受擔保利益人之同意書及其印鑑證明,作為證明之事證。或同意返還擔保物之文書經公證人認證者,亦得作為證明(民事訴訟法第358條第1項)。

第四款　訴訟終結後經催告行使權利

一、催告行使權利

供擔保人於訴訟終結後,證明已定20日以上之期間,催告受擔保利益人行使權利而未行使,或法院依供擔保人之聲請,通知受擔保利益人於一定期間內

---

25 最高法院47年台抗字第194號民事裁定。

行使權利，並向法院爲行使權利之證明而未證明者。法院應依供擔保人之聲請，裁定返還擔保物（民事訴訟法第104條第1項第3款）。準此，供擔保人通知受擔保利益人行使權利之方式，得自行催告或聲請法院通知，兩者擇一。再者，倘供擔保人催告或聲請法院通知，非因供擔保人之過失，不知受擔保利益人之居所，得依民事訴訟法公示送達之規定，以公示送達爲意思表示之通知（民法第97條）。

二、訴訟終結

（一）狹義與廣義

訴訟終結之意義有狹義及廣義之分。申言之：1.狹義者，係指假執行、假扣押、假處分之本案訴訟敗訴確定；2.廣義包括撤銷假扣押、假處分裁定及執行程序終結在內。受擔保利益人爲法人時，受催告之對象應爲法人，倘供擔保人僅對法定代理人之本人爲催告，該催告對該法人不生效力。職是，供擔保人之本案請求敗訴確定，倘已定20日以上期間催告受擔保利益人行使權利，而未行使者，亦有民事訴訟法第104條第1項第3款之適用，法院得准予發還之。民事訴訟法第104條第1項第3款規定，其意旨在求發還擔保物程序之簡捷，俾法院早日結案，減少供擔保人損失，是在適用上不應過於嚴格，以便解決問題。是雖不合民事訴訟法第104條第1項第1款規定，然有同條第1項第3款之適用。

（二）撤銷保全處分裁定與撤回保全處分執行

民事訴訟法第104條第1項第3款之訴訟終結，就供訴訟費用之擔保而起訴之情形，係指該訴訟程序終結，訴訟費用額已能確定者而言（民事訴訟法第96條）。至於其他依法令供訴訟上之擔保者，依同法第106條準用第104條第1項第3款規定，應指受擔保利益人因該供擔保之原因所受損害已得確定，且其對供擔保之提存物行使權利，並無障礙者。故債權人於提供擔保，對債務人財產實施假扣押或執行假處分後，嗣撤銷假扣押或假處分裁定（民事訴訟法第530條第3項、第533條前段、第538條之4）。復撤回假扣押或假處分之執行，債務人因假扣押或假處分執行所受之損害已往後確定不再發生，損害可得確定，並得據以行使權利請求賠償時，債權人即得以訴訟終結爲由，定期催告受擔保利

益人行使權利而未行使後，聲請法院裁定返還提存物，不以該假扣押或假處分之本案訴訟終結爲必要[26]。

三、本案訴訟全部敗訴確定

民事訴訟法第104條第1項第3款規定，其原立法意旨在求發還擔保物程序之簡捷，俾法院早日結案，減少供擔保人損失，是供擔保人之本案訴訟敗訴確定，其應供擔保之原因固未消滅，然其撤回保全程序之聲請及執行，並定20日以上之期間催告，如受擔保利益人未行使權利者，得聲請法院返還擔保物。

四、本案訴訟一部敗訴確定

在假執行、假扣押或假處分所供擔保之情形，因該擔保係爲保障受擔保利益人因不當假執行、假扣押或假處分所受損害而設。倘本案訴訟係一部敗訴確定，而執行法院已依假執行判決、假扣押或假處分裁定實施假執行、假扣押或假處分之執行，則在供擔保人撤回假執行、假扣押或假處分之執行前，受擔保利益人所受損害仍可能繼續發生，損害額既未確定，自無強令其行使權利之理。準此，在假執行、假扣押或假處分所供之擔保，供擔保人提起之本案訴訟，係一部敗訴者，依民事訴訟法第106條準用同法第104條第1項第3款規定，聲請以裁定命返還其擔保金之場合，必供擔保人已撤回假執行、假扣押或假處分之執行，或該等執行經執行法院撤銷，始得謂與民事訴訟法第104條第1項第3款所定之訴訟終結相當[27]。供擔保人並定20日以上之期間催告，如受擔保利益人未行使權利者，始得聲請法院返還擔保物。

---

26 最高法院102年度台抗字第652號民事裁定。

27 最高法院86年度台抗字第53號民事裁定。

五、撤銷假扣押、假處分裁定及執行程序

（一）要　件

　　債權人聲請保全執行後，須債權人撤回保全執行之聲請，並聲請撤銷保全裁定，嗣定20日以上之期間，催告受擔保利益人行使權利而未行使，法院可裁定准許債權人領回擔保金[28]。供擔保人撤回保全程序之聲請及執行，並定20日以上期間催告，始得聲請法院返還擔保物。再者，債權人於取得保全執行名義後，持之對債務人財產加以執行，債權人嗣後僅撤回假扣押或假處分之聲請，依據其聲請之意旨，固可認爲債權人係欲撤回保全執行裁定之聲請。然因債權人撤回保全執行裁定之聲請，將導致保全執行失所附麗，此時應解爲債權人有撤回假扣押、假處分或假執行等執行之意思。其經催告受擔保人於20日內行使權利，如其未行使權利，債權人得聲請法院返還其提存物。

（二）催告期間起算

　　因受擔保利益人未於催告期限行使權利，爲供擔保人取回擔保物之要件，受擔保利益人之財產尚未啓封前，其無從自由處分其財產，是該催告行使權利期間，自無從進行。詳言之，債權人撤回保全聲請及執行後，法院尚未對債務人之財產啓封，既然債務人之財產仍無法自由處分，是債權人自無從定20日以上期間，催告受擔保利益人行使權利而不行使，此時債權人聲請返還擔保金，與民事訴訟法第104條第1項第3款規定不符，應予裁定駁回。準此，定20日以上期間之起算日，應自法院啓封之翌日起計算，非自聲請撤回執行之日[29]。倘保全執行經他債權人調卷執行，亦以啓封之翌日起算。

（三）本案訴訟確定前撤銷保全裁定或撤回執行

　　債權人聲請假扣押、假處分後，其於本案訴訟確定前，撤銷假扣押、假處分裁定及執行程序，或者撤回假扣押、假處分執行，雖本案訴訟尚未終結，然屬廣義之訴訟終結，倘供擔保人證明已定20日以上之期間，催告受擔保利益人

---

[28] 最高法院75年度台抗字第261號民事裁定。

[29] 法院應調閱執行卷宗查明執行處有無啓封。

行使權利而未行使，或法院依供擔保人之聲請，通知受擔保利益人於一定期間內行使權利，並向法院為行使權利之證明而未證明者。再者，供擔保人撤回保全執行始得適用民事訴訟法第104條第1項第3款，故因相對人提供反擔保而撤銷保全執行者，相對人仍受有保全執行之不利益存在，難謂訴訟已為終結。

六、撤回保全執行程序

（一）實務見解

供擔保人未提起本案訴訟時，其所謂之訴訟終結，係指保全處分裁定及保全執行程序均不存在而言[30]。詳言之，債權人聲請保全執行後，須債權人撤回保全執行之聲請，並聲請撤銷保全裁定，嗣定20日以上之期間催告受擔保利益人行使權利而未行使，法院始可裁定准許債權人領回擔保金[31]。職是，債權人依准許假扣押、假處分之裁定，供擔保後聲請法院執行假扣押、假處分後，倘債權人未提起本案訴訟而欲聲請裁定返還提存物，應先撤回假扣押、假處分執行之聲請，並聲請撤銷假扣押、假處分裁定，始合於民事訴訟法第104條第1項第3款之訴訟終結要件[32]。

（二）本文見解

債權人依保全執行裁定提供擔保物後，查封債務人之財產，嗣該債權人未提起本案訴訟，亦未聲請撤銷保全執行裁定，僅撤回保全執行之聲請。債權人收受假扣押或假處分裁定後已逾30日者，不得聲請執行（強制執行法第132條第3項）。倘債權人撤回保全執行時，其收受假扣押或假處分之裁定，已逾30日，其自不得嗣後再持保全裁定執行之，假扣押或假處分之執行程序業已終結，自該當訴訟終結之要件。如債權人欲再度保全執行債務人之財產，須重新向法院聲請保全執行裁定，前因保全執行所提供之擔保物，不得移作後案之擔保。因兩者提供擔保所依據之保全執行裁定，並不相同。是債權人應依據新聲

---

30 最高法院92年度台抗字第19號民事裁定。

31 最高法院75年度台抗字第261號民事裁定。

32 最高法院88年度台抗字第125號民事裁定。

請之保全執行裁定，提存擔保物後，始能對債務人之財產為假扣押或假處分。準此，供擔保人未提起本案訴訟時，其僅撤回保全執行程序之場合，縱使其未聲請法院撤銷保全執行裁定，仍符合訴訟終結之要件。是供擔保人於撤回保全執行後，得依據民事訴訟法第106條準用同法第104條第1項第3款規定，而於訴訟終結後，催告受擔保債務人於20日內行使權利，如受擔保利益人未行使權利，其得聲請法院返還其提存物[33]。

七、本票裁定

債權人聲請假扣押裁定及假扣押執行後，持本票聲請本票裁定准予強制執行確定，並業經強制執行終結在案。因本票裁定係非訟事件，非屬本案之訴訟，亦非供擔保原因消滅，債權人應撤銷假扣押裁定及撤回執行，並定20日以上期間，催告受擔保利益人行使權利而未行使，始符合民事訴訟法第104條第1項第3款規定，准予返還領回擔保物。

八、受擔保人行使權利

所謂受擔保人行使其權利，係指行使因供擔保人之行為所生之損害賠償，依據訴訟程序、聲請調解及聲請發支付命令行使請求權而言（民法第129條第2項第1款、第2款）。因供擔保人之不當假執行，而受擔保利益人請求不當得利，亦屬所受之損害。至於受擔保利益人有無起訴請求供擔保人損害賠償，得向法院民事科分案室查詢。

九、催告行使權利期間

（一）行使權利期間

供擔保人催告時，雖未滿20日，惟法院裁定准予返還擔保物時，已滿20日，供擔保人之催告亦符合法定催告期間[34]。倘訴訟終結後，受擔保利益人逾

---

33 臺灣高等法院88年度抗字第2489號、90年度抗字第3329號民事裁定。

34 最高法院69年度台抗字第507號民事裁定。

民事訴訟法第104條第1項第3款規定之20日以上期間，未行使其權利，而於供擔保人向法院聲請返還提存物或保證書後，始行使其權利者，仍應認為受擔保利益人未在前開期間內，行使其權利。即供擔保人催告期間逾20日以上，其聲請法院返還擔保物後，其於法院裁定前，受擔保利益人始行使其權利者，應認為其未於催告期間內，合法行使權利[35]。再者，受擔保利益人雖在期間內行使權利，惟其行使權利之價額或金額不及擔保物之價額或金額者，如擔保物可分，則就超過部分，應解為供擔保之原因消滅，自可准予返還之。

（二）定期催告

　　民事訴訟法第104條第1項第3款規定，訴訟終結後，供擔保人證明已定20日以上之期間，催告受擔保利益人行使權利而未行使者，法院應依供擔保人之聲請，以裁定命返還其提存物或保證書。依此規定聲請返還提存物或保證書者，係以供擔保人於訴訟終結後，已定20日以上之期間，催告受擔保利益人行使權利，暨受擔保利益人受催告後，未於催告所定期間內，行使權利為要件。定20日以上期間之催告，既屬法定要件之一，催告必須定有期間，否則不生催告之效力[36]。

第五節　例題研析

| 案例1 | 訴訟未終結及未催告受擔保利益人行使權利 |

> 　　債權人甲因與債務人乙間之票據債務，甲向法院聲請假扣押，並提供擔保物執行查封乙之財產，嗣後與乙達成訴訟外之和解，其和解內容未包括對擔保物之權利應如何行使。試問甲以應供擔保之原因已消滅為由，向法院聲請返還擔保金，法院應如何處理？

---

35 最高法院72年度台抗字第62號民事裁定。

36 最高法院82年度台抗字第534號民事裁定。

返還擔保金，依民事訴訟法第106條準用同法第104條規定，須符合如後要件：（一）應供擔保之原因消滅者；（二）供擔保人證明受擔保利益人同意返還者；（三）訴訟終結後供擔保人證明已定20日以上之期間，催告受擔保利益人行使權利，而未行使者之要件，法院始得裁定返還擔保金。甲乙雖已達成訴訟外之和解，惟乙並未對提存物之權利聲明不予保留，尚難謂其應供擔保之原因消滅。甲亦未聲請撤銷假扣押裁定及撤回假扣押執行，其訴訟顯未終結。況甲未能證明已定20日以上之期間，催告受擔保利益人行使權利，而相對人未為行使。職是，甲之聲請不合返還擔保物之要件，應予裁定駁回。

案例2　保全執行請求獲本案勝訴判決確定

> 買受人甲因與出賣人乙間之不動產買賣關係發生爭執，甲向法院聲請假處分禁止乙處分買賣標的之不動產，嗣後甲基於買賣契約，訴請為對待給付後，請求乙交付標的物及移轉所有權，業經判決勝訴確定在案。試問甲以應供擔保之原因已消滅為由，向法院聲請返還擔保金，法院應如何處理？

假扣押、假處分所保全之請求，其本案訴訟已獲全部勝訴判決者得聲請該管法院提存所返還提存物（提存法第18條第1項第5款）。毋庸聲請法院裁定返還。假扣押債權人提供擔保後，就其保全之請求經獲得勝訴判決確定者，雖其判決附有同時對待給付之裁判，就原告訴請判決之訴訟標的而言，仍不失為全部勝訴之判決，原告未為給付前，不得就被告應為之給付聲請強制執行。對被告而言，原告之取回供擔保之提存物，不致使被告發生損害。準此，甲自得依據提存法第18條第1項第5款規定，聲請該管法院提存所返還提存物，自毋庸聲請法院裁定，即可向提存所聲請返還擔保提存物，其聲請應予裁定駁回。

案例3　擔保物之質權效力範圍

> 債權人就債務人因免假執行所提存之擔保物，有與質權人同一之權利。試問其質權效力所及之範圍，是否僅限於因免假執行所生之損害，抑應包括本案給付？

一、實務見解

最高法院認為金錢債務之假執行，債務人提供擔保免假執行後，經判決敗訴確定，債權人聲請就擔保金求償，而有第三人具狀聲明參與分配，因債務人所供免假執行之擔保金，係為賠償債權人因免假執行而受之損害，僅於債權人請求賠償損害時，債權人始有與質權人同一之權利，故乃應制作分配表分配。準此，應以因免假執行而受之損害為限，始有與質權人同一之權利，而不包括本案之給付在內[37]。

二、本文見解

本文認債權人於取得假執行之判決後，其實施強制執行之效果，等同於確定判決，僅因債務人提供擔保而暫免執行，故本案判決勝訴確定後，其質權範圍應包括本案之執行，不限於因免假執行所生之損害。

案例4　有價證券價值之認定

> 原供擔保之裁定載明，得以新臺幣若干元或同額之有價證券供擔保。供擔保人已提存現金後，向法院聲請改提存有價證券。試問法院是否應裁定准許？依據為何？

---

[37] 最高法院75年度第8次民事庭會議決議（二），會議日期1986年4月22日。

　　原假扣押、假處分、假執行之裁判,雖載明得以同額之有價證券提存,然有價證券之市價隨時在變動,倘市價跌落在面額以下時,即不能以同額之有價證券供擔保。職是,供擔保人欲改提存有價證券,自應聲請法院裁定准許其變換後,再辦理變換提存[38]。

案例5　返還擔保物之原因

> 　　法院裁定准許債權人於供擔保後,得就連帶債務人甲、乙之財產為假扣押,債權人僅就甲之財產為假扣押,經甲為全部清償,由債權人撤回假扣押執行之聲請,債權人僅催告甲定20日以上期間行使權利而未行使,對於乙則未催告,嗣債權人列甲、乙為相對人,聲請法院裁定准許發還擔保金。試問法院應如何處理?依據為何?

一、就甲部分

　　債權人依准許假扣押之裁定,供擔保後,聲請法院執行假扣押,查封債務人之財產,債務人為全部債務之清償後,債權人如欲聲請裁定返還其擔保提存物,應撤回假扣押執行之聲請,並定20日以上之期間,催告受擔保利益人行使權利而未行使時,始可聲請法院準用民事訴訟法第104條第1項第3款規定為裁定。本件債權人對債務人甲聲請撤回假扣押之執行,其訴訟程序已終結,法院自得裁定准許返還其擔保提存物。

二、就乙部分

　　假扣押於執行程序實施前撤回執行之聲請者,法院提存所應依供擔保人之聲請,返還其擔保提存物,毋庸裁定(提存法第18條第1項第3款)。本件債權

---

[38] 非訟事件法令暨法律問題研究彙編(一)提存事件,司法院第一廳,1991年6月,頁68。

人對於債務人乙既未聲請執行假扣押,當然無待法院裁定,即可逕向法院提存所聲請取回提存物。準此,本件關於債務人乙之部分,應裁定予以駁回,而於理由中交代可逕向提存所取回擔保物。

案例6 本案訴訟獲全部勝訴確定者

債權人以新臺幣(下同)20萬元之債權,分別以債權10萬元及15萬元聲請假扣押執行後,嗣後該20萬元債權獲全部勝訴確定,試問債權人得否向法院聲請返還前後2次之擔保金?依據為何?

兩次假扣押之總金額已逾勝訴判決之金額,亦屬超額之查封,為保護債務人之權益,法院僅能准許債權人取回其一之擔保物(提存法第18條第1項第5款)。其餘部分依據民事訴訟法第104條第1項第3款規定,債權人證明已定20日以上之期間,催告受擔保利益人行使權利而未行使。或者法院依供擔保人之聲請,通知受擔保利益人於一定期間內行使權利,並向法院為行使權利之證明而未證明者,始得取回全部之擔保物。

案例7 權利主體同一

銀行之分行對債務人向法院聲請並取得假扣押裁定後,依假扣押裁定所定擔保金額,向法院提存所為提存擔保物,嗣後銀行總行對同一債務人以假扣押所保全之請求,其本案訴訟已依督促程序之支付命令確定為由,並出具證明兩者為同一筆債務,請求返還提存物。試問提存所應如何處理?依據為何?

一、權利及程序主體

分公司乃總公司之分支機構,雖得因訴訟之便利,許其於民事訴訟程序有

當事人能力[39]。然其實體法上之權利主體與訴訟法上之訴訟程序主體，仍應認為係屬單一而不可分割，不得因承認其有當事人能力，即可解為係屬不同之主體。總公司於分公司業務範圍內之事項，亦得以總公司名義起訴[40]。

二、同一債務之認定

銀行之分行因假扣押所為之提存物，由總行證明支付命令已確定之債務與假扣押所欲保全之請求為同一債務，而聲請返還提存物，其權利主體係屬單一而不可分割，仍屬該銀行，提存所自應准予返還。是提存所得認定兩者為同一債務之情形時，自應准許返還提存物[41]。

案例8　受理行使權利聲請之法院

> 　　供擔保人依據民事訴訟法第104條第1項第3款規定，聲請法院通知受擔保利益人於一定期間內行使權利時，命供擔保之法院為甲法院，而供擔保人係至乙法院為擔保，而受擔保利益人之住所地在丙法院轄區。試問應由何法院受理該聲請事件？理由為何？

供擔保人請求法院依據民事訴訟法第104條第1項第3款受擔保利益人行使權利，其目的在於將來領回擔保金。再者，供擔保人依據民事訴訟法第104條第1項規定，聲請返還提存物或保證書者，應向命供擔保之法院為之，其與當事人實際提存之法院或受擔保利益人之住所地無涉[42]。準此，本件由甲法院通知命當事人提供擔保，自應由甲法院受理行使權利之聲請事件[43]。

---

[39] 最高法院40年台上字第39號民事判決。

[40] 最高法院66年台上字第3470號民事判決。

[41] 司法院（75）廳民一字第1699號函。

[42] 最高法院86年度台抗字第55號民事裁定。

[43] 臺灣高等法院暨所屬法院96年法律座談會彙編，2008年1月，頁94至97。

案例9 聲請變換提存物之管轄法院

> 債權人向臺灣臺北地方法院聲請假扣押，經臺灣臺北地方法院裁定准予假扣押後，債權人向臺灣臺中地方法院提存假扣押擔保金，嗣後債權人聲請變換提存物。試問應向何法院為之？依據為何？

一、聲請變換提存物

提供擔保之提存物，法院得依供擔保人之聲請，以裁定許其變換，民事訴訟法第106條前段準用第105條第1項定有明文。提供擔保准予停止執行、假執行、假扣押或假處分後，因提供擔保期間，其擔保物即債券或定期存單已到期，提供擔保人為此聲請變換擔保物或提存物。例如，提供擔保人向法院民事庭聲請稱其前遵法院假處分民事裁定，為被擔保人提供擔保物聲請假處分在案，並經法院提存在案，茲以所提存之新臺幣○○○元，因無法作為現金週轉，聲請准予同額之○○商業銀行可轉讓定期存單代之。

二、管轄法院

聲請變換提存物之管轄法院有甲說與乙說：（一）甲說認為向提存之法院聲請。即向臺灣臺中地方法院聲請變換提存物；（二）乙說足認為向准予假扣押裁定之法院為之。本文認為臺北地方法院裁定准予假扣押，是命假扣押之法院，並諭知債權人提供擔保得以假扣押，該卷證在臺灣臺北地方法院保管中，其較易調查相關事證。準此，變換原擔保金之裁定，自應由原假扣押裁定之法院為之，由臺灣臺北地方法院裁定之。

案例10 執行異議之訴判決前撤回執行

> 聲請人提起執行異議之訴後，並依法院裁定供擔保停止執行，相對人嗣於執行異議之訴判決前，撤回強制執行程序。試問聲請人以應供擔保原因消滅為由，聲請法院裁定返還擔保金，應否准許？

一、裁定駁回聲請

　　相對人於聲請人供擔保停止執行之際，即因強制執行程序之延緩而延遲受清償，倘其確因延緩執行而受有損害，其嗣後雖撤回強制執行程序之聲請，然無礙已發生之損害賠償請求權，且相對人撤回強制執行程序之動機不一，除其明示或默示拋棄損害賠償請求權外，自不得僅據其撤回執行聲請之事實，即認已有同時拋棄損害賠償請求權之意。職是，本文認為應供擔保原因，尚未消滅[44]。

二、裁定准予返還擔保金

　　有認為聲請人依停止執行之裁定所供之擔保，係擔保相對人因聲請人聲請停止執行不當可能遭受之損害，故強制執行程序因相對人之聲請撤回而不存在，即應視同未聲請強制執行，應認供擔保原因之消滅[45]。

---

[44] 臺灣高等法院暨所屬法院101年法律座談會民事類提案第36號。臺灣高等法院臺南分院99年度抗字第133號民事裁定；臺灣高等法院97年度抗字第1222號民事裁定。

[45] 最高法院99年度台抗字第649號民事裁定；臺灣高等法院臺中分院100年度抗字第176號民事裁定；臺灣高等法院99年度抗更字第24號民事裁定。

第七章　訴訟費用

關鍵字

財產權　　　裁判費　　　有償主義　　　非財產權　　　訴訟標的價額

第一節　訴訟標的價額之核定

第一項　交易價額或原告所得利益

　　民事訴訟之起訴，以依據民事訴訟法繳納裁判費用為起訴之必備要件，其未繳納者，應以裁定命補正，逾期不補正者，法院應以裁定駁回原告之訴（民

事訴訟法第249條第1項第6款）。而訴訟標的之價額，係由法院核定，法院核定訴訟標的價額之裁定，為得抗告之裁定（民事訴訟法第77條之1第1項、第4項）。核定訴訟標的之價額，以起訴時之交易價額為準；無交易價額者，以原告就訴訟標的所有之利益為準，毋庸考慮被告之利益。所謂起訴時之交易價格，為起訴時交易市場之客觀價額，非法律行為時之價值。例如，原告前以新臺幣（下同）100萬元向被告公司購買該公司股票，因被告拒不交付股票，原告起訴時，其股票價值為150萬元，應以此價作為計算標準。再者，因訴訟標的之金額或價核之核定，除涉及訴訟費用之徵收外，亦與訴訟程序之適用有關，是法院核定訴訟標的之價額時，得依職權調查證據。

一、債務人或第三人異議之訴

　　債務人異議之訴之訴訟標的為該債務人之異議權，此種異議權得排除執行名義之執行力，法院核定此訴訟標的之金額或價額，應以該債務人本於此項異議權，請求排除強制執行所有之利益為準[1]。例如，債權人持確定之支付命令執行債務人之土地，該土地之價額為新臺幣（下同）50萬元，支付命令記載之借款請求權為100萬元，債務人主張有消滅該請求權之事由，債務人異議之訴之訴訟標的價額為100萬元，並非遭執行財產之所具價額50萬元。反之，第三人主張遭執行之土地為其所有，並非債務人所有，第三人異議之訴之訴訟標的為訴訟上之異議權，第三人得請求法院宣告不許執行，使強制執行失其效力，法院核定此訴訟標的之金額或價額，應以第三人本於此項異議權，請求排除強制執行所有之利益為準，故第三人異議之訴之訴訟標的價額為50萬元，即以訴訟標的物之價額為其訴訟標的之價額[2]。

二、拆屋還地事件

　　請求將土地上之房屋拆除並交還土地之訴，係以土地之交還請求權為訴訟

---

[1]　最高法院92年度台抗字第659號民事裁定。

[2]　1989年5月19日最高法院78年度第11次民庭會議。

標的,其訴訟標的之價額應以土地之價額為準,房屋之價額不包括在內[3]。例如,原告主張被告無權占有其土地,並在其上興建房屋,經測量結果得知被告占有土地面積為100平方公尺,該土地每平方公尺之公告現值為新臺幣(下同)1萬元,是本件拆屋還地事件之訴訟標的價額為100萬元。

三、形成之訴

(一)財產權與身分權

為形成之訴訴訟標的之形成權,可有為財產上與身分上兩種類型:1.其以身分上之形成權為訴訟標的者,為非財產權之訴訟,如離婚之訴;2.其以財產上之形成權為訴訟標的者,為財產權之訴訟,如分割共有物之訴。就撤銷仲裁判斷之訴而論,為其訴訟標的法律關係之形成權,既非身分上之形成權,自屬財產權之訴訟,其訴訟標的價額,自應以原告如獲勝訴判決所得受之客觀上利益定之。而此財產權之性質及其訴訟標的價額之核定,自不因再審之訴而異其結果[4]。

(二)撤銷有害債權

債權人依民法第244條規定,起訴請求撤銷債務人與第三人有害債權之行為,其訴訟標的之價額,應以債務人與第三人間之行為為準,並非以債權人之債權為核定基準。例如,甲積欠乙借款新臺幣100萬元不還,甲將其唯一之A不動產所有權移轉予丙,乙為保全債權,對甲、丙提起撤銷之訴,法院核定本件訴訟標的之價額,應以A不動產之價值為計算標準。

四、消極確認之訴

財產權上消極確認之訴,係以他造當事人所爭執之積極利益為其訴訟標的之金額或價額。例如,原告依據買賣之法關係,起訴確認被告對原告之買賣價

---

3 最高法院94年度台上字第2150號民事判決、102年度台抗字第410號民事裁定。

4 最高法院94年度台抗字第885號民事裁定。

金新臺幣50萬元請求權不存在，倘此金額為兩造所爭執之金額，即以該金額為訴訟標的之金額[5]。

第二項　數項訴訟標的價額之計算

一、起訴之計算

（一）價額合併計算

　　以一訴主張數項標的者，其價額合併計算之（民事訴訟法第77條之2第1項本文）。例如，於同一訴訟主張離婚（民法第1052條）與贍養費之給與（民法第1057條），應分別按財產權上與非財產權之訴訟標的，合併繳納裁判費用，倘原告僅繳納部分裁判費者，應駁回原告全部之訴[6]。一訴主張數項標的者包含客觀訴之合併與主觀訴之合併。舉例說明如後：1.甲、乙、丙及丁共有A土地，應有部分各為1/4，價值新臺幣（下同）400萬元，甲、乙為原告以丙、丁為被告，訴請分割A地，因分割共有物為必要共同訴訟，應以甲、乙應有部分之價值即200萬元，作為計算之標準；2.禁止侵害智慧財產權、銷燬侵害智慧財產權之物所得經濟上利益，係於提起訴訟後，禁止智慧財產權繼續受侵害所生之損害，或銷燬侵害智慧財產權之物，其目的並非在填補權利人已生之損害。而對於權利已受損害之損害賠償，其所請求之經濟上利益，係就已發生智慧財產權所生損害為填補，所請求之經濟上利益，並非相同，而係各自獨立，其間並無主從關係，自應合併計算其訴訟標的價額[7]。再者，原告為訴之變更或追加，其變更或追加後訴訟標的之價額，超過原訴訟標的之價額者，就其超過部分補徵裁判費（民事訴訟法第77條之15）。

5　楊建華，自版，民事訴訟法問題研析四，1991年10月，頁124。

6　最高法院30年抗字第257號民事裁定。

7　最高法院102年度第3次民事庭會議決議；最高法院102年度台抗字第317號民事裁定；智慧財產及商業法院105年度民商抗字第3號民事裁定。

（二）價額最高者

原告所主張之數項標的互相競合或應爲選擇者，其訴訟標的價額，應依其中價額最高者定之（民事訴訟法第77條之2第1項但書）。舉例說明之：1.原告存款遭被告銀行之職員盜領存款新臺幣（下同）100萬元，原告依據金錢寄託（民法第603條）與受僱人責任（民法第188條）請求被告給付100萬元，其經濟上之利益非各自獨立，僅以100萬元作爲徵收裁判費之標準；2.不真正連帶債務之數債務人具有同一目的，固對債權人各負全部給付之義務，然各債務有其不同發生之原因，債權人以一訴主張不同發生原因之法律關係，而爲不真正連帶之聲明，核屬主張之數項標的互相競合，其訴訟標的價額，應依其中價額最高者定之[8]。

（三）附帶請求

以一訴附帶請求其孳息、損害賠償、違約金或費用者，不併算其價額（民事訴訟法第77條之2第2項）[9]。例如，依據民法第474條之消費借貸關係請求返還借款，其利息與違約金部分，不另計裁判費用。至於被告依第395條第2項、第531條第2項所爲之聲明，不徵收裁判費。

二、上訴之計算

上訴所得受之利益，應依上訴人之聲明決定。上訴聲明所得受之利益，因上訴人對原判決不服之程度與應如何廢棄或變更之範圍不同而有異。例如，原審命被告應給付新臺幣（下同）100萬元與原告，被告僅就50萬部分不服上訴，被告上訴聲明所得受之利益爲50萬元，不考慮被上訴人（原告）之利益。以一訴附帶主張利息或其他孳息、損害賠償、違約金或費用者，固不併算其價額。然上訴聲明之範圍，僅就利息或其他孳息、損害賠償、違約金或費用部分，提起上訴者，仍應依其價額，以定上訴利益之價額[10]。

8　最高法院104年度台抗字第72號民事裁定。

9　最高法院96年度第4次民事庭會議。

10　最高法院92年度台抗字第471號民事裁定。

三、對待給付之計算

原告應負擔之對待給付，不得從訴訟標的之價額中扣除。例如，原告基於買賣契約之買受人地位，請求被告移轉買賣標的物所有權，被告以原告未給付買賣價金為由，援用民法第264條之同時履行抗辯權，倘原告不能證明自己已為給付或已提出給付，法院應為原告提出對待給付時，被告即向原告為給付，不能遽將原告之訴駁回[11]。原告並求確定對待給付之額數者，其訴訟標的之價額，應依給付中價額最高者定之（民事訴訟法第77條之3）。

四、因物權涉訟之計算

（一）分割共有物之價額計算

分割共有物涉訟，以原告因分割所受利益之價額為準（民事訴訟法第77條之11）。例如，分割共有土地事件，以原告應有部分之土地公告現值為準。請求分割共有物事件上訴時，其訴訟標的價額及上訴利益額，均應以原告起訴時，因分割所受利益之客觀價額為準，不因被告或原告提起上訴而有所歧異，應加徵原審裁判費5/10（民事訴訟法第77條之16）[12]。

（二）地上權或農育權之價額計算

因地上權、農育權涉訟，其價額以1年租金15倍為準；無租金時，以1年所獲可視同租金利益之15倍為準；如1年租金或利益之15倍超過其地價者，以公告現值之地價為準（民事訴訟法第77條之4）。

（三）不動產役權之價額計算

因不動產役權涉訟，如係不動產役權人為原告，以需役地所增價額為準；反之，供役地人為原告，則以供役地所減價額為準（民事訴訟法第77條之5）。

---

[11] 最高法院29年上字第895號民事判決。

[12] 最高法院94年度台抗字第146號民事裁定。

（四）擔保債權之價額計算

因債權之擔保涉訟，以所擔保之債權額為準；如供擔保之物其價額少於債權額時，以該物之價額為準（民事訴訟法第77條之6）。例如，設定抵押權或質權者，原則以所擔保之債權額為準，例外以擔保物之價額為準。

五、租賃權之價額計算

因租賃權涉訟，其租賃定有期間者，以權利存續期間之租金總額為準；其租金總額超過租賃物之價額者，以租賃物之價額為準。例如，房屋租賃以房屋課稅之現值為準；未定期間者，動產以2個月租金之總額為準，不動產以2期租金之總額為準（民事訴訟法第77條之9）。

六、定期給付之價額計算

因定期給付或定期收益涉訟，以權利存續期間之收入總數為準；期間未確定時，應推定其存續期間。但其期間超過10年者，以10年計算（民事訴訟法第77條之10）。

七、訴訟標的價額不能核定者

訴訟標的之價額不能核定者，以第466條所定不得上訴第三審之最高利益額數加1/10定之（民事訴訟法第77條之12）[13]。例如，當事人間請求交付管理委員會會議紀錄等事件，既非對於親屬關係及身分上之權利有所主張，自屬因財產權而涉訟，其訴訟標的屬財產權訴訟，而其訴訟標的之價額不能核定，依民事訴訟法第77條之12、第77條之13規定，其訴訟標的價額應以同法第466條第1項規定，以不得上訴第三審之最高利益額加1/10定之。故以新臺幣（下同）150萬元乘1.1，以165萬元為本件訴訟標的之價額。

---

13 最高法院97年度台抗字第820號、97年度台抗字第316號、96年度台抗字第392號、94年度台聲字第837號民事裁定。

八、普通共同訴訟之價額計算

普通共同訴訟，雖以數訴合併於一訴，然僅為形式之合併，以便同時辯論及裁判而已，是其是否具備訴成立要件及權利保護要件，仍須按各共同訴訟人分別調查之，其中一人之欠缺不影響於他共同訴訟人。例如，甲、乙、丙共同起訴請求命丁分別給付甲、乙、丙各新臺幣10萬元，倘丙未遵命繳納裁判費，僅丙部分之訴不合法，法院應以裁定駁回該部分之訴。

第二節　訴訟費用之計算與徵收

第一項　起訴之裁判費

當事人利用民事訴訟制度，請求法院為裁判行為，法院收取裁判費及其他審判行為所需之費用，其稱為有償主義；反之，不另行收取費用者，則為無償主義。依據我國民事訴訟法之規定，當事人應負擔訴訟費用，故採有償主義。而民事訴訟費用有廣義與狹義之分，前者包含因訴訟之提起、進行及終結之強制執行。後者，僅限於強制執行前法院以判決或裁定命負擔之費用而言，不包括強制執行所支出之執行費用（強制執行法第28條之2）。我國民事訴訟法所規範之訴訟費用之計算與徵收，係採狹義之概念。而就狹義概念以觀，其可分因訴訟之提起而支出之費用與因訴訟之進行而支出之費用兩種類型。

一、財產權之計算

因財產權而起訴，其訴訟標的之金額或價額在新臺幣（下同）10萬元以下部分，徵收1,000元；逾10萬元至100萬元部分，每萬元徵收100元；逾100萬元至1,000萬元部分，每萬元徵收90元；逾1,000萬元至1億部分，每萬元徵收80元；逾1億元至10億元部分，每萬元徵收70元；逾10億元部分，每萬元徵收60元；其畸零之數不滿萬元者，以萬元計算（民事訴訟法第77條之13）。例如，訴訟標的之價額為200萬元，其應徵收$(100 \times 100元) + (100 \times 90元) = 19,000$元。

二、非財產權之計算

非因財產權而起訴者，徵收裁判費新臺幣3,000元。其於非財產權上之訴，並為財產權上之請求者，其裁判費分別徵收之（民事訴訟法第77條之14）。例如，原告於離婚之訴程序中，得提起夫妻財產之分配（家事事件法第41條第1項）。法院應分別就離婚之訴與夫妻財產分配之訴，徵收非財產權上與財產上之裁判費[14]。

三、反訴裁判費之計算

本訴與反訴之訴訟標的相同者，反訴不另徵收裁判費。反訴係本訴被告對本訴原告提起，因本訴、反訴之當事人完全相同，僅易其原告、被告之地位而已。舉例說明之：（一）原告基於所有權人之地位，提起返還房屋之本訴，被告以其就該房屋有租賃權為防禦方法，並提起租賃權存在之反訴，本訴與反訴之訴訟標的不相同，故反訴應另徵收裁判費；（二）被告得於離婚本訴，提起離婚之反訴。因民法第1052條所列舉之離婚事由，為不同之訴訟標的，當事人得同時就數項離婚事由提起離婚之訴，合併提起數宗形成之訴，雖可致同一之法律效果，然其為不同之訴訟標的，離婚反訴亦應徵收裁判費；（三）原告否認被告有某項給付請求權提起消極確認之訴，被告主張有該項給付請求權提起請求給付之反訴時，本訴與反訴均以被告之某項給付請求權為訴訟標的，屬民事訴訟法第77條之15規定，本訴與反訴之訴訟標的相同之情形[15]。

第二項　上訴之裁判費

當事人向第二審或第三審法院上訴，依第77條之13及第77條之14規定，加徵裁判費5/10；發回或發交更審再行上訴者免徵；其依第452條第2項為移送，經判決後再行上訴者，亦同（民事訴訟法第77條之16第1項）。因附帶上訴與

---

[14] 臺灣高等法院暨所屬法院91年法律座談會民事類提案第34號，臺灣高等法院暨所屬法院91年法律座談會彙編，2003年7月，頁163至166。

[15] 司法院院字第2350號解釋。

上訴，均係求為廢棄或變更第一審判決關於己不利部分之方法。而反訴雖以本訴存在為前提，於其訴訟程序，由被告對原告提起，然係被告就自己之訴請求審判，故性質上為獨立之訴。準此，其於第二審提起附帶上訴或反訴，均應依民事訴訟法第77條之16規定預納裁判費，此為必須具備之法定程序[16]。

第三項 其他程序之裁判費

一、再審裁判費之徵收

再審之訴，為新開始之程序，故應按起訴法院之審級，依第77條之13、第77條之14及第77條之16規定徵收裁判費，其訴訟標的價額應以前訴訟程序所核定者為準。對於確定之裁定聲請再審者，徵收裁判費新臺幣1,000元（民事訴訟法第77條之17）。

二、抗告裁判費之徵收

抗告與再抗告，均徵收裁判費新臺幣1,000元（民事訴訟法第77條之18）。此裁判費應由抗告人或再抗告人預納，而裁判費之繳納，為抗告或再抗告程序之合法要件，必合法要件充足後，法院始得進入實體審理程序，否則抗告程式為不合法，抗告或再抗告法院依法自得以裁定駁回其抗告，此為民事訴訟法之法定程序。

三、聲請或聲明費用之徵收

原則上聲請或聲明不徵收費用。聲請發支付命令，徵收裁判費新臺幣500元；下列聲請徵收裁判費新臺幣1,000元：（一）聲請參加訴訟或駁回參加；（二）聲請回復原狀；（三）起訴前聲請證據保全；（四）聲請假扣押、假處分或撤銷假扣押、假處分裁定；（五）聲請公示催告、除權判決或宣告死亡（民事訴訟法第77條之19）。

---

16 最高法院94年度台抗字第21號民事裁定。

四、調解裁判費之徵收

因財產權事件聲請調解，其標的之金額或價額未滿新臺幣（下同）10萬元者，免徵聲請費；10萬元以上，未滿100萬元者，徵收1,000元；100萬元以上，未滿500萬元者，徵收2,000元；500萬元以上，未滿1,000萬元者，徵收3,000元；1,000萬元以上者，徵收5,000元。非因財產權而聲請調解者，免徵聲請費。調解不成立後30日內起訴者，當事人應繳之裁判費，得以其所繳調解之聲請費扣抵之（民事訴訟法第77條之20）。

五、其他費用之徵收

訴訟文書之影印費、攝影費、抄錄費、翻譯費，證人、鑑定人之日費、旅費及其他進行訴訟之必要費用，其項目及標準由司法院定之（民事訴訟法第77條之23第1項）[17]。運送費、登載公報新聞紙費及法院核定之鑑定人報酬，依實支數計算（第2項）。

第四項　律師酬金之訂定及標準

法院或審判長依法律規定，為當事人選任律師為特別代理人或訴訟代理人者，其律師之酬金由法院或審判長酌定之。前項酬金及第466條之3第1項之酬金為訴訟費用之一部，其支給標準，由司法院參酌法務部及中華民國律師公會全國聯合會意見定之（民事訴訟法第77條之25第1項）。得列為訴訟費用之律師酬金，應由各審級法院依聲請或依職權，斟酌案情之繁簡、訴訟之結果及律師之勤惰，裁定其數額，並應限定其最高額[18]。第一審受訴法院應查明聲請人第三審律師之酬金，是否業經最高法院以裁定確定其數額，不得遽將聲請人支出之律師酬金，全部作為訴訟費用[19]。準此，聲請人未先向最高法院聲請酌定

---

17 司法院2003年7月29日（92）院台廳民一字第09602號函「法院辦理民事事件訴訟文書之影印、攝影、抄錄及翻譯費徵收標準」。

18 最高法院93年度台抗字第632號民事裁定。

19 最高法院93年度第10次民事庭會議。

其第二審律師酬金，經向第一審受訴法院聲請確定訴訟費用額，應予駁回。

第三節　訴訟費用之負擔

第一項　因裁判終結者

一、由敗訴之當事人負擔

原則上訴訟費用，由敗訴之當事人負擔（民事訴訟法第78條）。其目的在保護私權之主張，故敗訴之當事人應同時負擔自己支出與對造支出之訴訟費用。例外情形，始由勝訴之當事人負擔。準此，命當事人繳納裁判費用，具有三種功能：（一）防止當事人濫行訴訟；（二）督促當事人履行義務；（三）利用訴訟程序之對價[20]。至於當事人支出之旅費或非第三審之律師酬金，並不在民事訴訟法所定費用內，自無從認為訴訟費用，倘依民法之規定，可認為因他造之侵權行為所受之損害者，得向他造請求賠償，此項賠償請求權，不因民事訴訟法規定訴訟費用之負擔而被排除。

二、由勝訴當事人負擔

（一）被告認諾

被告對於原告關於訴訟標的之主張逕行認諾，並能證明其毋庸起訴者，訴訟費用，由原告負擔（民事訴訟法第80條、第384條）。此項毋庸起訴之證明，應由被告負其責任。申言之，被告對於原告之請求逕行認諾，被告能證明毋庸訴訟者，為被告負擔訴訟費用之具備要件。倘被告雖對原告之請求有認諾，然而於其是否毋庸訴訟，被告無法能證明，或可認其有起訴之必要者，自無令原告逕行負擔訟費之理。

---

[20] 楊建華，自版，民事訴訟法問題研析三，1992年4月，頁47。

（二）分割共有物或定經界事件

因共有物分割、經界或其他性質上類似之事件涉訟，由敗訴當事人負擔訴訟費用顯失公平者，法院得酌量情形，命勝訴之當事人負擔其一部（民事訴訟法第80條之1）。例如，兩造依據共有物之應有部分，依其比例分擔訴訟費用。

（三）伸張或防衛權利

因下列行為所生之費用，法院得酌量情形，命勝訴之當事人負擔其全部或一部：1.勝訴人之行為，非為伸張或防衛權利所必要者；2.敗訴人之行為，按當時為伸張或防衛權利所必要者（民事訴訟法第81條）。至於是否命勝訴當事人負擔訴訟費用，為法院依職權裁量之事項，當事人非得任意指摘[21]。

（四）遲誤訴訟進行

當事人不於適當時期提出攻擊或防禦方法，或遲誤期日或期間，或因其他應歸責於己之事由而致訴訟延滯者，該當事人雖勝訴，然因延滯而生之費用，法院得命其負擔全部或一部（民事訴訟法第82條）。例如，上訴人於第二審言詞辯論時，始提出鑑定聲請，法院固參酌鑑定結果為上訴人勝訴判決，惟得依職權命上訴人負擔全部或一部鑑定費用。

三、當事人各自負擔

各當事人一部勝訴、一部敗訴者，其訴訟費用，由法院酌量情形，命兩造以比例分擔或命一造負擔，或命兩造各自負擔其支出之訴訟費用（民事訴訟法第79條）。例如，原告就其本身對於損害之發生與有過失（民法第217條第1項），法院斟酌各項情事，認為原告應負50%之過失責任，依據該上開比例減輕被告之賠償金額，故兩造各負擔訴訟費用50%。

---

21 最高法院86年度台上字第3139號民事判決。

四、訴訟費用負擔規定之準用

　　法院以裁定終結本案或與本案無涉之爭點者，準用民事訴訟法第一編第三章第三節訴訟費用之負擔規定（民事訴訟法第95條）。所謂終結本案者，係指終結事件之本身而言。例如，駁回起訴、上訴或抗告裁定。所謂終結與本案無涉之爭點，係指本案外與本案之勝敗無關之爭點。例如，就假扣押或假處分所爲之裁定。再者，檢察官爲當事人，依本節規定應負擔訴訟費用時，由國庫支付（民事訴訟法第95條之1）。

第二項　非因裁判終結者

一、撤回起訴、上訴或抗告

　　原告撤回其訴者，訴訟費用由原告負擔。其於第一審言詞辯論終結前撤回者，得於撤回後3個月內聲請退還該審級所繳裁判費2/3（民事訴訟法第83條第1項）。前開規定，於當事人撤回上訴或抗告者準用之（第2項）。民事訴訟法第83條第1項規定，原告於第一審言詞辯論終結前撤回其訴，得於撤回後3個月內聲請退還該審級所繳裁判費2/3，係爲鼓勵當事人撤回無益或不必要之訴訟，以減省法院之勞費而設。此項退還裁判費之規定，僅於當事人明示撤回其訴時，始有其適用。依同法第190條或第191條規定，視爲撤回其訴之情形，均不得聲請退還裁判費[22]。同理，撤回部分起訴或減縮訴之聲明，亦不得聲請退還裁判費，裁判費由原告負擔。前者，如撤回部分被告之訴；後者，如請求被告給付新臺幣100萬元，減縮爲新臺幣50萬元。至於撤回全部起訴者，則由原告負擔1/3裁判費。

二、訴訟費用之裁定

　　訴訟不經裁判而終結者，法院應依聲請以裁定爲訴訟費用之裁判。前開聲請，應於訴訟終結後20日之不變期間內爲之（民事訴訟法第90條）。民事訴

---

[22] 最高法院95年度台抗字第495號民事裁定。

訟法第90第1項規定，訴訟不經裁判而終結者，法院應依聲請以裁定為訴訟費用之裁判。而同法第91條第1項規定，法院未於訴訟費用之裁判確定其費用額者，第一審受訴法院於該裁判有執行力後，應依聲請，以裁定確定之。前者所稱為訴訟費用之裁判，係指法院未為訴訟費用裁判之情形而言；後者所稱以裁定確定之，係指法院已為訴訟費用之裁判，僅未確定其費用額之情形而言，兩者有所不同[23]。

三、當事人和解

當事人為和解者，其和解費用及訴訟費用各自負擔之。但別有約定者，不在此限（民事訴訟法第84條第1項）。故無特別約定者，即由原告負擔1/3裁判費。和解成立者，當事人得於成立之日起3個月內，聲請退還其於該審級所繳裁判費2/3（第2項）。所謂得聲請退還之裁判費，以其和解成立時之審級所繳之裁判費為限，不包括其他審級[24]。

第三項　共同訴訟之訴訟費用負擔

一、平均分擔與依利害關係比例負擔

共同訴訟人，按其人數，平均分擔訴訟費用（民事訴訟法第85條第1項本文）。但共同訴訟人於訴訟之利害關係顯有差異者，法院得酌量其利害關係之比例，命分別負擔（第1項但書）。例如，共同被告甲、乙，因交還占有土地事件，法院判決被告負擔訴訟費用，倘甲、乙各占土地面積1/5與4/5，法院得依據占有面積之比例，酌命甲、乙各負擔訴訟費用1/5與4/5。

二、連帶負擔訴訟費用

共同訴訟人因連帶或不可分之債敗訴者，應連帶負擔訴訟費用（民事訴訟

---

23 最高法院83年度台聲字第19號民事裁定。

24 最高法院92年度台聲字第619號民事裁定。

法第85條第2項）。例如，數人共同不法侵害他人之權利者，連帶負損害賠償責任（民法第185條第1項前段）。而共同訴訟人因連帶不可分之債敗訴者，僅須引用民事訴訟第85條第2項，不必再引用同法第78條[25]。共同訴訟人中有專為自己之利益而為訴訟行為者，因此所生之費用，應由該當事人負擔（民事訴訟法第85條第3項）。

第四項　參加人之訴訟費用負擔

因參加訴訟所生之費用，如其所輔助之當事人敗訴，因參加而支出之費用由參加人負擔。但他造當事人依第78條至第84條規定應負擔之訴訟費用，仍由該當事人負擔（民事訴訟法第86條第1項）。訴訟標的，對於參加人與其所輔助之當事人必須合一確定者，準用本法85條規定之共同訴訟之訴訟費用負擔（第2項）。例如，參加人所輔助之當事人勝訴，應由敗訴之他造負擔參加人因參加而支出之訴訟費用。

第五項　訴訟費用之裁判

一、對當事人裁判者

法院為終局判決時，應依職權為訴訟費用之裁判（民事訴訟法第87條第1項）。故最高法院為一部分終局判決確定者，不問為駁回第三審上訴或自為判決，均應就該確定部分為第三審訴訟費用負擔之裁判[26]。上級法院廢棄下級法院之判決，而就該事件為裁判或變更下級法院之判決者，應為訴訟總費用之裁判；受發回或發交之法院為終局之判決者亦同（第2項）。訴訟費用之裁判，非對於本案裁判有上訴時，不得聲明不服（民事訴訟法第88條）。準此，倘法院就上訴人對於本案裁判之上訴不應准許者，其對於訴訟費用部分之上訴，即非適法。

---

25 1974年5月28日最高法院63年度第3次民庭庭推總會議決定（三）。
26 1972年12月6日最高法院61年度第4次民庭庭長會議決議（三）。

二、對第三人裁判

　　法院書記官、執達員、法定代理人或訴訟代理人因故意或重大過失，致生無益之訴訟費用者，法院得依聲請或依職權以裁定命該官員或代理人負擔（民事訴訟法第89條第1項）。依同法第49條或第75條第1項規定，暫為訴訟行為之人不補正其欠缺者，因其訴訟行為所生之費用，法院得依職權以裁定命其負擔（第2項）。前開裁定，得為抗告（第3項）。

第六項　訴訟費用額之確定

一、聲請裁定確定

（一）聲請要件

　　法院未於訴訟費用之裁判確定其費用額者，第一審受訴法院於該裁判有執行力後，應依聲請以裁定確定之（民事訴訟法第91條第1項）。確定訴訟費用之程序，法院不得再審究費用負擔之標準，亦不得就求償費用權利有無消滅為判斷。詳言之，法院為終局判決時，應依職權為訴訟費用之裁判。而訴訟費用之裁判，非對於本案裁判有上訴時，不得聲明不服（民事訴訟法第87條第1項、第88條）。訴訟費用之負擔經法院判決確定在案，法院或當事人不得為相異之認定或主張。是法院依據民事訴訟法第91條第1項規定，以裁定確定訴訟費用額，此項裁定程序，在於審究求償權人所開列之費用項目，是否為訴訟費用之範圍；已否提出證據證明，繼而然後確定應負擔訴訟費用者，應賠償他造之數額若干。至訴訟費用如何負擔，或其負擔之比例如何，均應依命負擔訴訟費用之確定裁判主文定之，不得於本程序再次審究[27]。例如，判決命被告應負擔全部之訴訟費用，原告登報所支出之費用或依法院囑託鑑定而支出之鑑定費用，為訴訟費用之一部（民事訴訟法第340條第1項）。原告如認有必要時，得聲請法院確定被告應賠償原告之訴訟費用額。聲請確定訴訟費用額者，應提出費用計算書、交付他造之計算書繕本或影本及釋明費用額之證書（第2項）。

27　臺灣高等法院94年度抗字第67號民事裁定。

（二）當事人僅支出裁判費用

民事訴訟法第91條第2項之立法目的，在於促使當事人早日自動償付其應賠償對造之訴訟費用。依第1項確定之訴訟費用額，應於裁定送達之翌日起，加給按法定利率計算之利息（第3項）。倘當事人僅支出裁判費用，並無其他訴訟費用之支出。有鑑於當事人繳納裁判費用後，法院會將裁判費之收據附於民事卷宗內，故法院自收據之記載，可確定兩造應負擔之裁判費用。職是，本文認為在此情況，自無必要將聲請人之計算書繕本送達相對人，或者命相對人提出計算書繕本，以早日確定當事人應負擔之訴訟費用額，當事人縱使未收受計算書，其權益亦不受影響。

（三）確定其他訴訟費用數額

裁判之法院僅確定裁判費用之數額，而未確定其他訴訟費用數額，當事人於該裁判確定後，亦得向法院聲請確定其他訴訟費用數額及由應由何人負擔。例如，原告全部勝訴之確定判決，雖有確定被告應負擔訴訟費用新臺幣若干元，惟就公示送達費用若干，應由何人負擔，並未加以確定，原告得另聲請法院裁定確定被告應負擔公示送達費用若干元。

二、職權裁定確定

法院為終局判決時，應依職權為訴訟費用之裁判。上級法院廢棄下級法院之判決，而就該事件為裁判或變更下級法院之判決者，應為訴訟總費用之裁判；受發回或發交之法院為終局之判決者亦同。法院未於訴訟費用之裁判確定其費用額者，第一審受訴法院於該裁判有執行力後，應依聲請以裁定確定之（民事訴訟法第87條第1項、第2項、第91條第1項）。準此，原則上法院於終局判決為訴訟費用或訴訟總費用之裁判，主文中除記載訴訟費用由何造負擔或負擔比例外，可一併確定其費用額。例外情形，僅於法院未一併確定訴訟費用額時，始依當事人聲請，由第一審受訴法院以裁定確定之[28]。

28　司法院2007年1月8日院台廳民一字第0960000572號函。

三、不同之訴訟費用項目

當事人提出之計算所載內容有誤時，法院得依據民事卷宗內之資料，以職權認定當事人應負擔訴訟費用額。至於當事人於確定訴訟費用額裁定確定後，再提出新事證，聲請就該部分確定訴訟費用額，雖屬同一民事事件，惟屬不同之訴訟費用項目，自得聲請法院依據民事訴訟法第91條第1項規定，裁定確定其數額，無一事不再理之適用。例如，就當事人就鑑定費用部分，而於前次確定訴訟費用額程序中，未提出相關事證，法院亦未依職權計算其數額，當事人自得就鑑定費用部分，聲請法院裁定確定之。

四、確定訴訟費用額之程序

（一）當事人應負擔費用

當事人分擔訴訟費用者，法院應於裁判前命他造於一定期間內，提出費用計算書、交付聲請人之計算書繕本或影本及釋明費用額之證書（民事訴訟法第92條第1項）。他造遲誤前項期間者，法院得僅就聲請人一造之費用裁判之。但他造嗣後仍得聲請確定其訴訟費用額（第2項）。當事人分擔訴訟費用者，法院為確定費用額之裁判時，除第92條第2項情形外，應視為各當事人應負擔之費用，已就相等之額抵銷，而確定其一造應賠償他造之差額（民事訴訟法第93條）。例如，兩造應各負擔訴訟費用各1/2，原告支出費用新臺幣（下同）4萬元，被告支出費用2萬元，依據訴訟費用額之分擔比例，原告應賠償被告1萬元，被告應賠償原告2萬元，兩者相抵銷後，法院應裁定被告賠償原告訴訟費用1萬元。

（二）原告減縮訴之聲明

原告撤回其訴者，其訴訟費用由原告負擔（民事訴訟第83條第1項前段）。原告減縮訴之聲明，視為撤回其訴之一部，該部分之訴訟繫屬消滅，即與未起訴同，法院僅須就未撤回之部分於終局判決時，依職權為訴訟費用之裁判，至於撤回部分之訴訟費用當然由原告負擔。例如，聲請人與相對人間清償借款事件，聲請人起訴時請求給付計新臺幣（下同）70萬元，嗣後於第一審法

院審理期間減縮其訴之聲明爲60萬元，經第一審及第二審民事判決確定，第一審及第二審之訴訟費用均由相對人負擔。因減縮部分未經第一審裁判，自毋庸諭知訴訟費用由何人負擔。準此，就裁判費部分，其中減縮聲明部分，應由聲請人即原告負擔，剩餘部分訴訟費用應由相對人即被告負擔[29]。

第七項　訴訟費用之預納

訴訟行爲須支出費用者，審判長得定期命當事人預納之。當事人不預納者，法院得不爲該行爲。但其不預納費用致訴訟無從進行，經定期通知他造墊支亦不爲墊支時，視爲合意停止訴訟程序（民事訴訟法第94條之1第1項）。前開但書情形，經當事人於4個月內預納或墊支費用者，續行其訴訟程序。其逾4個月未預納或墊支者，視爲撤回其訴或上訴（第2項）。本於「明示其一，排除其他」及「立法明信」原則，其僅限於審判長定期命當事人預納者。準此，受命法官行準備程序時，倘當事人不預納費用致訴訟無從進行，受命法官並不得因「定期通知他造墊支亦不爲墊支時」，使其之發生「視爲合意停止訴訟程序」或「逾4個月未預納或墊支視爲撤回其訴或上訴」效果[30]。

第八項　訴訟救助之訴訟費用負擔

一、職權裁定

經准予訴訟救助者，經終局判決確定或訴訟不經裁判而終結後，第一審受訴法院應依職權以裁定確定訴訟費用額，向應負擔訴訟費用之當事人徵收之；其因訴訟救助暫免而應由受救助人負擔之訴訟費用，並得向具保證書人爲強制執行（民事訴訟法第114條第1項）。是准予訴訟救助者，僅於訴訟終結前，暫免裁判費與其他應預納之訴訟費用（民事訴訟法第110條第1項第1款）。故法院應依職權核定訴訟標的之價額或認定其金額，以作爲於終局判決確定或訴訟不經裁判而終結後，應職權以裁定確定訴訟費用額之依據。至於爲受救助人選

29 臺灣臺中地方法院97年度聲字第1256號民事裁定。

30 最高法院95年度台抗字第283號民事裁定。

任律師之酬金，徵收而無效果時，由國庫墊付（民事訴訟法第110條第1項第3款、第114條第2項）。

二、法律扶助

經財團法人法律扶助基金會分會准予法律扶助之無資力者，其於訴訟程序中，向法院聲請訴訟救助時，應准予訴訟救助（法律扶助法第62條本文）。分會就扶助事件所支出之酬金及必要費用，視為訴訟費用之一部（法律扶助法第35條第1項）。因法律扶助而由分會支出之酬金及必要費用，得向負擔訴訟費用之他造請求（第2項）。分會得對於負擔訴訟費用之他造，請求歸還其支出之酬金及必要費用（第3項）。分會得據受扶助人有執行力之執行名義，聲請確定訴訟費用額及強制執行（第4項）。準此，受扶助人經由基金會之協助而進行訴訟，基金會分會得向負擔費用之對造請求律師酬金。

第九項　刑事附帶民事訴訟之訴訟費用負擔

一、裁定移送附帶民事訴訟

法院認附帶民事訴訟確係繁雜，非經長久時日不能終結其審判者，得以合議裁定移送該法院之民事庭。前項移送案件，免納裁判費（刑事訴訟法第504條第1項前段、第2項）。刑事法院依刑事訴訟法第504條第1項規定，以裁定將附帶民事訴訟移送同院民事庭。依同條第2項規定，固免納裁判費，裁判法院毋庸為訴訟費用負擔之諭知。然刑事附帶民事訴訟所應免納裁判費之範圍，以移送前之附帶民事訴訟為限，經移送同院民事庭者，應適用民事訴訟法之規定。

二、擴張訴之聲明

原告於移送民事庭後，為訴之變更、追加或擴張應受判決事項之聲明，超過移送前所請求之範圍者，就超過移送前所請求之範圍部分，仍有繳納裁

判費之義務[31]。例如，被告因過失傷害等刑事案件，經原告於2022年4月8日提起請求損害賠償之附帶民事訴訟，經法院刑事庭於2022年5月29日以裁定移送至民事庭。原告提起刑事附帶民事訴訟時，原告請求金額為新臺幣（下同）938,557元，該請求金額係提起附帶民事訴訟，依法無須繳納裁判費，原告嗣於2017年10月21日擴張應受判決金額至3,545,642元，該擴張2,607,085元部分（計算式：3,545,642元－938,557元）。原告擴張起訴部分，應徵第一審裁判費26,839元。倘原告未依法繳納足額之裁判費，法院應依民事訴訟法第249條第1項但書規定，定期命原告補繳裁判費26,839元，逾期不繳，應駁回原告之擴張之訴。

第四節　訴訟費用之擔保

第一項　訴訟費用擔保之要件

一、原告於中華民國無住所、事務所及營業所

　　原告於國內無住所、事務所及營業所者，將來訴訟終結命其負擔賠償訴訟費用時，難免執行困難，為保全被告利益，故設此預供訴訟費用擔保之規定（民事訴訟法第96條第1項）。所謂在中華民國境內無住所、事務所及營業所者，應指在中華民國司法權所及之轄區無住所、事務所或營業所而言[32]。例如，原告起訴請求被告給付貨款，原告為公司組織，原告設址於新加坡，其於中華民國無事務所或營業所。原則上原告於國內無住所、事務所及營業所者，法院因被告之聲請，得以裁定命原告供訴訟費用之擔保。例外情形，係原告之請求，被告無爭執之部分；或原告在中華民國有資產，足以賠償訴訟費用時，原告則無供擔保之義務（第2項）[33]。

---

31 最高法院76年台上字第781號民事判決。

32 臺灣高等法院83年度抗字第686號民事裁定。

33 智慧財產及商業法院106年度民專抗字第4號民事裁定。

二、須經被告之聲請

　　供訴訟費用擔保，必須由被告聲請，不得由法院依職權爲之。本法對於被告之聲請設有限制，即被告已爲本案之言詞辯論者，不得聲請命原告供擔保。例外情形，係應供擔保之事由知悉在後者，不在此限（民事訴訟法第97條）。所謂已爲本案之言詞辯論，係指被告就爲訴訟標的之法律關係爲實體上之陳述而言，準備程序實質上爲言詞辯論之一部，故在準備程序中已爲本案之言詞辯論者，自應適用之[34]。再者，被告未爲本案之言詞辯論，縱其已知悉原告有應供擔保之事由，且在第一審言詞辯論期日未到場，而受一造辯論之判決，被告亦得於第二審聲請命原告供訴訟費用之擔保[35]。被告聲請命原告供擔保者，得於其聲請被駁回或原告供擔保前，得拒絕本案辯論（民事訴訟法第98條）。

第二項　訴訟費用擔保之裁判

　　法院命原告供擔保者，應於裁定中定擔保額及供擔保之期間。定擔保額，以被告於各審應支出之費用總額爲準（民事訴訟法第99條）。關於聲請命供擔保之裁定，得爲抗告（民事訴訟法第100條）。原告於裁定所定供擔保之期間內，不供擔保者，法院應以裁定駁回其訴。但在裁定前已供擔保者，不在此限（民事訴訟法第101條）。供訴訟費用之擔保，爲基於訴訟上之關係，非使原告負擔實體法上之義務，倘原告不供擔保時，僅發生訴訟被駁回之原因而已，被告不得執命供擔保之裁定爲執行名義，聲請對原告強制執行。職是，不生對命供擔保之裁定提起抗告，無停止執行效力之問題[36]。

---

34 最高法院91年度台抗字第607號民事裁定。

35 最高法院89年度台抗字第426號民事裁定。

36 最高法院85年度台抗字第199號民事裁定。

第五節　例題研析

案例1　核定訴訟標的價額之裁定送達當事人

> 　　法院核定訴訟標的價額之裁定，係就原告之訴之聲明所為，不待被告之陳述。試問核定訴訟標的價額之裁定，是否應分別送達予兩造？依據為何？

　　核定訴訟標的價額之裁定，除應送達原告，亦應向被告為送達。因訴訟費用之繳納為起訴之法定程序，為原告起訴合法之要件，倘原告未繳納裁判費，應裁定命原告繳納，命補費裁定通常含核定訴訟標的價額裁定，其包括在補費裁定內，事涉當事人之訴訟費用負擔，有必要向被告為送達。況在訴訟程序進行中，法院應隨時依職權調查訴訟標的價額（辦理民事訴訟事件應行注意事項第8項、第9項）。職是，核定訴訟標的價額裁定，自應將裁定送達兩造。

案例2　對命補繳裁判費裁定之抗告

> 　　甲起訴請求乙返還借款新臺幣（下同）11萬元，因未繳納裁判費，經法院裁定命甲補繳裁判費1,110元，甲認為法院核定之裁判費過高。試問甲得否以法院核定訴訟標的價額錯誤為由，提出抗告？

　　甲起訴請求乙返還11萬元，其訴訟標的之金額明確，法院命補繳裁判費，僅屬訴訟費用之計算及徵收，無涉訴訟標的價額之核定，屬訴訟進行中所為之裁定，既無特別規定，自不得抗告[37]。準此，法院就訴訟標的之金額所為補費裁定，會記載本裁定命補繳裁判費用部分，不得抗告；反之，法院核定訴訟標的價額後，命繳費之裁定，倘不服訴訟標的價額之核定，會記載應於送達後10

---

[37] 臺灣高等法院93年度抗字第2844號、93年度抗字第2907號民事裁定。

日內向本院提出抗告狀，並繳納抗告費1,000元。例如，原告請求拆屋還地事件，並無明確金額，應由法院依據交易價額或原告所得利益，核定訴訟標的之價額，倘原告不服法院核定之訴訟標的價額，得提起抗告。

案例3 撤回上訴之退還裁判費

> 原告以二人以上之多數債務人為共同被告，就非屬連帶或不可分之可分債務，合併提起普通共同訴訟，經法院判決該多數債務人敗訴，並提起上訴後，僅其中一債務人撤回其上訴時。試問上訴人得否援用民事訴訟法第83條規定，聲請法院退還該撤回上訴部分之裁判費2/3？

原告撤回其訴者，訴訟費用由原告負擔。其於第一審言詞辯論終結前撤回者，得於撤回後3個月內聲請退還該審級所繳裁判費2/3。前開規定，其於當事人撤回上訴或抗告者準用之（民事訴訟法第83條）。其立法意旨係為鼓勵當事人撤回無益或不必要之訴訟，以減省法院之勞費，必訴訟全部因原告撤回起訴或上訴人撤回上訴，致訴訟全部繫屬消滅而告終結時，始得聲請法院退還該裁判費2/3[38]。準此，本件訴訟並未全部終結，上訴人聲請法院退還撤回上訴部分之裁判費2/3，為無理由。

案例4 撤回起訴或和解之退還裁判費

> 債權人因債務人積欠借款新臺幣（下同）10萬元，聲請法院發支付命令，債務人於法定期間內聲明異議，法院乃分訴訟案件處理，當事人嗣於言詞辯論期間和解或債權人撤回起訴。試問法院應如何處理裁判費？依據為何？

債務人對於支付命令，其於合法期間提出異議，以債權人支付命令之聲

---

[38] 2006年5月2日最高法院95年度第7次民事庭會議。

請，視爲起訴或聲請調解時，督促程序之費用應作爲訴訟程序或調解費用之一部，應分別依民事訴訟法第78條以下或第423條、第425條規定，以核定其負擔。本件訴訟標的金額爲10萬元，應適用小額訴訟程序，訴訟費用爲1,000元，得以聲請支付命令時已繳之裁判費扣抵之，毋庸再行繳納。倘債權人撤回起訴或經和解成立時，自得應依同法第83條或第84條規定，退還訴訟費用2/3[39]。

案例5　合意停止訴訟之要件

> 　　民事訴訟法第94條之1規定，分割共有物事件，法院認為兩造提出之方案均不適當，依職權另定方案時，倘兩造均認該方案對己不利，不為預納或墊支費用時。試問是否應視為合意停止訴訟程序？依據為何？

　　分割共有物事件，法院不受當事人提出之分割方案拘束，倘認爲兩造提出之方案均不適當，得依職權另定方案，命當事人預納或墊支測量費用。準此，當事人雖表明不預納或墊支測量費用，然依民事訴訟法第94條之1規定，仍必須定期通知原告或上訴人預納，逾期不繳交時，再通知被告或被上訴人墊支，均不繳交後，始可視爲合意停止訴訟程序[40]。

案例6　債務人撤回支付命令異議之訴訟費用負擔

> 　　債權人甲以債務人乙積欠其新臺幣（下同）100萬元，向法院聲請對債務人乙發支付命令，債務人乙於法定期間內提出異議，法院扣掉債權人甲已繳之支付命令裁判費500元，裁定命債權人甲補繳訴訟裁判費10,400元。經債權人甲補繳後，嗣債務人乙於第一審言詞辯論

---

[39] 2005年11月25日臺灣高等法院暨所屬法院94年度法律座談會民事類提案第31號。

[40] 2004年11月25日臺灣高等法院暨所屬法院93年度法律座談會民事類提案第17號。

終結前撤回異議。試問債權人甲聲請退還所補繳之裁判費10,400元，法院應如何處理？

　　支付命令經債務人於法定期間內提出異議，即視為起訴或聲請調解，且債權人甲依法院之裁定補繳裁判費，為訴之合法要件，嗣後債務人乙之撤回異議，僅使該訴訟得不經裁判而終結，此為債務人雖得在調解成立或第一審言詞辯論終結前，撤回其異議，然應負擔調解程序費用或訴訟費用之情形，兩者相同（民事訴訟法第516條第2項）。準此，就補繳之裁判費，應由債務人乙負擔，不應准許債權人甲之聲請退還。債權人甲就其補繳之裁判費，得依據民事訴訟法第90條規定，向法院聲請裁定確定訴訟費用後，請求債務人乙給付[41]。

案例7　返還所有權狀或車牌之裁判費

　　甲將其所有不動產之所有權狀交由乙保管，甲嗣後向乙表示終止所有權狀之保管關係，詎乙拒絕返還所有權狀予甲。試問甲起訴請求乙返還所有權狀，其訴訟標的之價額為何？

一、價額無法核定者

　　訴訟標的之價額不能核定者，以第466條所定不得上訴第三審之最高利益額數加1/10定之（民事訴訟法第77條之12）。甲、乙間返還所有權狀事件，甲起訴未據繳納裁判費，本件訴訟性質上雖屬因財產權涉訟者，惟甲起訴所得之利益難以估計，無法核定其訴訟標的價額，揆諸前揭說明，自應認其訴訟標的價額為新臺幣（下同）1,650,000元，應徵第一審裁判費17,335元。同理，訴請返還車牌，起訴所得之利益難以估計，無法核定其訴訟標的之價額，應適用民事訴訟法第77條之12規定，繳納裁判費。

---

41 臺灣高等法院暨所屬法院95年度法律座談會彙編，2007年1月，頁96至98。

二、價額應為10萬元以下

　　訴訟標的之價額，由法院核定。核定訴訟標的之價額，以起訴時之交易價額為準；無交易價額者，以原告就訴訟標的所有之利益為準（民事訴訟法第77條之1第1項、第2項）。甲、乙間返還所有權狀事件，甲起訴未據繳納裁判費，其起訴請求被告返還者為土地所有權狀1紙，而土地所有權狀為地政機關依法核發之權利證書，所表彰者僅係關於土地所有權歸屬之證明，其訴訟標的價額自不能與土地之交易價額等同視之。甲於本件起訴就訴訟標的所有之利益為土地所有權狀之占有，其價額固難以核定，然顯不逾10萬元，應可認定，自得核定。職是，本件訴訟標的價額應為10萬元以下，依民事訴訟法第77條之13規定，應徵第一審裁判費1,000元，本文認此見解較可採。同理，車牌為車輛監理機關依法核發之行車證明，其訴訟標的價額無法等同於車牌所屬之車輛交易價額，其價額難以核定，應以不逾10萬元計算。

案例8　法院應依職權核定訴訟標的之價額

　　甲提起民事訴訟未繳納裁判費，經第一審法院核定其訴訟標的價額後，甲不服提起抗告，經抗告法院駁回抗告確定，嗣對第一審法院所為之敗訴判決，提起上訴。試問第二審法院得否認訴訟標的價額之核定不當，而重行核定？

　　下級法院核定之訴訟標的價額有誤者，上級法院就同一訴訟，仍得重行核定，自不受下級法院原核定訴訟標的價額之拘束，並應依上級法院重行核定訴訟標的之價額，計算應徵裁判費之金額。準此，第二審法院依實際調查之結果，足認第一審所核定者非起訴時之客觀價額，縱第一審法院就訴訟標的所為之核定，業經抗告法院駁回抗告確定，第二審法院仍應依實際調查所得起訴時之客觀價額，另行核定，並據以徵收第二審裁判費。

案例9　對法院核定訴訟標的價額不服提起抗告

> 第一審法院於同一裁定核定訴訟標的與命補繳裁判費，原告不服該裁定，提起抗告，抗告法院認原審法院關於核定訴訟標的價額及補費裁定，有不當處。試問抗告法院應如何裁定？理由為何？

法院命補繳裁判費之意思表示，係依據核定訴訟標的價額後而徵收，核定訴訟標的價額部分有不當者，致影響命補繳裁判費之裁定，縱命補繳裁判費之裁定不得抗告，倘抗告法院認核定訴訟標的價額有誤時，仍應廢棄原裁定全部，由原法院另行核定訴訟標的價額，並依正確訴訟標的價額，據以核算裁判費，重行裁定命當事人補正。

案例10　認定訴訟標的金額之基準時

> 甲起訴請求乙給付新臺幣（下同）100萬元，除未繳納裁判費外，亦同時聲請訴訟救助，經法院裁定准許。嗣於訴訟進行中，甲減縮訴之聲明，僅請求乙給付60萬元，法院為乙全部敗訴之判決，並命乙負擔第一審訴訟費用，並經確定，本院於訴訟中未核定訴訟標的之金額。試問第一審受訴法院依職權確定本件之訴訟費用額時，究應以100萬元或60萬元為訴訟標的金額，而向應負擔訴訟費用之當事人徵收之[42]？

一、核定時之訴訟標的金額

法院於核定訴訟標的價額時，應以原告起訴請求法院裁判之聲明範圍為準；倘原告起訴聲明已有一部撤回、變更、擴張或減縮等情形後，法院始為訴訟標的價額之核定者，應以核定時尚繫屬於法院之原告請求判決範圍為準，據

---

[42] 臺灣高等法院暨所屬法院100年法律座談會民事類提案第42號。

以計算訴訟標的之價額，徵收裁判費用此於訴訟標的金額之計算，亦同[43]。申言之，民事訴訟法第77條之1第2項固規定：核定訴訟標的之價額，以起訴時之交易價額為準；無交易價額者，以原告就訴訟標的所有之利益為準。然此僅係規定計算訴訟標的價額之標準時點。至於應如何判定訴訟標的之範圍，應視原告起訴狀之記載，暨嗣後有無變更、追加而定。因繳納裁判費為起訴合法要件，原告於起訴時，已依法繳納裁判費者，其後為減縮聲明，雖不得請求退還超過減縮後聲明之裁判費，然原告未繳納裁判費前，為減縮聲明者，仍得僅依減縮後之聲明，繳納裁判費。

二、第一審受訴法院職權裁定訴訟救助之訴訟費用額

受訴訟救助者，有暫免裁判費之效力，經准予訴訟救助者，終局判決確定或訴訟不經裁判而終結後，第一審受訴法院應依職權以裁定確定訴訟費用額，向應負擔訴訟費用之當事人徵收之（民事訴訟法第110條第1項第1款、第114條第1項）。可知受訴訟救助者，終局判決確定或訴訟不經裁判而終結，應負擔訴訟費用時，始有繳納裁判費義務，並無須於起訴時繳納裁判費，不得視為於受訴訟救助確定時，視為已繳納裁判費，而認為嗣後減縮聲明者，仍應負擔減縮部分之裁判費。否則受訴訟救助者，反較未受訴訟救助者不利，並不公平。職是，甲提起本件訴訟，原起訴請求乙給付100萬元，嗣於訴訟中已減縮為60萬元，法院應以此減縮後之金額，向應負擔訴訟費用之當事人徵收裁判費[44]。

---

[43] 最高法院95年度台抗字第689號民事裁定。

[44] 臺灣高等法院96年度抗字第713號、97年度抗字第1524號、99年度抗字第601號民事裁定。

第八章　登記事件

關鍵字

| 事務所 | 登記處 | 登記對抗 | 共同財產制 | 分別財產制 |

第一節　法人登記

一、法人設立登記

　　公益社團法人與財團之設立，應向法院辦理登記（民法第46條、第61條第2項）。以公益為目的之社團或財團，其於登記前，應得主管機關之許可（民法第46條、第59條）。例如，慈善事業為內政部，教育文化事業為教育部。法人非經向主管機關登記，不得成立（民法第30條）。故公益社團法人與財團之設立，均以登記為成立要件。再者，依據非訟事件法第107條規定，有訂定法人及夫妻財產制契約登記規則作為登記之基準（法人及夫妻財產制契約登記規則第1條）。職是，法人及夫妻財產制契約登記，除法律另有規定外，適用本規則之規定（法人及夫妻財產制契約登記規則第2條）。

二、登記之管轄

　　所謂法人登記者，係指將法人成立與有關應登記事項登載在主管機關之登

記簿，使社會大眾得知悉而發生一定效力之制度[1]。法人登記之主管機關，為該法人事務所所在地之法院（民法總則施行法第10條）。職是，法人登記事件，由法人事務所所在地之法院管轄（非訟事件法第82條第1項）。法人登記事務，由地方法院登記處辦理之（第2項）。地方法院登記處應備置法人登記簿（非訟事件法第83條）。

三、法人解散許可登記之聲請

法人解散之登記，由清算人聲請之（非訟事件法第88條第1項）。為前項聲請者，應附具清算人資格及解散事由之證明文件（第2項）。已成立之法人，經主管機關撤銷許可者，準用前二項之規定（第3項）。法人因法院或其他有關機關命令解散者，登記處應依有關機關囑託為解散之登記（第4項）。

四、法人登記事項公告與效力

法人已登記之事項，登記處應於登記後3日內於公告處公告7日以上（非訟事件法第93條第1項）。除前項規定外，登記處應命將公告之繕本或節本，公告於法院網站；登記處認為必要時，並得命登載於公報或新聞紙（第2項）。公告與登記不符者，以登記為準（第3項）。

第二節　夫妻財產制契約登記

一、夫妻財產制之類型

夫妻財產制分為法定財產與約定財產制，約定財產制亦分為共同財產制與分別財產制。夫妻得於結婚前或結婚後，以契約就民法所規定之約定財產選擇其一，作為夫妻財產制（民法第1004條）。所謂共同財產制，係指夫妻之財產及所得，除特有財產外，合併為共同財產，屬於夫妻公同共有（民法第1031

1　葛義才，非訟事件法論，三民書局有限公司，2008年5月，再版，頁129。

條）。特有財產之範圍有：（一）專供夫或妻個人使用之物；（二）夫或妻職業上必需之物；（三）夫或妻所受之贈物，經贈與人以書面聲明爲其特有財產者（民法第1031條之1第1項）。所謂分別財產制者，係指夫妻各保有其財產之所有權，各自管理、使用、收益及處分（民法第1044條）。

二、登記之管轄

　　所謂夫妻財產制契約登記，係指將夫妻約定有關之民法財產制契約登載在主管機關之登記簿，使社會大眾得知悉而發生一定效力之制度。其分爲定約登記、變更登記、廢止登記及囑託登記4種類型。民法有關夫妻財產制契約之登記，由夫妻住所地之法院管轄；不能在住所地爲登記或其主要財產在居所地者，得由居所地之法院管轄（非訟事件法第101條第1項）。不能依前項規定，決定管轄之法院者，由司法院所在地之法院管轄（第2項）。夫妻財產制契約登記事務，由地方法院登記處辦理之（第3項）。夫妻財產制契約之訂立、變更或廢止，應以書面爲之（民法第1007條）。其爲要式行爲，係契約之成立生效要件。而夫妻財產制契約之訂立、變更或廢止，非經登記，不得以之對抗第三人，採登記對抗主義（民法第1008條第1項）。

第三節　例題研析

案例1　法人章程之變更程序

> 　　A公益社團法人依人民團體法之規定成立，並經其主管機關准予立案，其章程依人民團體法第27條規定，規定本章程之變更應有出席人數2/3以上同意行之。試問A社團向法院登記處聲請法人設立登記，問登記處是否須依民法第53條規定，命其補正？

　　社團變更章程之決議應有全體社員過半數之出席，出席社員3/4以上之同意或有全體社員2/3以上書面之同意（民法第53條第1項）。因人民團體法非

民法之特別法，故A社團法人向法院聲請登記而取得法人之資格，其變更章程時，應須依民法總則第53條第1項規定辦理，登記處應依民法第53條第1項規定，命其補正之[2]。

案例2　夫妻財產契約登記

> 　　甲男與乙女為夫妻，渠等書面約定以共同財產為夫妻財產制，嗣後甲男拒絕與乙女共同向夫妻住所地之地方法院登記處辦理夫妻財產制契約登記。試問乙女應如何救濟？依據為何？

一、契約登記聲請之附具文件

　　夫妻財產制契約之登記，應附具下列文件，由契約當事人雙方聲請之。但其契約經公證者，得由一方聲請之：（一）夫妻財產制契約；（二）財產目錄及其證明文件；其財產依法應登記者，應提出該管登記機關所發給之謄本；（三）夫及妻之簽名式或印鑑（非訟事件法第104條第1項）。準此，夫妻財產制契約之登記，原則上應由契約當事人雙方聲請之。例外情形，係契約經公證者，得由一方聲請之。再者，法院依民法規定，宣告改用分別財產制者，應於裁判確定後囑託登記處登記之（第2項）。

二、契約之附隨義務

　　附隨義務係源自誠實信用原則而來，雖非債之關係所固有及必備之基本義務，然該附隨義務如有擔保債之效果完全實現之功能，而具有準備、確定、支持及完全履行主給付義務之效果者，即屬獨立性之附隨義務，債務人負有從給付義務，倘債務人不為履行，致影響債權人契約利益及目的之完成，債權人自

2　司法院1993年5月5日（82）廳民三字第08677號函，民事法律問題研究彙編，9輯，頁49至51。

得對之獨立訴請履行或債務不履行之損害賠償[3]。甲男與乙女為夫妻，渠等書面約定以共同財產為夫妻財產制，該約定財產制雖有效成立，惟未經登記不得對抗第三人。因登記具有對抗第三人之效力，有擔保該夫妻財產契約之履行效果，故當事人偕同登記為獨立性之附隨義務。準此，甲男拒絕與乙女共同辦理夫妻財產制契約登記，不履行該從給付義務，致影響該夫妻財產契約利益及目的之完成，乙女自得對甲男獨立訴請履行或債務不履行之損害賠償。

---

3 最高法院91年度台上字第2380號、93年度台上字第1185號民事判決。

第九章　出版事件

關鍵字

重製　　　　出版人　　　　再出版　　　　許可出版　　　　出版權授與人

第一節　出版契約

一、出版之定義與性質

　　所謂出版者，係指當事人約定，一方以文學、科學、藝術或其他之著作，為出版而交付於他方，他方擔任印刷或以其他方法重製及發行之契約（民法第515條第1項）。投稿於新聞紙或雜誌經刊登者，推定成立出版契約（第2項）。出版為不要式及諾成契約，出版權授與人負有交付著作物之義務，出版人負有出版之義務，當事人互有對價及互為給付之關係，是出版契約為雙務及有償契約[1]。準此，出版權授與人為著作財產權人時，出版人有權重製著作與散布著作重製物（著作權法第22條第1項、第28條之1第1項）[2]。

---

[1] 林洲富，民法——案例式，五南圖書出版股份有限公司，2020年9月，8版1刷，頁268。

[2] 林洲富，著作權法——案例式，五南圖書出版股份有限公司，2020年6月，5版1刷，頁70至71、82。

二、再出版

當事人就版數未約定者，出版人僅得出1版（民法第518條第1項）。出版人依約得出數版或永遠出版者，如於前版之出版物賣完後，怠於新版之重製時，出版權授與人得聲請法院令出版人於一定期限內，再出新版。逾期不遵行者，喪失其出版權（第2項）。此怠於出版之制裁，在於保護出版權授與人之利益[3]。

三、許可出版

著作未完成前，如著作人死亡，或喪失能力，或非因其過失致不能完成其著作者，雖出版契約關係消滅（民法第527條第1項）。惟出版契約關係之全部或一部之繼續，為可能且公平者，法院得許其繼續，並命為必要之處置（第2項）。例如，未完成之著作而有出版價值者，得使第三人繼續完成。

第二節　管轄法院

聲請再出新版事件（民法第518條第2項）與許可繼續出版契約關係之聲請（民法第527條第2項），由出版人營業所所在地或住所地之法院管轄（非訟事件法第67條、第68條第2項）。再出新版事件之聲請人為出版權授與人，許可繼續出版契約事件之聲請人為出版權授與人或其繼承人、法定代理人或出版人為之。

3　最高法院97年度台上字第6294號民事判決。

第三節　例題研析

案 例　再出版事件

> 甲將著作物交付乙出版公司出版，雖約定得出版2版，然第1版之出版物賣完後，乙公司未依約再重製與發行第2版。試問甲向法院聲請命乙於一定期限內再出新版，經法院裁定准許，乙不服該裁定，應如何救濟？

因非訟事件裁定而權利受侵害者，得為抗告。抗告應向為裁定之原法院提出抗告狀，或以言詞為之。抗告，除法律另有規定外，由地方法院以合議裁定之（非訟事件法第41條第1項、第43條第1項、第44條第1項）。準此，乙出版公司不服再出版裁定時，得向裁定之原法院提出抗告，由原法院合議庭審理之。

第十章　證書保存事件

關鍵字

| 指定 | 所有權 | 財產權 | 共有物分割 | 保存人 |

第一節　管轄法院

　　共有物分割後，各分割人應保存其所得物之證書（民法第826條第1項）。共有物分割後，關於共有物之共通證書，歸取得最大部分之人保存之。無取得最大部分者，由分割人協議定之。倘不能協議決定者，得聲請法院指定之（第2項）。該定證書保存人之指定事件，由共有物分割地之法院管轄（非訟事件法第70條第1項）。其於所有權以外之財產權，由數人共有或公同共有者，亦可指定證書保存人（非訟事件法第71條）。例如，共有地上權、漁業權、專利權、商標權及債權者，得指定證書保存人。

第二節　例題研析

案 例 指定證書保存人之程序費用負擔

> 　　甲、乙及丙共有A地，經分割後，各分得1/3土地，因渠等無法協議共有物證書之保存人，甲向法院聲請指定證書保存人。試問該程序費用應如何負擔？依據為何？

　　按非訟事件程序費用，除法律另有規定外，由聲請人負擔。檢察官為聲請人時，由國庫支付。指定證書保存人事件之程序費用，由分割人共同負擔之（非訟事件法第21條第1項、第70條第3項）。準此，非訟事件法第70條第3項規定，為第21條第1項所指法律另有規定者，甲向法院聲請指定證書保存人所生之程序費用由甲、乙及丙共同負擔。

第十一章　信託事件

關鍵字

委託人　　　　受託人　　　　受益人　　　　契約信託　　　　公益信託

第一節　信託之概念

一、信託之定義

　　信託係一種為他人利益而管理、使用或處分財產之制度，具有高度信賴與忠實之關係。所謂信託者，係指委託人將財產權移轉或為其他處分，使受託人依信託本旨，為受益人之利益或為特定目的，管理或處分信託財產之關係（信託法第1條）。準此，契約信託須具備以下要件：（一）指定受益人：委託人本人或第三人，其擁有形式上之所有權；（二）指定受託人：受託人須依信託本旨，為受益人之利益或為特定目的，管理、使用或處分信託財產。其擁有實質上之所有權；（三）金錢或財產之移轉：委託人須將財產權移轉或設定他項權利給受託人。所謂財產權移轉，係指委託人須將財產權移轉至受託人名下，受託人因而成為信託財產之名義上之權利人。而設定者或稱處分者，係指委託人於其財產權上設定抵押權、地上權或質權等他項權利予受託人者而言。

二、信託類型

　　信託除法律另有規定外，應以契約或遺囑為之（信託法第2條）。在公益

信託之情形，法人亦得以宣言之方式成立公益信託（信託法第71條）。其在對公眾宣言前，應經目的事業主管機關之許可。信託法第66條及第79條規定法定信託。

（一）契約信託

契約信託（contract of trust）行為除須當事具備意思表示合致等一般法律成立要件外，尚須委託人將財產權移轉給受託人或為其他處分，故為要物行為（信託法第1條）。至契約信託行為意思表示之方式，信託法並未特別規定，故原則上為不要式行為，口頭或書面為之，均無不可。

（二）遺囑信託

委託人依民法所定遺囑之規定為設立信託之遺囑行為時，遺囑信託（testament of trust）即行成立，惟其效力仍自委託人死亡時發生。遺囑信託須於遺囑中明定信託目的、信託財產及受益人。遺囑信託一般均指定有受託人或定有選定受託人之方法，如未指定時，其與遺囑指定之受託人拒絕或不能接受信託時之情形相同，利害關係人或檢察官得聲請法院選任受託人（信託法第46條）。遺囑信託之方式，依民法第1189條至第1198條規定，以自書遺囑、公證遺囑、密封遺囑、代筆遺囑及口授遺囑之方式為之。

（三）宣言信託

法人為增進公共利益，得經決議對外宣言（declaration of trust）自為委託人及受託人，並邀公眾加入為委託人。前項信託於對公眾宣言前，應經目的事業主管機關許可（信託法第71條）。

（四）法定信託

信託係依法律之規定或作用而成立者，稱為法定信託（statute of trust）。信託關係消滅時，受託人移轉信託財產於第65條歸屬權利人前，信託關係視為存續，以歸屬權利人視為受益人（信託法第66條）。信託關係消滅時，信託財產之歸屬，除信託行為另有訂定外，依左列順序定之：1.享有全部信託利益之

受益人；2.委託人或其繼承人（信託法第65條）。再者，公益信託關係消滅，而無信託行為所訂信託財產歸屬權人時，目的事業主管機關得為類似之目的，使信託關係存續，或使信託財產移轉於有類似目的之公益法人或公益信託。前開規定之信託即屬法定信託（信託法第79條）。

第二節　管轄法院

一、受託人住所地

　　信託法第16條所定聲請變更信託財產管理方法事件、第28條第2項所定聲請信託事務之處理事件、第35條第1項第3款所定聲請許可將信託財產轉為自有財產或於該信託財產上設定或取得權利事件、第36條第1項但書所定受託人聲請許可辭任事件、第2項所定聲請解任受託人事件、第52條第1項所定聲請選任信託監察人事件、第56條所定信託監察人聲請酌給報酬事件、第57條所定聲請許可信託監察人辭任事件、第58條所定聲請解任信託監察人事件、第59條所定聲請選任新信託監察人事件及第60條第2項所定聲請檢查信託事務、選任檢查人及命為其他必要之處分事件，均由受託人住所地之法院管轄（非訟事件法第75條第1項）。受託人有數人，其住所不在一法院管轄區域內者，各該住所地之法院俱有管轄權（第3項）。第60條第1項所定信託事務之監督，亦由受託人住所地之法院為之（非訟事件法第76條第1項）。

二、原受託人住所地

　　信託法第36條第3項所定聲請選任新受託人或為必要之處分事件，由原受託人住所地之法院管轄（非訟事件法第75條第2項）。原受託人有數人，其住所不在一法院管轄區域內者，各該住所地之法院均有管轄權（第3項）。此為法院管轄權之競合，聲請人得任向其中一法院起訴，此稱之選擇管轄權。

三、遺囑人死亡時住所地

信託法第46條所定聲請選任受託人事件，由遺囑人死亡時住所地之法院管轄（非訟事件法第75條第4項）。申言之，遺囑指定之受託人拒絕或不能接受信託時，利害關係人或檢察官得聲請法院選任受託人。

第三節　例題研析

案 例 ┃ 聲請解任受託人

> 甲將其所有不動產信託登記與乙名下，由乙負責管理，詎乙竟將信託財產設定抵押權，並經依法登記者，債權人於債權屆期而未受清償時，聲請法院拍賣抵押物。試問甲應如何救濟？依據為何？

一、聲請解任受託人事由

受託人違背其職務或有其他重大事由時，法院得因委託人或受益人之聲請將其解任（信託法第36條第2項）。例如，受託人非依信託本旨，處分信託財產，即屬違背職務之行為。是甲將其所有不動產信託登記與乙名下，由乙負責管理，受託人乙並無權限就信託財產設定抵押權，是乙以信託財產設定抵押權之行為，違背其職務。

二、管轄法院

因乙違背其職務，委託人甲得向受託人乙住所地之法院聲請將乙解任（非訟事件法第75條第1項）。解除其受託人之職務。法院解任受託人，得於裁定前得訊問利害關係人（非訟事件法第78條第1項）。對於法院解任受託人之裁定，不得聲明不服（第2項）。

第三編

家事非訟事件

第一章　財產管理事件

關鍵字

繼承人　　　死亡宣告　　　遺產管理人　　　利害關係人　　　財產管理人

第一節　概　說

　　財產管理事件分為失蹤人之財產管理事件及無人承認之繼承財產管理事件二種。前者屬民法總則所明定，係失蹤人下落不明，為保護失蹤人之財產及利害關係人，其財產之管理依非訟事件法之規定（民法第10條）。後者則屬繼承法之範疇，是無人承認繼承之遺產，為保護利害關係人，應設置遺產管理人俾於管理遺產。申言之：（一）其於無人承認之繼承場合，親屬會議有權選定遺產管理人（民法第1178條）；（二）遺囑未指定遺囑執行人，亦未委託他人指定，得由親屬會議選定之（民法第1211條）。

第二節　失蹤人之財產管理

第一項　管轄法院

　　失蹤人失蹤後，未受死亡宣告前，為保護其權益，其財產之管理，應選任管理人處理。關於失蹤人之財產管理事件，為便於調查證據，專屬失蹤人住所地之法院管轄（家事事件法第142條第1項）。失蹤人無住所者，由失蹤人居所

地法院管轄。倘失蹤人之住所、居所均不明者，由中央政府所在地之法院管轄（家事事件法第142條第1項、第52條第4項）。

第二項　財產管理人之選任

一、法定財產管理人

失蹤人之財產於失蹤前已有財產管理人，毋庸由法定或選任財產管理人管理其財產。倘失蹤人未置財產管理人者，依據與失蹤人關係之密切程度決定法定財產管理人，無須經法院裁定。其法定財產管理人之順序如後：（一）配偶；（二）父母；（三）成年子女；（四）與失蹤人同居之祖父母；（五）家長（家事事件法第143條第1項）。

二、選任財產管理人

（一）無法定財產管理人

無法定財產管理人時，法院得由利害關係人或檢察官聲請而選定財產管理人，避免因財產管理人遲未產生，致使失蹤人之財產散佚，損害失蹤人或其繼承人之利益（家事事件法第143條第2項）。例如，甲與失蹤人丙為土地共有人，某甲為利害關係人，倘失蹤人丙並無家事事件法第143條第1項規定之法定財產管理人，甲為利害關係人，自得依據同法第2項規定，向法院聲請選任失蹤人之財產管理人，法院斟酌實際情事，經詢問甲之意見後，選任失蹤人之兄乙為失蹤人丙之財產管理人。再者，選任或改任財產管理人時，應詢問利害關係人及受選任人之意見（家事事件法第146條）。

（二）檢察官為維持公益代表

因檢察官為維持公益之代表，家事事件法第143條第2項規定，檢察官得向法院聲請選任財產管理人，以兼顧失蹤人之權益及社會公益。參諸日本民法規定，即離開原住所或居所之人，該不在人未設置財產管理人時，家庭法庭裁判所，因利害關係人之請求，得命令就該財產管理實行必要之處分或選任管理人

外，檢察官亦可向法院聲請選任管理人[1]。職是，非訟事件法規定檢察官得爲聲請人，其與日本之民法規定相同。

三、財產管理人之改任

　　失蹤人財產管理人之管理財產能力是否勝任，暨其管理方法是否適當，攸關失蹤人與利害關係人之權益，倘失蹤人之財產管理人不能勝任或管理不適當時，自得由利害關係人或檢察官聲請法院改任之。該財產管理人原由法院選任者，則於法院認有必要時，縱使無利害關係人或檢察官之聲請，法院仍得依職權改任之（家事事件法第145條第1項）。而財產管理人有不能繼續管理財產之正當理由者，無論係依何方式產生，倘財產管理人有正當理由，得許其向法院聲請許可辭任，財產管理人聲請辭任是否具有正當理由，應由法院依個案具體情形認定之（第2項）。爲確保失蹤人與利害關係人之權益，法院爲許可財產管理人辭任之裁定時，應另行選任財產管理人（第3項）。

四、財產管理人之義務

（一）失蹤人財產之登記

　　失蹤人財產之取得、設定、喪失或變更依法應登記者，爲維護交易安全，無論其財產管理人依何種方式產生，均應向該管登記機關爲管理人之登記，以公示何人爲失蹤人之正當財產管理人（家事事件法第147條）。

（二）管理財產目錄之作成

　　爲促使財產管理人審愼作成財產管理目錄，爰參考日本家事審判規則第36條第2項，規定管理財產目錄應經公證人公證，其費用由失蹤人之財產負擔（家事事件法第148條）。

---

[1]　日本民法第25條至第27條。

（三）管理財產狀況之報告或計算

　　不論是否爲法院選任之失蹤人財產管理人，其管理財產是否妥善，均與失蹤人與利害關係人利害攸關，爲督促其善盡職責，爰參考日本家事審判規則第33條規定，利害關係人或代表公益之檢察官得聲請法院命財產管理人報告管理財產狀況或計算（家事事件法第149條第1項）。因前開裁定僅係命財產管理人報告財產狀況，並未就實體權利關係爲裁判，自不得聲明不服（第2項）。

（四）有關財產狀況文件之閱覽

　　爲有效促使財產管理人善盡職責，利害關係人得釋明原因，向法院聲請閱覽第149條之報告及有關計算之文件，或預納費用聲請付與繕本、影本或節本（家事事件法第150條）。

（五）財產管理人之注意義務

　　爲維護失蹤人財產之利益，財產管理人除應負善良管理人之注意義務外，並應許財產管理人得就該財產爲有利於失蹤人之利用或改良，倘利用或改良之行爲致變更財產性質時，或致損及失蹤人之利益，其爲變更之前，應先經法院許可（家事事件法第151條）。

（六）財產管理人之提供擔保

　　財產管理人爲失蹤人管理財產，影響失蹤人與利害關係人權益，爲促使財產管理人謹愼管理，法院得命財產管理人提供相當擔保，並得以裁定增減、變更或免除擔保責任（家事事件法第152條第1項）。財產管理人提供擔保，應準用民事訴訟法有關訴訟費用擔保之規定（第2項）。

第三節　無人承認之繼承財產管理

第一項　概　論

一、管轄法院

　　關於無人承認之繼承事件，專屬繼承開始時被繼承人住所地法院管轄，被繼承人無住所者，由被繼承人住所、居所地之法院管轄。被繼承人之住所、居所不明者，由中央政府所在地之法院管轄（家事事件法第127條第1項第4款、第3項）。保存遺產事件，爲方便調查及管理起見，非訟事件法第145條第2項規定，法院爲保存遺產之必要處置，於繼承開始時繼承人之有無不明者，在遺產管理人選定前，法院得因利害關係人或檢察官之聲請，爲保存遺產之必要處置，亦得由遺產所在地之法院管轄（民法第1178條之1）。

二、選定遺產管理人

　　繼承開始時，繼承人之有無不明者，由親屬會議於1個月內選定遺產管理人，並將繼承開始及選定遺產管理人之事由，向法院報明（民法第1177條）。親屬會議爲此項報明者，會議由會員五人組織而成（民法第1130條）。無人承認之繼承，由親屬會議選定遺產管理人之報明，依其性質爲非訟事件，因親屬會議既非法人，亦不具非法人團體性質，並無當事人能力（非訟事件法第11條；民事訴訟法第40條）。準此，應由會議之會員具名爲之，倘有對決議不同意之會員不願具名陳明者，僅由會員決議同意之多數會員具名陳明[2]。

2　楊建華，民事訴訟法問題研析（二），三民書局股份有限公司，1991年10月，頁459。

三、選任遺產管理人

　　無親屬會議或親屬會議未於繼承開始時之1個月期限內,選定遺產管理人者,利害關係人或檢察官,得聲請法院選任遺產管理人,並由法院依公示催告程序,定6個月以上之期限,公告繼承人,命其於期限內承認繼承(民法第1177條、第1178條)。因私法人或非法人團體本身之行為,須由自然人之董事為之,故不適於擔任遺產管理人。是繼承人因故不能管理遺產,亦無遺囑執行人時,親屬會議應選定自然人或公務機關為遺產管理人;倘親屬會議不選定遺產管理人,利害關係人或檢察官得聲請法院選任遺產管理人(家事事件法第134條第1項、第136條第2項、第3項)。

四、遺產管理人之缺格

　　選任之遺產管理人應有消極資格之限制,以免損害繼承人以及債權人之權益。故遺產管理人有下列各款情形之一者,法院應解任之,命親屬會議於1個月內另為選定:(一)未成年人;(二)受監護或輔助宣告;(三)受破產宣告或依消費者債務清理條例受清算宣告尚未復權;(四)褫奪公權尚未復權(家事事件法第134條第2項)。

五、解任遺產管理人

　　遺產管理人有不適任之情形時,應允許法院解任之。故親屬會議選定之遺產管理人有下列情形之一者,法院得依利害關係人或檢察官之聲請,徵詢親屬會議會員、利害關係人或檢察官之意見後解任之,命親屬會議於1個月內另為選定:(一)違背職務上之義務者;(二)違背善良管理人之注意義務,致危害遺產或有危害之虞者;(三)有其他重大事由者(家事事件法第135條)。例如,遺產管理人自身經營之事業與管理遺產利害相衝突,或不具備管理上之專業知識[3]。

3　葛義才,非訟事件法論,三民書局股份有限公司,1995年10月,再版,頁119。

六、遺產管理人之義務

　　為使遺產管理得以順利進行，民法課予遺產管理人義務，茲分述如後：
（一）編製遺產清冊；（二）為保存遺產必要之處置；（三）聲請法院依公示
催告程序，限定1年以上之期間，公告被繼承人之債權人及受遺贈人，命其於
該期間內報明債權，及為願受遺贈與否之聲明，被繼承人之債權人及受遺贈人
為管理人所已知者，應分別通知之；（四）清償債權或交付遺贈物；（五）有
繼承人承認繼承或遺產歸屬國庫時，為遺產之移交；（六）遺產管理人，因
親屬會議，被繼承人之債權人或受遺贈人之請求，應報告或說明遺產之狀況
（民法第1179條、第1180條）。再者，因無人承認繼承之遺產，屬目的財產之
一種，管理人以法定任務管理、清算遺產，嗣繼承人出現時，將遺產交與繼承
人，倘無繼承人，則將剩餘財產交與國庫（民法第1185條）[4]。

第二項　聲請程序

　　利害關係人或檢察官，聲請法院選任遺產管理人，其聲請之程序如後：
（一）該聲請為非因財產權關係聲請，應繳納聲請費用新臺幣1,000元（非訟
事件法第14條第1項）；（二）聲請狀需表明被繼承人死亡時間及身分，以區
分一般人民或榮民，而為不同之處理方式。其死亡時間應提出除戶謄本或死亡
證明證明之。倘被繼承人具有榮民身分，可函國防部查詢其身分；（三）因無
人承認之繼承財產管理事件，由繼承開始時被繼承人住所地法院管轄（家事事
件法第127條第1項第4款）。準此，聲請人應提出除戶謄本，證明被繼承人生
前之最後住所，以認定管轄法院。

4　戴炎輝、戴東雄，中國繼承法，國立臺灣大學法學院福利社，2001年7月，16版，頁
　225。

第一款 一般人民死亡

一、選定或選任遺產管理人

（一）親屬會議選定

繼承開始時，繼承人之有無不明者，應為繼承人之搜索。先順序繼承人均拋棄其繼承時，由次順序之繼承人繼承。其次順序繼承人有無不明或第四順序之繼承人均拋棄其繼承者，準用關於無人承認繼承之規定（民法第1176條第6項）。親屬會議於繼承開始時1個月內選定遺產管理人，向法院報明繼承開始及選定遺產管理人之事由，法院應依公示催告程序，定6個月以上之期限，公告繼承人，命其於期限內承認繼承（民法第1177條、第1178條第1項）。

（二）法院選任

無親屬會議或親屬會議未於繼承開始後1個月內，選定遺產管理人者，利害關係人或檢察官，得聲請法院選任遺產管理人，並由法院為公示催告，定6個月以上之期限，公告繼承人，命其於期限內承認繼承（民法第1177條、第1178條）。法院於指定遺產管理人時，得指定財政部國有財產署或其各地分署為遺產管理人。再者，法院審理無人承認遺產之管理事件時，為確認有無繼承人，得調查有無聲明繼承事件，以確定有無大陸地區人民聲明繼承。

二、公示催告

繼承人開具遺產清冊陳報法院時，法院依民法第1157條規定，應依公示催告程序公告，命被繼承人之債權人報明債權，其應記載下列各款事項：（一）為陳報之繼承人；（二）報明權利之期間及在期間內應為報明之催告；（三）因不報明權利而生之失權效果；（四）法院。並通知其他繼承人知悉（家事事件法第130條第1項至第3項）。公示催告程序公告應揭示於法院公告處、資訊網路及其他適當處所；法院認為必要時，並得命登載於公報或新聞紙，或用其他方法公告之（第4項）。而報明債權之期間，自揭示之日起，應有6個月以上（第5項）。

第二款　榮民死亡

一、主管機關

　　退除役官兵死亡即榮民，其無繼承人、繼承人不明或繼承人因故不能管理遺產者，由主管機關管理其遺產（臺灣地區與大陸地區人民關係條例第68條）。主管退除役官兵之機關，為行政院國軍退除役官兵輔導委員會（下稱退輔會）。是榮民死亡而無繼承人時，其遺產處理程序可參照1999年5月11日公布「退除役官兵死亡無人繼承遺產管理辦法」。

二、無人繼承遺產

　　所謂退除役官兵死亡無人繼承遺產者，係指退除役官兵死亡，無繼承人、繼承人有無不明或繼承人因故不能管理之遺產（退除役官兵死亡無人繼承遺產管理辦法第3條，下稱本辦法）。亡故退除役官兵遺產，除設籍於退輔會所屬安養機構者，由該安養機構為遺產管理人外；餘由設籍地輔導會所屬之退除役官兵服務機構為遺產管理人（本辦法第4條）。既然有法定之遺產管理人，自無須向法院聲請選任遺產管理人。遺產管理人對亡故退除役官兵之遺產，應詳予清查及妥慎處理（本辦法第5條）。遺產管理人對亡故退除役官兵之遺產，應向其住所地之法院，聲請對大陸地區以外之繼承人、債權人及受遺贈人，分別依民法規定為公示催告。被繼承人之債權人或受遺贈人為已知者，應通知其陳報權利（本辦法第6條）。再者，遺產管理人因管理亡故之退除役官兵遺產而有必要時，得由行政院設立或指定之機構或委託之民間團體，公告協尋大陸地區繼承人依法承認繼承。例如，得透過財團法人海峽交流基金會（下稱海基會），公告協尋大陸地區之繼承人。

<h1>第四節　例題研析</h1>

<h2>案例1　法院選任遺產管理人</h2>

> 　　被繼承人不具備榮民之身分，大陸地區之繼承人聲明繼承。試問：（一）法院得否指定財政部國有財產署為被繼承人之遺產管理人？（二）倘被繼承人具有榮民身分，法院應如何處理？

<h2>一、選任遺產管理人</h2>

　　繼承人因故不能管理遺產，亦無遺屬執行人時，親屬會議應選定自然人或公務機關為遺產管理人；倘親屬會議不選定遺產管理人，利害關係人或檢察官得聲請法院選任遺產管理人（家事事件法第134條第1項、第136條第2項、第3項）。法院依公示催告程序，定6個月以上期限屆滿，無繼承人承認繼承時，其遺產於清償債權，並交付遺贈物後，倘有賸餘，歸屬國庫（民法第1185條）。

<h2>二、被繼承人為一般人民</h2>

　　被繼承人在臺灣地區之遺產，由大陸地區人民依法繼承者，其所得財產總額，每人不得逾新臺幣200萬元，超過部分，歸屬臺灣地區同為繼承之人，臺灣地區無同為繼承之人者，歸屬臺灣地區後順序之繼承人，臺灣地區無繼承人者，歸屬國庫（臺灣地區與大陸地區人民關係條例第67條第1項）。大陸地區人民為臺灣地區人民配偶，不受新臺幣200萬元之限制（第5項）[5]。準此，被繼承人為一般人民，並無榮民身分，大陸地區之繼承人，其於法定期間向法院聲明繼承，業經法院准予備查在案。倘繼承人因故無法領取被繼承人之遺產，

---

[5] 最高法院100年度台上字第125號民事判決。

法院得指定財政部國有財產局為被繼承人之遺產管理人。

三、被繼承人係榮民

亡故退除役官兵遺產，由行政院國軍退除役官兵輔導委員會所屬安置機構為遺產管理人；亡故退除役官兵未安置者，以住所地退除役官兵服務機構為遺產管理人（退除役官兵死亡無人繼承遺產管理辦法第4條）。臺灣地區與大陸地區人民關係條例施行後，大陸來臺之退除役官兵死亡而無繼承人，繼承人有無不明或繼承人因故不能管理遺產者（臺灣地區與大陸地區人民關係條例第68條第1項；退除役官兵死亡無人繼承遺產管理辦法第4條）。應由其主管機關以法定遺產管理人之地位管理遺產，已毋庸另聲請法院裁定選任遺產管理人[6]。

案例2　**遺產管理人之報酬及管理費用**

> 遺產管理人得否請求管理遺產報酬與管理費用，試分別就民法、家事事件法及代管無人承認繼承遺產作業要點，說明酌定機關、基準及項目。

一、親屬會議酌定

遺產管理人之職務繁重，自得請求報酬。倘遺產管理人係由親屬會議選定者，其報酬數額由親屬會議按其勞力及其與被繼承人之關係酌定之（民法第1183條）。此項報酬屬管理遺產所生費用，應由遺產中支付之（民法第1150條）。再者，由法院選任之遺產管理人，得依財產管理人之聲請，按財產管理人與被繼承人之關係、管理事務之繁簡及其他情形，就被繼承人之遺產，酌給相當報酬（家事事件法第141條、第153條）。

6　司法院秘書長（82）秘台廳民三字第04938號函。

二、法院酌定

　　遺產管理人如由法院選任者，法院酌定遺產管理人之報酬或確定管理費用時，得參照財政部訂頒「代管無人承認繼承遺產作業要點」規定，以確定管理人之報酬或管理費用。例如，因管理遺產聲請法院准予對被繼承人遺產公示催告所支出之費用，係遺產管理人因管理遺產所支出費用，由遺產中支付之（民法第1150條）。

三、酌定之基準及項目

　　親屬會議或法院酌定報酬時，得斟酌遺產管理之難易及遺產之現值等情事，並參照財政部訂頒之代管無人承認繼承遺產作業要點第17點第3項，認定遺產管理人之報酬以遺產現值1%爲適當。實務上常見之管理費用如後：（一）公示催告之登報費；（二）出庭撰狀費；（三）閱卷打字費；（四）戶政及地政規費；（五）裁判費及送達郵費。

第二章　監護事件

關鍵字

訪視　　選定監護人　　法定監護人　　改定監護人　　選任特別代理人

第一節　概　說

一、監護之目的

　　所謂監護，係指為保護無父母或父母均不能行使親權之未成年人或受監護人之身體、財產，所設置之私法制度。職是，未成年人之監護制度，係在應行使親權之父母，於無法行使其保護、教育未成年子女之義務時，為照顧未成年人之權益而設立之法律機制。故監護之內容乃依親權之內容而設計，具有親權替代、延長及補充之。申言之，僅有不受親權保護之未成年子女或被宣告受監護人時，為保護其等之權利，始需要設置監護人以保護照顧未成年人或受監護人。而監護之範圍，可分對於受監護人身體上及財產上之監護，因監護開始時，均需顧及兩者之權益。

二、監護類型

　　我國之監護制度有二：（一）未成年人之監護；（二）受監護人之監護。監護機關亦有兩種：（一）監護人為監護執行機關；（二）親屬會議為監護機關。再者，指定或選定監護人事件之管轄法院，應視未成年人或受監護人而有

所不同，家事事件法第120條、第164條規定專屬管轄法院。

第二節　指定未成年人之監護人

一、聲請程序

　　未成年人無如後之法定監護人時：（一）與未成年人同居之祖父母；（二）與未成年人同居之兄姊；（三）不與未成年人同居之祖父母（民法第1094條第1項）。準此，為未成年子女之最佳利益及需求，法院得依未成年子女、四親等內之親屬、檢察官、主管機關或其他利害關係人之聲請，就其三親等內旁系血親尊親屬、主管機關、社會福利機構或其他適當之人選定為監護人，並得指定監護之方法（第3項）[1]。未成年人無第1項之監護人，法院依第3項為其選定確定前，由當地社會福利主管機關為其監護人（第5項）。

二、管轄法院

　　關於選定、另行選定或改定未成年人監護人事件，專屬未成年人住所地或居所地法院管轄；無住所或居所者，得由法院認為適當之所在地法院管轄；而未成年子女有數人，其住所或居所不在一法院管轄區域內者，各該住所或居所地之法院均有管轄權（家事事件法第120條第1項第1款、第2項、第104條第2項）。準此，聲請人向法院聲請指定監護人時，其應提出未成年人之戶籍謄本、所在地及無監護人之證明，以認定法院是否有管轄權或指定監護人之必要性。法院於審理本事件時，得詢問未成年子女之意願，問其願意由何人行使監護權。並應函主管機關或社會福利機構進行訪視，作為指定監護人之參考。

1　英國兒童少年法除以兒童最佳利益作為法制原則外，亦以兒童少年之需求作為決定何謂最佳利益之指標。請參閱King, M. & Trowell, J., Children's Welfare and the Law: The Limits of Legal intervention, Sage, 1992. King, M. & Piper, C., How the Law Think about Children, Gower, 1990.

三、裁定程序

依據家事事件法第120條及民法第1094條第3項規定，指定未成年人之監護人，除未涉及停止或剝奪法定監護人實體上之監護權外，亦未涉及實體法律關係之變更，故法院以非訟事件法之裁定程序為之。

四、給付扶養費

夫妻離婚者，法院依民法第1055條規定，為酌定、改定或變更對於未成年子女權利義務之行使或負擔時，得命未行使或負擔未成年子女權利義務之一方給付扶養費。法院命給付扶養費，得審酌一切情況，定其給付之方法，不受聲請人聲明之拘束（家事事件法第107條第2項、第100條第1項）。法院得依聲請或依職權，命為一次給付、分期給付或給付定期金，必要時並得命提出擔保（家事事件法第100條第2項）。法院命分期給付者，得酌定遲誤一期履行時，其後之期間視為亦已到期之範圍或條件（第3項）。而法院得定分期給付者，限於原本應1次清償或已屆清償期之債務而言，倘屬定期金給付之債權，自不得命分期給付。故法院命給付定期金者，得酌定逾期不履行時，喪失期限利益之範圍或條件，並得酌定加給之金額。但其金額不得逾定期金每期金額1/2（第4項）。其性質係因非財產權關係而為聲請，並為財產上之請求，故請求扶養費部分，不另徵收費用（非訟事件法第14條第2項）。

五、選定或改定監護人應審酌事項

法院選定或改定監護人時，應依受監護人之最佳利益，審酌一切情狀，尤應注意下列事項：（一）受監護人之年齡、性別、意願、健康情形及人格發展需要；（二）監護人之年齡、職業、品行、意願、態度、健康情形、經濟能力、生活狀況及有無犯罪前科紀錄；（三）監護人與受監護人間或受監護人與其他共同生活之人間之情感及利害關係；（四）法人為監護人時，其事業之種類與內容，法人及其代表人與受監護人之利害關係（民法第1094條之1）。

六、選任特別代理人

監護人於監護權限內,固爲受監護人之法定代理人。然監護人之行爲與受監護人之利益相反或依法不得代理時,法院得因監護人、受監護人、主管機關、社會福利機構或其他利害關係人之聲請或依職權,爲受監護人選任特別代理人(民法第1098條)。例如,夫因車禍變成植物人,經法院爲監護宣告,並依職權命妻爲夫之監護人,妻嗣後向法院訴請離婚,因該離婚事件之當事人利益相反,夫之父母得聲請法院爲夫選任特別代理人,作爲離婚訴訟之訴訟代理人。

第三節　受監護宣告人之監護人

一、管轄法院

關於監護宣告事件,通常發生在應受監護宣告之人或受監護宣告之人生活中心即住居所地,爲便利應受監護宣告之人或受監護宣告之人使用法院及調查證據之便捷,以追求實體及程序利益,應以其住所或居所地法院專屬管轄。倘應受監護宣告之人或受監護宣告之人無住所或居所時,法院得視個案具體事實判斷,決定應受監護宣告之人或受監護宣告之人所在地法院爲管轄法院,並於裁定理由內表明(家事事件法第164條第1項)。

二、程序能力

爲保障應受監護宣告人及受監護宣告之人之程序主體權及聽審請求權,不論其是否具有意思能力,應於聲請監護宣告事件、撤銷監護宣告事件、另行選定或改定監護人事件、許可終止意定監護事件及解任意定監護人事件,賦予程序能力(家事事件法第165條前段)。倘應受監護宣告之人或受監護宣告之人係無意思能力者,因無法辨識利害得失,法院應依職權爲其選任程序監理人(後段)。以充分保障其實體及程序利益,並有助程序順利進行。

三、監護宣告程序

（一）依職權調查證據

　　家事事件多與身分關係有關，並涉及公益，故在審理程序，為求法院裁判與事實相符，保護受裁判效力所及之利害關係第三人，並便於統合處理家事紛爭，原則採行職權探知主義，斟酌當事人所未提出之事實，而於未能由當事人聲明之證據獲得心證時，得依職權調查證據。例外情形，法律另有特別規定時，則應限制法院依職權斟酌事實或調查證據之權限（家事事件法第10條第1項）。

（二）提出診斷書

　　是否因精神障礙或其他心智缺陷，致不能為意思表示或受意思表示，或不能辨識其意思表示之效果者，均屬專業之醫學判斷（民法第14條第1項）。準此，為使受訴法院能儘快掌握事證調查之方向，並決定有無命如何鑑定之必要，以利程序之進行，聲請人為監護宣告之聲請時，可提出診斷書（家事事件法第166條）。

（三）詢問應受監護宣告之人

1. 應於鑑定人前訊問

　　法院應於鑑定人前訊問應受監護宣告之人，除非有礙難訊問之情形或恐有害其健康者（家事事件法第167條第1項）。故宣告監護事件，應受監護宣告者之精神或心智狀況，經訊問鑑定人後，始得為之。為提高鑑定之準確性，鑑定應有身心科專科醫師或具身心科經驗之醫師參與（第2項）。申言之，監護宣告事件，有剝奪自然人行為能力之效力，事關公益，故課予法院自行訊問應受監護宣告人之義務，藉直接審理之方式，觀察應受監護宣告人之精神有無異狀，或其精神障礙是否達不能處理自己事務之程度[2]。

2　林洲富，論選任未成年與受監護宣告人之監護人－家事事件法施行後之展望，月旦法學雜誌，212期，2014年1月，頁60。

2. 自由心證判斷鑑定結果

　　法院對於鑑定人之鑑定結果，得依自由心證以定取捨，非必受鑑定人所陳述意見之拘束，故法院或受託法官應於鑑定人前，訊問應受監護宣告人，除有礙難訊問之情形，或恐有害其健康者，不在此限。所謂礙難訊問者，係指其人之精神狀態已達癲狂程度或使人無法接近等情形。所謂恐有害其健康者，係指其人精神頹廢、厭人煩擾，倘經訊問，有導致病情惡化之情形[3]。

四、監護宣告裁定

　　宣告監護程序，法院或受託法官應於鑑定人前，訊問應受監護宣告人，且受監護宣告，非就應受監護宣告人之心神狀況訊問鑑定人後，不得為之。準此，法院未於鑑定人前，詢問應受監護宣告人前，不得為准許或駁回監護宣告之聲請之裁定[4]。而受監護宣告之人於監護宣告程序進行中死亡者，法院應裁定本案程序終結（家事事件法第171條）。再者，監護宣告之裁定，裁定送達或當庭告知法院選定之監護人時發生效力（家事事件法第169條第1項）。裁定生效後，法院應以相當之方法，公告裁定要旨（第2項）。

五、監護人之產生

（一）職權選定

　　受監護宣告之人，因精神障礙或其他心智缺陷，致不能為意思表示或受意思表示，或不能辨識其意思表示之效果者，其身體財產須受保護，是民法第1110條規定受監護宣告人應置監護人。未成年人之監護重於保護教養，而受監護宣告人之監護，尚須護養療治，使受監護宣告人之身心能早日回復。法院為監護之宣告時，應依職權就配偶、四親等內之親屬、最近1年有同居事實之其他親屬、主管機關、社會福利機構或其他適當之人選定一人或數人為監護人，並同時指定會同開具財產清冊之人（民法第1111條第1項）。法院為前開選定

3　最高法院98年度台抗字第906號民事裁定。

4　最高法院99年度台抗字第238號民事裁定。

及指定前，得命主管機關或社會福利機構進行訪視，提出調查報告及建議。監護之聲請人或利害關係人亦得提出相關資料或證據，供法院斟酌（第2項）。

（二）家長與家屬（97第1次司法事務官）

家長、家屬間之關係，為純粹親屬之間身分關係，家長與家屬需共同生活在一起，且彼此間存有支配服從關係，而由家長統攝家屬為一整體，即所謂家團，以經營其永久的共同生活。依民法第1124條規定，家長由親屬團體中推定之；無推定時，以家中之最尊輩者為之，尊輩同者，以年長者為之。最尊或最長者不能或不願管理家務時，由其指定家屬一人代理之。家長之確定方法，計有推定、法定及指定等情形。再者，戶籍登記上之戶，係基於戶政上之必要所設，民法上身分關係之成立、變更及消滅，並不以戶籍登記為要件，戶籍登記之戶長及戶內人員，其與民法之家長及家屬，非必然相同。準此，受監護宣告人之戶籍，雖未設於實際照顧人之戶籍內，然該實際負責照顧人，應視為受宣告監護人之家長，因家長對於家屬應負扶養義務，負責養護及治療受監護宣告人之身體。故法院為監護宣告時，得依職權選定實際照顧人為受宣告監護人之監護人（民法第1111條第1項）[5]。

（三）監護人之辭任

法院選定之監護人，有下列情形之一者，得聲請法院許可其辭任：1.滿70歲；2.因身心障礙或疾病不能執行監護；3.住所或居所與法院或受監護人所在地隔離，不便執行監護；4.其他重大事由（家事事件法第176條第1項、第122條第1項）。因有上揭事由發生，該選定之監護人無能力或不適合繼續擔任監護人。法院為辭任之許可時，應另行選任監護人，以使其能繼續受監護（家事事件法第122條第2項）。

（四）監護人之注意義務

監護人應以善良管理人之注意，執行監護職務（民法第1100條）。監護人於執行有關受監護人之生活、護養療治及財產管理之職務時，應尊重受監護人

---

[5]　臺灣臺中地方法院95年度禁字第314號民事裁定。

之意思,並考量其身心狀態與生活狀況(民法第1112條)。

(五)監護人及指定會同開具財產清冊之人

法院為監護宣告裁定,應同時選定監護人及指定會同開具財產清冊之人,並附理由(家事事件法第168條第1項)。法院為前項之選定及指定前,應徵詢被選定人及被指定人之意見(第2項)。監護宣告裁定,應送達於聲請人、受監護宣告之人、法院選定之監護人及法院指定會同開具財產清冊之人;受監護宣告之人另有程序監理人或法定代理人者,並應送達之(第3項)。

(六)意定監護

1.定義

所謂意定監護,係指於本人意思能力尚健全時,本人與受任人約定,而於本人受監護宣告時,受任人允為擔任監護人之契約,以替代法院依職權選定監護人(民法第1113條之2第1項)。依當事人意思自主原則,意定監護之本人得約定由一人或數人為受任人。受任人為數人者,原則上受任人應共同執行職務,須經全體受任人同意,始得為之。例外情形,係意定監護契約另有約定,數人各就受監護人之生活、護養療治及財產管理等事項分別執行職務者,自應從其約定(第2項)。

2.意定監護之成立

意定監護契約涉及本人喪失意思能力後之監護事務,影響本人權益至為重大,故契約之訂立或變更採要式方式,除當事人意思表示合致外,須經由國內之公證人依公證法規定,作成公證書始為成立,以加強對當事人之保障,並可避免日後爭議。為避免法院不知意定監護契約存在,而於監護宣告事件,誤行法定監護程序,故有使法院查詢意定監護契約存在與否之必要性。公證人屬法院之人員,而民間公證人由地方法院監督,法院應可就公證資料加以查詢。是公證人作成公證書後7日內,以書面通知本人住所地之法院(民法第1113條之3第1項)。公證人依第1項規定為公證時,應有本人及受任人在場,向公證人表明雙方訂立或變更意定監護契約之合意,俾公證人得以確認本人及受任人意思表示合致之任意性及真實性(第2項)。意定監護契約依第1項規定成立後,須待本人發生受監護之需求時,始有由受任人履行監護職務之必要,是意定監護

契約於本人受監護宣告時，始發生效力（第3項）。

3.準用成年人監護規定

　　意定監護雖具有委任契約之性質，惟其非處理單純事務之委任，其本質仍屬監護制度之一環。故意定監護未規定者，應以與法定監護有關之條文予以補充。例如，民法第1112條規定，監護人於執行監護職務時，應尊重受監護人之意思，並考量其身心狀態與生活狀況。職是，意定監護未規定者，準用關於成年人監護之規定（民法第1113條之10）。

六、廢棄監護宣告之效力

　　監護宣告之裁定發生效力後，對於裁定得提起抗告，為使其效力之時間界線明確，並維護交易安全，故監護宣告裁定經廢棄確定前，監護人所為之行為，仍不失其效力（家事事件法第170條第1項）。監護宣告裁定經廢棄確定前，受監護宣告之人所為之行為，不得本於宣告監護之裁定而主張無效（第2項）。監護宣告裁定經廢棄確定後，應由第一審法院公告其要旨（第3項）。

七、撤銷監護宣告裁定

　　家事之非訟裁定，依本法第82條第1項規定，原則雖於宣示、公告、送達或以其他適當之方法告知受裁定人時，即發生效力。惟為保護受監護宣告人之權益，暨維護法之安定性，關於撤銷監護宣告之裁定，在裁定對聲請人、受監護宣告之人及監護人確定時，始發生效力（家事事件法第172條第1項）。而第166條之提出診斷書、第167條關於訊問應受監護宣告之人與鑑定人、第168條之裁定應附理由與送達、第170條第3項之第一審法院應公告確定裁定要旨，就聲請撤銷監護宣告事件而言，亦準用之（第2項）。

八、輔助宣告

（一）管轄與類型

　　下列輔助宣告事件，專屬應受輔助宣告之人或受輔助宣告之人之住所地或

居所地法院管轄；無住所或居所者，得由法院認為適當之所在地法院管轄：1.關於聲請輔助宣告事件；2.關於另行選定或改定輔助人事件；3.關於輔助人辭任事件；4.關於酌定輔助人行使權利事件；5.關於酌定輔助人報酬事件；6.關於為受輔助宣告之人選任特別代理人事件；7.關於指定、撤銷或變更輔助人執行職務範圍事件；8.關於聲請許可事件；9.關於輔助所生損害賠償事件；10.關於聲請撤銷輔助宣告事件；11.關於聲請變更監護宣告為輔助宣告事件；12.關於其他輔助宣告事件（家事事件法第177條第1項）。

（二）變更宣告

1. 撤銷監護宣告聲請

　　法院對於撤銷監護宣告之聲請，認受監護宣告之人受監護原因消滅，而仍有輔助之必要者，為保護精神障礙或其他心智缺陷，未達應為監護宣告程度，僅為能力顯有不足者，依聲請或依職權以裁定變更為輔助之宣告（民法第14條第4項、第15條之1第1項；家事事件法第173條第1項）。

2. 監護宣告聲請

　　法院對於監護宣告之聲請，認為未達應受監護宣告之程度，而有輔助宣告之原因者，為保護受輔助宣告之人，得依聲請或依職權以裁定為輔助之宣告（家事事件法第174條第1項）。法院為輔助宣告裁定前，有賦予關係人參與權之必要，故應使聲請人及受輔助宣告之人，有陳述意見之機會（第2項）。

3. 輔助宣告變更為監護宣告

　　受輔助宣告之人，其精神障礙或其他心智缺陷已達應為監護宣告程度，法院認有受監護宣告之必要者，為保護應受監護宣告者，得依聲請以裁定變更為監護宣告（家事事件法第175條第1項）。職是，法院除依聲請或職權將監護宣告之聲請，以裁定變更為輔助之宣告；亦可依聲請法院將輔助宣告之聲請，以裁定變更為監護宣告。

九、準用對於未成年子女權義行使或負擔

　　第106條之審前報告與意見陳述、第107條之給付扶養費或處分、第108條之聽取意見，在聲請監護宣告事件、撤銷監護宣告事件、就監護宣告聲請為輔

助宣告事件及另行選定或改定監護人事件，均準用之（家事事件法第176條第1項）。準此，賦予關係人程序參與權與保護受監護人之生活。

第四節 例題研析

案例1 指定未成年人之監護人

> 甲為未滿18歲之未婚之人，因其父母均死亡，而無遺囑指定監護人。試問應否由四親等內之親屬、檢察官、主管機關或其他利害關係人，聲請法院指定監護人？依據為何？

一、法定監護人

民法第1094條第1項規定，父母均不能行使、負擔對於未成年子女之權利義務，或父母死亡而無遺囑指定監護人，或遺囑指定之監護人拒絕就職時，依下列順序定其監護人：（一）與未成年人同居之祖父母；（二）與未成年人同居之兄姊；（三）不與未成年人同居之祖父母。倘未成年人有上揭之法定監護人時，則毋庸聲請法院指定監護人。是某甲之父母均死亡，亦無遺囑指定監護人，倘其有同居之祖父母，依據民法第1094條第1項規定，係未成年人某甲之法定監護人，無須向法院另行聲請指定監護人之必要，倘向法院聲請指定未成年人之監護人，其於法未合。

二、指定監護人

未成年人無民法第1094條第1項之法定監護人時，法院得依未成年子女、四親等內之親屬、檢察官、主管機關或其他利害關係人之聲請，為未成年子女之最佳利益，就其三親等旁系血親尊親屬、主管機關、社會福利機構或其他適當之人選定為監護人，並得指定監護之方法（民法第1094條第3項）。職是，

甲為已滿12歲之未成年人,既無以遺囑指定監護人,亦無法定監護人,利害關係人得向法院聲請指定監護人。

三、未成年人為養子女

決定監護權之歸屬,應以未成年子女之最佳利益為原則,其考慮之方向從兒童精神上利益、物質上利益、意向、年齡、健康、性別及監護人之住居、成長環境、親屬救援可能性、品格、性格、健康、氣質、能力、職業及監護現狀等綜合考量。準此,未成年人之養父母已死亡,倘無其他法定監護人,而未成年人之父母有監護之能力,以未成年人之最佳利益考慮,法院自得選定其生父母為監護人。

案例2 任監護之夫妻一方死亡

> 甲男與乙女協議離婚,約定未成年之丙子由甲男監護,甲於數年後死亡,因丙子尚未滿18歲。試問是否應向法院聲請指定監護人?依據為何?

夫妻一方,對於未成年子女之監護權,不因離婚而喪失,依民法第1051條及第1055條規定,由一方監護者,他方之監護為一時停止,任監護之夫妻一方死亡時,該未成年之子女,當然由他方監護[6]。倘無兒童及少年福利與權利保障法第71條第1項所指情事,自無須聲請法院指定監護人,應由丙子之母乙女,對丙子行使監護權[7]。

---

6 最高法院62年台上字第1398號民事判決。

7 兒童及少年福利與權益保障法第71條第1項規定:父母或監護人對兒童及少年疏於保護、照顧情節嚴重,或有第49條、第56條第1項各款行為,或未禁止兒童及少年施用毒品、非法施用管制藥品者,兒童及少年或其最近尊親屬、直轄市、縣(市)主管機關、兒童及少年福利機構或其他利害關係人,得請求法院宣告停止其親權或監護權之全部或一部,或得另行聲請選定或改定監護人;對於養父母,並得請求法院宣告終止其收養關係。

案例3　選定受宣告監護人之監護人

> 　甲男、乙男為兄弟關係，因父母均已死亡，而乙男未婚，渠等同住一處，甲男為該住所之戶長，並有娶妻生子。乙男自幼身心障礙，除無謀生能力外，亦無法自理生活，係由甲男照顧其起居。試問乙男經法院宣告為受監護宣告人，甲男為其主要撫養者，應否向法院聲請為乙男選定監護人？

一、職權選定監護人

　　受監護宣告人應置監護人（民法第1110條）。法院為監護之宣告時，應依職權就為配偶、四親等內之親屬、最近1年有同居事實之其他親屬、主管機關、社會福利機構或其他適當之人，均得擔任監護人，由法院於監護之宣告時，針對具體個案，依職權選定最適當之人擔任。基於監護職務有時具有複雜性或專業性，倘財產管理職務需要財務或金融專業人員，而身體照護職務需要醫事專業人員，為符合實際需要，法院得選定複數之監護人，並同時指定會同開具財產清冊之人，以利法院實施監督（民法第1111條第1項）。法院為前項選定及指定前，得命主管機關或社會福利機構進行訪視，提出調查報告與建議。監護之聲請人或利害關係人得提出相關資料或證據，供法院斟酌（第2項）。

二、選定家長為監護人

　　甲、乙為兄弟關係，父母均亡，而乙未婚，其等同住一處，甲係該戶之戶長，乙由甲撫養迄今，為永久共同生活為目的而同居之親屬團體（民法第1122條、第1123條）。準此，審酌甲為乙生活之照顧者與撫養人，渠等除長期共同生活外，亦有密切之親屬關係，法院得指定家長甲為家屬乙之監護人。

第三章　收養事件

關鍵字

訪視　　　書面　　　法定血親　　　法院認可　　　收養合意

第一節　概　說

　　所謂收養子女者，係指收養他人之子女為子女，而法律上視為婚生子女，其收養者為養父或養母，被收養者為養子或養女（民法第1072條）。養子女與養父母及其親屬間之關係，除法律另有規定外，其與婚生子女同（民法第1077條第1項）。既然將養子女視同婚生子女，是養子女從收養者之姓或維持原來之姓（民法第1078條第1項）。是收養子女者，是將本無直系血親關係之人，擬制有親生子女之關係，稱之法定血親或擬制血親，以別自然血親。準此，直系血親間不得成立收養關係，而非婚生子女經生父認領者，視為婚生子女，其經生父撫育者，視為認領（民法第1065條第1項、第1072條、第1073條第1項）。故非婚生子女經生父認領或撫育後，生父再聲請收養認可，則有收養無效之原因（民法第1073條之1第1款、第1079條之4）。

第二節　收養之成立

第一項　收養要件

一、實質要件

　　茲分述實質要件如後：（一）須有收養合意。例如，收養媳婦仔乃備將來與養親之特定男子或不特定男子結婚為目的，足見並無收養之合意甚明，是該收養契約不生效力[1]；（二）收養人須滿20歲；（三）收養人與被收養人須年齡相隔20歲以上。夫妻一方收養他方之子女時，應長於被收養者16歲以上（民法第1073條）；（四）收養人與被收養人有親屬關係者，其等間之輩分應相當（民法第1073條之1）；（五）有配偶者須共同收養子女，但有下列情況，得單獨收養：1.夫妻一方收養他方子女；2.夫妻之一方不能為意思表示或生死不明已逾3年（民法第1074條）；（六）一人不得同時為二人之養子女（民法第1075條）；（七）有配偶者被收養時，須得配偶之同意。但他方不能為意思表示或生死不明已逾3年者，不在此限（民法第1076條）；（八）其等間須無監護關係；（九）子女被收養時，應得其父母之同意。但有下列各款情形之一者，不在此限：1.父母之一方或雙方對子女未盡保護教養義務或有其他顯然不利子女之情事而拒絕同意；2.父母之一方或雙方事實上不能為意思表示。前開同意應作成書面並經公證。但已向法院聲請收養認可者，得以言詞向法院表示並記明筆錄代之，同意不得附條件或期限（民法第1076條之1）；（十）被收養者未滿7歲時，應由其法定代理人代為並代受意思表示。滿7歲以上之未成年人被收養時，應得其法定代理人之同意（民法第1076條之2第1項、第2項）；（十一）其他要件。例如，非被詐欺或被脅迫者、不許收養親生子女[2]。

---

[1] 最高法院75年度台抗字第508號民事裁定、80年度台上字第913號民事判決：日據時期臺灣之媳婦仔即童養媳與養女不同，通常係以將來婚配於收養人家男或養子為媳為目的。故與收養人親屬間發生姻親關係，其與本生父母間之關係則與出嫁之女同。

[2] 戴炎輝、戴東雄，中國親屬法，國立臺灣大學法學院福利社，2001年5月，修訂2刷，頁416至420。

二、形式要件

鑑於身分關係需由國家公權力加以介入，並發揮公示作用，故將收養之形式要件分爲當事人書面及法院之認可等要件（民法第1079條）[3]。認可收養子女之事件屬非訟事件，縱法院認可之裁定確定，乃無實質確定力，倘當事人提起收養無效或撤銷收養之訴時，其判決結果不受此認可收養子女之裁定拘束（民法第1079條之4、第1079條之5）[4]。對於收養認可事件之裁定，不服者得提起抗告，不服抗告者得再抗告（家事事件法第94條第1項、第2項）。

三、收養之定義

（一）發生親子關係為目的之身分契約

所謂收養者，係指收養他人之子女爲子女，而法律上視同婚生子女。是收養係以發生親子關係爲目的之身分法上契約，故成立收養之前提要件之一，即須當事人間有收養意思之合致。所謂收養意思，係指於養父母與養子女間，創設社會上一般觀念上所公認之親子關係，係養子女與本生父母間，停止其天然血緣之親子關係之意思。我國收養制度，自古以降，其最初之目的，或出於爲宗，欲延續宗嗣，使祖先血食不斷；或出於爲家族，爲保持家產，俾能使家族興旺；或基於親屬原因，爲充實勞力、慰娛晚景或養子待老。因近代收養制度，因兒童福利觀念，蓬勃發展，收養制度已改變昔日爲宗族、家庭、或親屬之目的，而更易成爲子女利益之收養。

（二）無收養意思之收養契約未合法

收養之目的在於收養人之親屬，因已身亡而無子嗣，故欲於收養被收養人後，改冠他姓，以延續其香火血食，實際僅是要冠其他之姓氏。足見收養人與

---

[3] 趙文伋、徐立、朱曦合譯，德國民法，五南圖書出版股份有限公司，1992年2月，頁373。德國民法第1752條規定，收養子女應經監護法院宣告之。

[4] 楊建華，民事訴訟法問題研析（二），三民書局股份有限公司，1991年10月，頁434至435。

被收養人間所欲成立收養關係之目的，不過係為謀延續先人血食，所為之權變方法，自與現今收養制度之立法本旨不符，並無改變親子關係之收養意思，其收養契約未合法[5]。

第二項　收養子女之認可

第一款　管轄法院

一、本國人收養（97民間公證人）

　　認可收養子女事件，專屬收養人或被收養人住所地之法院管轄；收養人在中華民國無住所者，由被收養人住所地之法院管轄（家事事件法第114條第1項）。認可終止收養事件、許可終止收養事件及宣告終止收養事件，專屬養子女住所地之法院管轄（第2項）。認可收養事件，除法律別有規定外，以收養人及被收養人為聲請人，故收養人或被收養人不得單獨聲請收養（家事事件法第115條第1項）。倘經聲請人同意時，得委任同一代理人（民法第106條）。聲請認可子女事件與聲請許可終止收養事件之聲請人，依據非訟事件法第14條第1項規定，因非財產關係為聲請者，徵收費用新臺幣1,000元。

二、外國人收養

　　收養之成立及終止，依各該收養者被收養者之本國法（涉外民事法律適用法第54條第1項）。收養及其終止之效力，依收養者之本國法（第2項）。故收養人或被收養人為外國人時，應提出收養符合其本國法之證明文件（家事事件法第115條第3項第4款）。收養文件在境外作成者，應經當地中華民國駐外機構驗證或證明；倘外文，並應附具中文譯本（第4項）。再者，收養人居住國外而委託他人辦理收養手續之授權書，須經收養人簽名，並經我國駐外機關之認證。其授權書應載明代理人及被收養人，不得作概括委託，以確保當事人之

5　臺灣高等法院87年度家抗字第2號、88年度家抗字第153號民事裁定。

收養眞意。

第二款　審查程序

一、不予認可事由

收養有如後情形之一者，法院應不予認可：（一）收養有無效或得撤銷之原因者；（二）有事實足認收養於養子女不利者；（三）成年人被收養時，依其情形，足認收養於其本生父母不利者；（四）意圖以收養免除除法定義務；（五）有其他重大事由，足認違反收養目的（民法第1079條之2）。準此，法院審理認可收養之程序，應通知收養人、被收養人之法定代理人及被收養人到庭，詢問收養之相關情事。縱使被收養人生父母已離婚，仍須通知到庭。因未成年子女被收養，應徵得無監護權之一方同意。

二、調查事項（97民間公證人）

法院開庭時得詢問如後事項：（一）收養人爲何收養子女之理由；（二）被收養人是否同意被收養；（三）被收養人之法定代理人即生父母或其配偶，是否同意被收養人被收養；（四）收養人經濟能力是否可以撫養及教育被收養人；（五）收養人有無前科，或有無難治之精神病、傳染病或其他重大疾病；（六）命收養人、被收養人法定代理人即生父母、被收養人配偶及被收養人於訊問筆錄上簽名，以確認其等之眞意。而聲請人向法院聲請收養時，應附具相關文件（家事事件法第115條）。

三、收養子女之收養契約書

收養子女，應以書面爲之，是聲請人應提出收養契約書（民法第1079條第1項；家事事件法第115條第2項第1款）。有配偶者被收養時，應得其配偶同意，須提出該配偶之被收養同意書（民法第1076條）。被收養人之本生父母爲未成年人而未結婚，因其本生父母未具備行爲能力，由被收養人之祖父母爲法

定代理人，代定或同意訂立收養書面契約，爲兼顧本生父母之意願及利益，法院爲認可收養裁定時，應聽取其意見，除非有礙難之情事發生，法院應命本生父母到庭陳述意見，此爲未成年父母之程序參與權（家事事件法第118條）。倘被收養者未滿7歲而無法定代理人時，無須由法定代理人代訂書面收養契約。例如，棄嬰通常並無法定代理人。

四、身分之認定

聲請人應提出收養人及被收養人之國民身分證、戶籍謄本、護照、親屬系統表或其他身分證明文件，以認定渠等之身分與關係（家事事件法第115條第2項第2款）[6]。被收養者未滿7歲而無法定代理人，因未申報戶籍，毋庸提出戶籍資料。法院得自聲請人提出之身分文件，審查收養人及被收養人有親屬關係時，認定其等之收養輩分是否相當（民法第1073條之1、第1079條之4）。或者收養人及被收養人之年齡是否相差20歲，未逾20歲則有收養無效之原因（民法第1073條、第1079條之4）。倘收養人已有收養子女者，應記載該子女之現狀，倘已終止收養者，應陳明終止收養之原因事實，以供法院認定有無不利於被收養人之事實（民法第1079條）。有配偶者收養子女時，應與其配偶共同爲之。但夫妻之一方，收養他方之子女者，或夫妻一方不能意思表示或生死不明已逾3年，則不在此限（民法第1074條）。

五、收養人之職業、健康及資力狀況

被收養人爲未成年人時，爲保護未成年人，確保收養人具有收養之能力，收養人應提出職業、健康及有關資力之證明書（家事事件法第115條第3項第1款）。詳言之，收養人應證明其有相當經濟能力之財產證明，足可撫育及照顧被收養人。例如，提出保險單、存款證明、定存單、所有權狀或股票等資力證明。收養人亦應提出職業證明或在職證明，以證明其謀生能力及是否從事正當職業。再者，收養人原則應提出健康證明，證明其身體狀況是否足以照顧被收養人。例如，體檢表及醫院診斷書等醫院證明。例外情形，成年人被收養時，

6　收養人爲外國人時，應提出外國護照，以認定其國籍及收養準據法。

而成年之被收養人具有謀生及照顧自己之能力，收養人得免提財產、職業及健康證明。

六、被收養者為成年人或有配偶者

夫妻之一方被收養時，應提出他方之同意書，但他方不能為意思表示或生死不明已逾3年者，不在此限。被收養人有配偶者，應提出其配偶同意書或不能同意之證明文件（民法第1076條；家事事件法第115條第3項第2款）。因成年人被收養時，有可能對於本生父母不利（民法第1079條之2）。是聲請人應提出被收養人之本生父母所具經公證，而無須由其照顧及扶養之證明文件，如未能取得該文件者，亦應陳明其事由。例如，本生父母之同意書或本生父母另有其他子女得撫養之戶籍謄本。倘足認收養於其本生父母不利者，則不予認可。

七、父母之同意與例外

子女被收養時，原則應提出經公證之被收養人父母之同意書。例外情形如後：（一）父母之一方或雙方對子女未盡保護教養義務或有其他顯然不利子女之情事而拒絕同意；（二）父母之一方或雙方事實上不能為意思表示；（三）已向法院聲請收養認可者，得以言詞向法院表示並記明筆錄代之；（四）被收養者之父母已以法定代理人之身分代為並代受意思表示或為同意者（家事事件法第115條第3項第3款；民法第1076條之1第1項、第2項、第1076條之2）。

第三款　收養棄嬰

一、棄嬰之定義

所謂棄嬰者，係指兒童福利法施行細則第15條第2項規定未滿1歲之兒童（臺灣省棄嬰處理要點第1條，下稱要點）。1歲以上未滿7歲遭遺棄之兒童比

照辦理（要點第15條）[7]。

二、協尋程序

　　發現棄嬰之民眾、醫院或福利機構，應向當地警察分駐或派出所報案（要點第3條）。倘經6個月之協尋，仍未查獲棄嬰之戶籍資料或其親生父母者，應將協尋結果函知社政單位轉知收容機構或寄養家庭（要點第7條）。是聲請收養棄嬰事件，應函警察機關協尋棄嬰之親生父母或家屬，查詢是否已協尋6個月後，仍無著落。

三、試養階段

　　社政單位為謀棄嬰之幸福，得代為選擇適當之收養人；對於申請收養人之家庭狀況及生活情形，應予調查，經審慎評估認為適合收養時，得予6個月以內之試養（要點第9條、第10條）。是欲收養之人須試養棄嬰6個月之期間。因我國收養棄嬰之內涵與日本之試驗養育性質相近，即試驗養育之主要目的，係使養親於相當期間養育欲收養之子女，藉以判斷養親對養子女之監護能力及養親與養子女間，是否能相處良好，作為家庭裁判所認定是否符合收養之要件[8]。法院認可未成年人被收養前，得准收養人與未成年人共同生活一段期間，供法院決定之參考；共同生活期間，對於未成年人權利義務之行使負擔，由收養人為之，此為收養觀察期（家事事件法第116條）。

四、收養成立要件

　　棄嬰經試養期滿，應由社工員或受託單位提出試養報告，經社政單位同意

---

[7]　林洲富，家事事件之理論及實務研究，司法研究年報，23輯6篇，司法院，2003年11月，頁180至181。

[8]　大森政輔，特別養子法逐修解說（四），戶籍時報，第361號，昭和63年（西元1988年）4月，頁12。細川清著，改正養子法の解說（四），法曹時報，42卷7期，平成2年（西元1990年）7月，頁97。

辦理收養後，申請收養人應與棄嬰之監護人訂立收養契約（要點第11條）。其向法院聲請認可收養棄嬰時，應檢具收養契約書、收養人與被收養人之戶籍謄本、收養人之家庭狀況、生活情形調查報告及社會福利單位同意之文件等資料（要點第12條）。

第四款　收養兒童及少年

本法所稱兒童及少年，指未滿18歲之人；所稱兒童，指未滿12歲之人；所稱少年，指12歲以上未滿18歲之人（兒童及少年福利與權益保障法第2條）。法院認可兒童及少年之收養前，得採行下列措施，供決定認可之參考：（一）命直轄市、縣市主管機關、兒童及少年福利機構、其他適當之團體或專業人員進行訪視，提出訪視報告及建議；（二）命收養人與兒童及少年先行共同生活一段期間；共同生活期間，對於兒童及少年權利義務之行使或負擔，由收養人為之；（三）命收養人接受親職準備教育課程、精神鑑定、藥、酒癮檢測或其他維護兒童及少年最佳利益之必要事項；其相關費用，由收養人自行負擔；（四）命直轄市、縣市主管機關調查被遺棄兒童及少年身分資料（兒童及少年福利與權益保障法第17條第2項）。進行訪視者，應評估出養之必要性，並給予必要之協助；其無出養之必要者，應建議法院不為收養之認可（第3項）。收養人或收養事件之利害關係人得提出相關資料或證據，供法院斟酌（第4項）。準此，法院認可兒童及少年收養事件，應發函各地縣、市政府對收養人及被收養人作訪視調查。就兒童或少年收養事件而言，兒童及少年福利與權益保障法為民法親屬編之特別法，應優先適用。

一、兒童及少年之最佳利益

法院認可兒童及少年收養事件，應考慮兒童及少年之最佳利益。故父母對於兒童及少年出養之意見不一致，或一方所在不明時，父母之一方仍可向法院聲請認可。經法院調查認為收養符合兒童及少年之最佳利益時，應予認可（兒童及少年福利與權益保障法第18條第1項）。決定兒童及少年之最佳利益時，應斟酌收養人之人格、經濟能力、家庭狀況及以往照顧或監護其他兒童及少年

之紀錄[9]。

二、收養關係之生效始點

收養兒童或少年經法院認可者，收養關係溯及於收養書面契約成立時發生效力。無書面契約者，以向法院聲請時，爲收養關係成立之時。有試行收養之情形者，收養關係溯及於開始共同生活時發生效力（兒童及少年福利與權利保障法第19條第1項）。

第五款　收養大陸地區人民

一、準據法之適用

臺灣地區人民收養大陸地區人民，其收養之成立及終止，依各該收養者被收養者設籍地區之規定（臺灣地區與大陸地區人民關係條例第56條第1項）[10]。聲請人並應提出財團法人海峽交流基金會證明之公證書或其他相關證明、符合大陸地區收養規定之事證，以供法院審酌。是臺灣地區人民收養大陸地區人民，其收養關係是否成立，關於大陸地區及臺灣地區之收養制度，均應適用之，而大陸地區於1998年11月4日通過，自1999年4月1日起施行中華人民共和國收養法。例如，依據我國民法第1079條第1項前段規定收養子女，應以書面爲之，臺灣地區收養人收養未滿20歲之大陸地區人民爲養子女，並未以書面爲之，顯然違反我國民法第1079條第1項前段規定，依民法第73條規定，收養行爲即屬無效，自不能發生收養關係[11]。而收養之效力，依收養者設籍地區即臺灣地區規定（臺灣地區與大陸地區人民關係條例第56條第2項）。

9　最高法院101年度台簡抗字第49號民事裁定。

10　最高法院93年度台抗字第1000號、94年度台抗字第81號民事裁定。

11　臺灣高等法院88年度家抗字第89號民事裁定。

二、收養之方法

臺灣地區人民收養大陸地區人民為養子女，除依民法第1079條第5項規定外，有下列情形之一者，法院亦應不予認可：（一）已有子女或養子女者；（二）同時收養二人以上為養子女者；（三）未經行政院設立或指定之機構或委託之民間團體驗證收養之事實者（臺灣地區與大陸地區人民關係條例第65條）。申言之，基於顧及臺灣地區人口壓力及國家安全、社會安定，對於收養人已有子女或養子女之情形，認定有加以限制之必要，且其未區分收養人在臺灣或大陸地區是否有子女，而有不同之規定，實寓有國家安全、社會安定政策之考量，未逾立法裁量範圍，並非恣意，故與憲法平等原則、家庭權、比例原則及國際人權兩公約保障兒童精神無違[12]。

三、收養養孫

收養他人之子女為子女時，其收養者為養父或養母，被收養者為養子或養女（民法第1072條）。足見無子女者收養他人之子女為孫者，顯與臺灣地區之法律規定有所牴觸。況大陸地區之收養法不承認有養孫之規定，即收養人得收養他人為孫子女，形成養祖父母與養孫子女關係[13]。職是，收養養孫與大陸地區與臺灣地區之法律不符，其等之收養關係未有效成立。

第六款 日據時代收養

收養人子女，固應以書面為之，但被收養者未滿7歲而無法定代理人時，不在此限（修正前民法第1079條第1項）。然在我國過去鄉間之收養，多數未以書面為之。準此，前於1936年5月5日即現行民法親屬編施行後成立收養關係者，依據修正後之民法第1079條之1規定應屬無效。倘其收養係在民法親屬編施行前，因該施行法第1條不適用民法第1079條之1規定，其收養縱未以書面訂

---

12 臺灣高等法院101年度非抗字第31號民事裁定。

13 林俊益，跨海收養－詳解海峽兩岸收養制度，永然文化出版股份有限公司，1994年9月，頁149。

立，不得謂爲無效[14]。再者，收養係發生於臺灣省或臺北市、高雄市者，因我國親屬法自1945年10月25日即臺灣光復日起，始在臺灣省開始實施，是在臺灣省實施之時間計算，應以1945年10月25日爲準。例如，養子甲於臺灣光復前爲養父乙收養，其被收養時未滿7歲，縱與收養者間未訂定書面收養契約，其收養仍屬有效。而依據當時之戶籍規則，收養子女雖須申報戶籍，然未申報戶籍，對於收養之成立並無影響。倘養子甲自幼爲養父乙收養，故其等間之收養關係合法成立甚明，在戶籍謄本雖未有此項收養之記載，仍不影響當事人間之收養關係成立。

第三節　收養之終止

一、管轄法院

收養關係之終止之型態有合意終止收養關係及裁判終止，而裁判終止亦分判決終止收養關係及死亡後裁定終止收養兩種類型[15]。認可終止收養事件、許可終止收養事件及宣告終止收養事件，專屬養子女住所地之法院管轄（家事事件法第114條第2項）。

二、合意終止

養父母與養子女之關係，得由雙方合意終止之（民法第1080條第1項）。前項終止，應以書面爲之。養子女爲未成年人者，並應向法院聲請認可（第2項）。法院依前項規定爲認可時，應依養子女最佳利益爲之（第3項）。養子

14　依據前司法行政部編訂之臺灣民事習慣調查報告所載，日據時期即1926年以後，依當時之習慣，獨身婦女如已成年，得獨立收養子女。

15　陳棋炎、黃宗樂、郭振恭，民法親屬法新論，三民書局股份有限公司，1990年，3版，頁331。林菊枝，親屬法新論，五南圖書出版股份有限公司，1996年，頁271。中川善之助著，新訂親族法，青林書院，1968年，新訂版，頁456。太田武男著，親族法概要，有斐閣，1990年，頁385。久貴忠彥，親族法，日本評論社，1984年，242頁。遠藤浩等，民法（八）－親族，有斐閣，1992年，3版增訂版，頁222。

女爲未成年人者，終止收養自法院認可裁定確定時發生效力（第4項）。養子女未滿7歲者，其終止收養關係之意思表示，由收養終止後爲其法定代理人之人爲之（第5項）。養子女爲滿7歲以上之未成年人者，其終止收養關係，應得收養終止後爲其法定代理人之人之同意（第6項）。夫妻共同收養子女者，其合意終止收養應共同爲之。例外情形，如後之一者，得單獨終止：（一）夫妻之一方不能爲意思表示或生死不明已逾3年；（二）夫妻之一方於收養後死亡；（三）夫妻離婚（第7項）。夫妻之一方依前項但書規定單獨終止收養者，其效力不及於他方（第8項）。違反第1080條第2項或第5項，終止收養無效（民法第1080條之2）。

三、判決終止

（一）管轄法院

判決終止收養須具備法定終止收養原因，始得訴請裁判終止收養關係（民法第1081條）。依據民法第1081條所定之事由，提起終止收養關係之訴，專屬養父母之住所地或死亡時住所地之法院管轄（家事事件法第114條第2項第3款）。

（二）法定事由

養父母養子女之一方，有判決終止收養關係之法定事由之一：1.對於他方爲虐待或重大侮辱；2.遺棄他方。例如，養父爲逾80歲之高齡老人，而養子竟無故離家迄今已逾數載，不爲必要之扶助保護，其惡意遺棄養父至明；3.因故意犯罪，受2年有期徒刑以上之刑之裁判確定而未受緩刑宣告；4.有其他重大事由難以維持收養關係。例如，養子女吸食毒品、養子女誣告養父母犯罪、養父母使養女暗操淫業等[16]。法院因他方之請求，得宣告終止其收養關係（民法第1081條第1項）。終止收養關係之訴，由養子女起訴者，應以養父母一同起訴，此爲必要共同訴訟人，當事人之適格始無欠缺，倘有一人死亡，得以其生

---

16 最高法院48年台上字第1669號民事判決。

存之一人爲被告[17]。養子女爲未成年人者，法院宣告終止收養關係時，應依養子女最佳利益爲之（第2項）。

四、裁定終止

養父母死亡後，養子女得聲請法院許可，終止收養關係（民法第1080條之1第1項）[18]。養子女未滿7歲者，由收養終止後爲其法定代理人之人向法院聲請許可（第2項）。養子女爲滿7歲以上之未成年人者，其終止收養之聲請，應得收養終止後爲其法定代理人之人之同意（第3項）。法院認終止收養顯失公平者，得不許可之（第4項）。日本民法第811條第5項、第6項雖有規定死後終止收養，惟未對死後終止收養設有限制。民法第1080條第5項之法院許可終止收養原因，雖在民法親屬編修正前所發生之事實，依民法親屬編施行法第12條第2項規定，其於修正後仍適用之。

第四節　例題研析

案例1 ｜ 撤銷收養事由

> 試說明民法親屬法規定，撤銷收養之法定事由為何。試分別以現行法第1079條之5、民法親屬編施行法第1條後段與修正前之規定，說明其事由。

---

[17] 最高法院41年台上第757號民事判決。

[18] 王書江、曹爲合譯，日本民法，五南圖書出版股份有限公司，1992年8月，頁144。日本民法第811條第6項規定：養父母死亡後，養子女欲終止收養時，應經家事裁判所許可。

一、未與其配偶共同收養

有配偶者收養子女時，應與其配偶共同爲之，其目的在於謀求養子女之福祉，使養子女得受完整之家庭照顧。例外情形，係有下列各款情形之一者，得單獨收養：（一）夫妻之一方收養他方之子女；（二）夫妻之一方不能爲意思表示或生死不明已逾3年（民法第1074條）。違反前開規定，未與其配偶共同收養，收養者之配偶得自知悉其事實之日起6個月內，或自法院認可之日起1年內，請求撤銷收養關係（民法第1079條之5第1項）。例如，依據收養人提出之收養契約書記載，收養人未與其配偶共同收養，是其收養有民法第1079條之2第1項前段所定得撤銷之原因。

二、有配偶者被收養而未得其配偶之同意

有配偶者被收養時，應得其配偶之同意（民法第1076條）。未經其配偶同意，被收養者之配偶得自知悉其事實之日起6個月內，或自法院認可之日起1年內，請求撤銷收養關係（民法第1079條之5第2項）。

三、滿7歲以上之未成年人被收養而未得法定代理人之同意

滿7歲以上之未成年人被收養時，應得法定代理人之同意。未經其法定代理人之同意，法定代理人得自知悉其事實之日起6個月內，或自法院認可之日起1年內，請求撤銷收養關係（民法第1079條之5第2項）。

四、1985年6月4日前收養無效事由

關於親屬之事件，在民法親屬編修正前發生者，除有特別規定外，不適用修正後之規定（民法親屬編施行法第1條後段）。而民法親屬編施行法就修正前違背民法第1073條之收養應適用之法律，並無特別規定。準此，收養成立於1985年6月4日前，自應適用修正前民法親屬編有關規定，依大法官會議釋字第87號解釋意旨，認爲收養子女者，倘違反民法第1073條規定，收養者之年齡應長於被收養者20歲以上，僅得請求法院撤銷之，並非當然無效。故養父母得以

其並未長於養子女20歲以上為理由，請求撤銷其於1985年6月4日前與養子女所為之收養關係[19]。

案例2　夫妻離婚後之未成年子女被收養

> 甲男與乙女協議離婚，約定未成年之丙子由甲男監護。嗣後乙女再婚，甲男未經乙女同意，將丙子出養與第三人。試問乙女有何救濟途徑？依據為何？

一、原則

夫妻離婚後，關於子女之監護，不論依法律規定，或雙方約定，或由法院酌定一方為監護人時，他方之監護權不過一時停止而已，至於父母子女之親子關係，並不受任何影響[20]。因收養關係合法成立，將使養子女與本生父母間之關係，除保持自然血緣關係外，其餘均停止之，故監護權一時停止之他方與子女間本不受影響之親子關係，因子女出養而消滅。準此，夫妻離婚後，有監護權之一方應得監護權一時停止之他方同意，始得將其監護之子女出養，否則僅憑有監護權之一方同意或代為出養行為，即可消滅監護權僅一時停止之他方與子女間之親子關係，其於情於理於法，洵非正當。申言之，夫或妻縱為有監護權之一方，而將其監護之子女出養時，仍應得監護權一時停止之他方同意，倘未經其同意，單獨將其所監護之子女出養，未經同意之收養行為，得訴請法院撤銷之[21]。依本題所示，不問婚姻存續中或已離婚，未成年子女出養時，應得父母之同意，故乙女得向法院提起撤銷丙子及第三人間之收養關係之訴[22]。

---

[19] 大法官會議釋字第87號解釋，解釋日期1960年12月9日。

[20] 最高法院62台上字第1398號民事判決。

[21] 大法官會議釋字第365號解釋。

[22] 戴東雄，從男女平等之原則談起，民法70年之回顧與展望紀念論文集三・物權、親屬編，元照出版公司，2000年9月，頁240至241。

二、例外

　　子女被收養時，原則應得其父母之同意。例外情形如後：（一）父母之一方或雙方對子女未盡保護教養義務或有其他顯然不利子女之情事而拒絕同意；（二）父母之一方或雙方事實上不能為意思表示（民法第1076條之1第1項）。再者，父母對於兒童及少年出養之意見不一致，或一方所在不明時，父母之一方仍可向法院聲請認可。經法院調查認為收養符合兒童及少年之最佳利益時，應予認可（兒童及少年福利與權益保障法第18條第1項）。職是，兒童及少年福利與權益保障法為民法第1076條之1之特別規定，應予優先適用[23]。

> ### 案例3　收養無效事由
>
> 　　試說明民法親屬法規定，有關收養無效之法定事由為何。試分別以臺灣地區民法規定與大陸地區之收養法，說明無效之事由，並比較兩者之不同。

一、年齡差距不足

　　收養者之年齡，未長於被收養者20歲以上，因其有悖公序良俗，易滋流弊，是其等收養子女關係無效（民法第1073條、第1079條之4）。例如，收養者之年齡僅長於被收養者15餘歲，其與上開應長於20歲以上之規定不符，是收養有無效之原因者，法院應不予認可。再者，大陸地區之收養法就年齡之差距規定較為嚴格，即收養人要年滿30歲（中華人民共和國收養法第6條第4款），其條件較臺灣地區嚴格。甚者，無配偶之男性收養養女者，收養人與被收養人之年齡應相差40歲以上，以防不倫之情事發生（中華人民共和國收養法第9條）。

---

23 最高法院101年度台簡抗字第49號民事裁定。

二、基於倫常關係及優生考量

　　鑑於倫常關係及優生學之因素，一定親屬者，不得成立收養關係：（一）直系血親；（二）直系姻親；（三）旁系血親在六親等以內及旁系姻親之輩在五親等以內，其等之輩分不相當者。不得收養為養子女，違反者，收養子女關係原則無效。例外情形，係夫妻之一方，收養他方之子女者，其等雖屬直系姻親，亦得成立收養關係（民法第1073條之1、第1079條之4）。

三、禁止同時為二人以上收養

　　除配偶共同收養者外，一人不得同時為二人之養子女，違反者，收養子女無效（民法第1075條、第1079條之4）。因一人不得同時為二人之養子女之規定者，其與我國傳統之倫理美德不容，自應禁止之。再者，大陸地區之收養法規定，除一人不得同時為二人之養子女外，收養人亦僅能收養一名子女（中華人民共和國收養法第8條第1項）。

四、直系姻親間

　　直系姻親不得收養為養子女，違反者其收養無效；而收養有無效之原因者，法院應不予認可（民法第1073條之1第2款前段、第1079條之4、第1079條）。例如，被收養人與收養人之女結婚，其為收養人之直系姻親，收養人於婚後再與被收養人訂立書面收養契約，收養被收養人為養子，因被收養人為收養人之女婿，其收養無效。

案例4　生父收養有血緣之子女

　　未婚之甲男與已婚乙女發生婚外情通姦生下丙子，因怕事跡暴露，甲男未認領丙子。試問未婚之甲男為使丙子認祖歸宗，得否收養丙子為養子？理由為何？

就收養之目的而言，收養係以與他人之子女發生婚生子女關係爲目的之契約，此觀民法第1072條規定自明。故對於自己親生之子女，自無從成立收養契約[24]。有不同見解者，認爲婚姻關係存續中受胎而生之子女，爲婚生子女（民法第1061條）。丙子係在乙女之婚姻關係存續中受胎所生，自推定爲其夫之婚生子，其婚生關係在未經法律上提出否認子女之訴，予以推翻前，丙子係推定爲其夫之婚生子，是乙女及其夫係丙子法定代理人，渠等自得同意實際之生父收養甲男而成立收養契約。

案例5 收養之程序

> 我國人民甲男與乙女爲夫妻，其欲收養丙男與丁女婚生之未成年人戊男，而戊男未婚。甲男與乙女之住所在高雄市，而丙男、丁女及戊男之住所均在嘉義市。試問：（一）本件認可收養子女事件應以何人爲聲請人？（二）應由何法院管轄？（三）聲請人應提出何種文件供法院審查？

一、聲請人

聲請認可收養子女，以收養人及被收養人爲聲請人（家事事件法第115條第1項）。故收養人或被收養人不得單獨聲請，而收養人與被收養人共同聲請時，得委任同一代理人。職是，本件之聲請人爲甲男、乙女及戊男爲聲請人，因戊男係未成年人，應由其父母丙男與丁女爲戊男之法定代理人。

二、管轄法院

認可收養子女事件，專屬收養人或被收養人住所地之法院管轄；收養人在中華民國無住所者，由被收養人住所地之法院管轄（家事事件法第114條第1

[24] 最高法院75年度台聲字第342號民事裁定。

項）。準此，收養人甲男與乙女之住所在高雄市，是本件認可收養子女事件之管轄法院為臺灣高雄地方法院。

三、聲請文件

（一）收養子女之收養契約書與認定身分之文件

收養子女，應以書面為之，是聲請人應提出收養契約書，其為要式之法律行為（民法第1079條第1項；家事事件法第115條第3項第1款）。再者，聲請人應提出收養人及被收養人之國民身分證、戶籍謄本、護照或其他身分證明文件（家事事件法第115條第3項第2款）。

（二）收養人之職業、健康及資力狀況

被收養人為未成年人時，為保護該未成年人，確保收養人具有收養之能力，收養人應提出職業、健康及有關資力之證明書（家事事件法第134條第4項第1款）。詳言之，收養人應證明其有相當經濟能力之財產證明，足可撫育及照顧被收養人。例如，提出保險單、存款證明、定存單、所有權狀或股票等資力證明。另收養人應提出職業證明或在職證明，以證明其謀生能力及是否從事正當職業。收養人亦應提出健康證明，證明其身體狀況是否足以照顧被收養人。例如，體檢表及醫院診斷書等醫院證明。

（三）被收養人之父母同意

向法院聲請收養認可時，原則應提出經公證之被收養人本生父母之同意書。例外情形，係有民法第1076條之1第1項但書，第2項但書或第1076條之2第3項情形者，不在此限（家事事件法第115條第3項第3款）。詳言之，子女被收養時，應得其父母之同意，該同意不得附條件或期限（民法第1076條之1第1項本文、第3項）。但有下列各款情形之一者，不在此限：1.父母之一方或雙方對子女未盡保護教養義務或有其他顯然不利子女之情事而拒絕同意；2.父母之一方或雙方事實上不能為意思表示（第1項但書）。前開同意應作成書面並經公證。但已向法院聲請收養認可者，得以言詞向法院表示並記明筆錄代之（第2項）。被收養者之父母以法定代理人之身分代為，並代受意思表示或為同意時，得免公證或記明筆錄（民法第1076條之2第3項）。

第四章　繼承事件

關鍵字

| 繼承人 | 聲明期限 | 單獨行為 | 形式審查 | 准予備查 |

第一節　概　說

一、繼承之概念

　　所謂繼承者，係指被繼承人死亡時，就該被繼承人非專屬之一切權利義務，由該自然人有一定親屬身分關係之繼承人，概括繼承被繼承人所遺留之財產，包括權利與義務。因繼承法係以一定親屬之身分為基礎之財產法規範，其可謂身分之財產法。繼承人於繼承發生時，應具備同時存在原則、繼承能力、位居繼承順序及非喪失繼承權等要件，始具有繼承人之要件。

二、繼承人資格

　　遺產繼承人分為血親繼承人及配偶繼承人兩種類型，配偶繼承人原則上與下列順序之血親繼承人共同繼承（民法第1138條）：（一）直系血親卑親屬；（二）父母；（三）兄弟姊妹；（四）祖父母。而第一順序之繼承人即直系血親卑親屬，以親等近者為先（民法第1139條）。倘第一順序之繼承人，有於繼承開始前死亡或喪失繼承權者，則由其直系血親卑親屬代位繼承其應繼分（民法第1140條）。再者，配偶與其他法定繼承人繼承遺產之應繼分，依據民法第1144條規定有所區分：（一）配偶與直系血親卑親屬同為繼承時，其應繼分與他繼承人平均；（二）父母、兄弟姊妹同為繼承時，其應繼分為遺產1/2；（三）與祖父母同為繼承時，其應繼分為遺產2/3；（四）倘無其他法定繼承人時，配偶繼承全部遺產。而同一順序之繼承人有數人時，按人數平均繼承（民法第1141條）。

第二節　拋棄繼承

第一項　效力與期間

一、拋棄繼承之效力

（一）單獨行為

　　繼承之拋棄，係消滅繼承效力之單獨行為，繼承人拋棄繼承權者，視為自始該繼承人不存在（民法第1175條）。因人之權利能力始於出生（民法第6條），故胎兒和悉得繼承之時，應自出生日起算，由其法定代理人代為拋棄繼承之意思表示（民法第76條）。再者，拋棄繼承不得附加條件或期限，亦不得撤回，以免影響繼承關係之確定。而拋棄繼承須全部為之，不得為一部拋棄。

（二）拋棄繼承期間

　　拋棄繼承須於繼承開始後為之，即繼承人應於其知悉得繼承之時起3個月內，以書面向法院為之，並以書面通知因其拋棄而應為繼承之人。但不能通知

者，不在此限（民法第1174條第2項）。因他人拋棄繼承而應爲繼承之人，爲拋棄繼承時，應於知悉其得繼承日起3個月內爲之（民法第1176條第7項）。準此，繼承人於被繼承人生前不得預爲繼承拋棄之聲明，縱使爲之，亦不生拋棄繼承之效力。

二、拋棄繼承時之遺產管理

拋棄繼承權者，就其所管理之遺產，於其他繼承人或遺產管理人開始管理前，應與處理自己事務爲同一之注意，繼續管理之（民法第1176條之1）。因繼承人向法院爲拋棄繼承權之表示，並無訟爭性，依其性質屬非訟事件。

第二項　聲請程序

一、管轄法院

民法第1174條所定拋棄繼承事件，由繼承開始時，被繼承人住所地法院管轄（家事事件法第127條第1項）。而繼承人拋棄繼承應以書面向法院表示。例如，被繼承人死亡時住所係臺南市，依法拋棄繼承事件，應由臺灣臺南地方法院管轄，聲請人向臺灣高雄地方法院聲請拋棄繼承，即於法不合，應予駁回。爲便利繼承人辦理相關手續，並使因繼承人拋棄而應爲繼承之人知悉上情。職是，拋棄繼承合法者，法院應予備查，將結果通知拋棄繼承人，並公告之（家事事件法第132條第2項）。

二、要式行為

拋棄繼承之聲請程序如後：（一）聲請人須繳裁判費新臺幣1,000元（非訟事件法第14條第1項）；（二）聲請人須應提出如後文件：1.繼承權拋棄書；2.被繼承人之除戶謄本及繼承人之全部戶籍謄本；3.拋棄繼承人之印鑑證明一份[1]；4.繼承系統表一份；5.因其拋棄而應爲繼承之人已受書面通知。例

---

[1] 參照戶政事務所辦理印鑑登記作業規定。

如，存證信函、遺產拋棄書或不能通知之文件。以書面通知因其拋棄而應爲繼承人，非向法院爲拋棄繼承之生效要件，縱未檢具曾以書面通知因其拋棄而應爲繼承人之證明文件，法院仍應准予備查[2]；6.拋棄繼承之聲明狀[3]。

第三項　審理程序

一、審查事項

　　法院受理拋棄繼承事件時，其審查程序如後：（一）聲請人應提出之文件有欠缺者，法院應先裁定命補正，再決定是否開庭調查；（二）法院開庭時應詢問未成年人是否有拋棄繼承之眞義；（三）民法第1174條之繼承權拋棄，係指繼承開始後，否認繼承效力之意思表示而言，此觀同條第2項及民法第1175條規定甚爲明顯，倘繼承開始前，預爲繼承權之拋棄，不能認爲有效；（四）繼承之拋棄，係指繼承人否認自己開始繼承效力之意思表示，即否認因繼承開始當然爲繼承人之全部繼承效力之行爲[4]。其與拋棄因繼承所取得之財產，性質不同。再者，民法第1174條之拋棄繼承權，係指全部拋棄而言，倘爲一部拋棄，爲繼承性質所不許，不生拋棄之效力[5]。

二、法院准予備查及裁定駁回

　　法院審查結果後，聲請人拋棄繼承符合法律規定者，法院應准予備查。倘不應准許者，法院應以裁定駁回之，不得僅以存查之方式，通知聲請人結

2　司法院1988年8月29日廳民三字第1083號函。

3　林洲富，家事事件之理論及實務研究，司法研究年報，23輯6篇，司法院，2003年11月，頁309至310。

4　林洲富，家事事件之理論及實務研究，司法研究年報，23輯6篇，司法院，2003年11月，頁310至311。

5　最高法院65年台上字第1563號、67年台上字第3448號民事判決。

案[6]。當事人不服法院之裁定，自可依抗告程序，請求救濟之。

第四項　拋棄繼承之意思表示

一、書面單獨行為

繼承人以書面將拋棄繼承之意思表示向法院為之，即生拋棄繼承之效力，溯及於繼承開始時（民法第1175條）。其應繼分之歸屬確定，嗣再具狀撤回拋棄繼承之意思表示，自不生撤回效力，以免有礙繼承關係之安定。至拋棄繼承之意思表示，倘有錯誤、被詐欺或被脅迫等瑕疵時，該繼承人自得適用民法總則之規定，行使撤銷權。準此，拋棄繼承之意思表示不得撤回。

二、形式審查主義（105民間公證人）

拋棄繼承事件，性質上為非訟事件之單獨行為，法院基於形式審查確定拋棄繼承人，次順序繼承人及第三人之權利義務，其符合非訟事件之程序，法院應就繼承權拋棄之形式要件，是否具備，依職權為調查，毋庸為實體之審究。繼承人拋棄繼承權，應於知悉其得繼承之時起3個月內，以書面向法院為之（民法第1174條第2項）。法院對繼承人拋棄繼承聲明之通知准予備查，僅為形式審查，並無實體認定效力，繼承人拋棄繼承是否合法，即於相關事件，仍須為實體審查。準此，未成年子女之法定代理人是否為其子女利益而拋棄其子女之繼承權，屬實體上之審究問題，法院無審究之必要[7]。倘限制行為人無拋棄繼承之意思，而由法定代理人所代為之者，解釋上不生拋棄之效力。為避免爭議，法院得開庭詢問未成年子女是否有拋棄繼承之意思，始為准予備查或裁定駁回。

6　楊建華，民事訴訟法問題研析（二），三民書局股份有限公司，1991年10月，頁454。

7　楊建華，民事訴訟法問題研析（二），三民書局股份有限公司，1991年10月，頁454。

第三節　限定繼承

第一項　聲請程序

一、限定繼承之定義

　　所謂限定繼承，係指繼承人限定以其因繼承所得之遺產，償還被繼承人所負債務之意思表示。繼承人就被繼承人之債務，僅負有限責任，而繼承人繼承之財產與繼承人之固有財產分離。是繼承人得限定以因繼承所得之遺產，償還被繼承人之債務。繼承人對於被繼承人之債務，以所得遺產為限，負連帶清償責任（民法第1153條第1項）。民法繼承編採法定之限定繼承，毋庸向法院為陳報。

二、遺產清冊陳報事件

（一）管轄法院與陳報方式

　　繼承人間具遺產清冊陳報事件，由繼承開始時被繼承人住所地法院管轄（民法第1156條；家事事件法第37條第1項第1款）。繼承人陳報遺產清冊之方式，應以書面向法院陳報，由陳報人或其代理人簽名或蓋章，並記載如後事項：1.陳報人之姓名、性別、年齡、籍貫、職業及住居所；2.由代理人陳報者，其姓名、性別、年齡、籍貫、職業及住居所；3.被繼承人之姓名及最後住所；4.開具遺產清冊，該清冊應詳細記載被繼承人之財產狀況，暨繼承人已知之債權人、債務人，俾於清理遺產[8]；5.管轄法院；6.陳報之年月日（民法第1156條第1項；家事事件法第128條）。

（二）陳報期限

　　繼承人於知悉其得繼承之時起3個月內，開具遺產清冊陳報法院（民法第1156條第1項）。該3個月期間，法院因繼承人之聲請，認為必要時，得延展之

8　包括積極財產及消滅財產。

（第2項）。繼承人有數人時，其中一人已開具遺產清冊陳報法院者，其他繼承人視為已陳報（第3項）。債權人得向法院聲請命繼承人於3個月內，提出遺產清冊（民法第1156條之1第1項）。法院於知悉債權人以訴訟程序或非訟程序向繼承人請求清償繼承債務時，得依職權命繼承人於3個月內，提出遺產清冊（第2項）。被繼承人之債權人起訴請求繼承人履行債務，倘繼承人提出限定繼承之抗辯，法院應為保留支付之判決，判決繼承人於繼承財產之限度內支付債務[9]。

第二項　公示催告程序

一、職權公示催告

　　繼承人向法院陳報遺產清冊時，法院認定陳報合法者，應依職權為公示催告程序，命被繼承人之債權人於一定期限內報明其債權。該項一定期限，不得在3個月以下（民法第1157條）。法院公示催告被繼承人之債權人報明債權時，應記載下列各款事項：1.為陳報之繼承人；2.報明權利之期間及在期間內應為報明之催告；3.因不報明權利而生之失權效果；4.法院（家事事件法第130條第1項）。前項情形應通知其他繼承人（第2項）。公示催告應公告之（第3項）。公告應揭示於法院公告處、資訊網路及其他適當處所；法院認為必要時，並得命登載於公報或新聞紙，或用其他方法公告之（第4項）。債權人報明債權期間，自前項揭示之日起，應有6個月以上（第5項）。再者，被繼承人之債權人應於公示催告之期間，向繼承人報明其債權，並非向法院陳報其債權。法院准以公示催告裁定，應命限定繼承人持之登載於公報或新聞紙。倘聲明限定繼承人未將公示催告裁定登載於公報或新聞紙，法院不得以此為理由，駁回限定繼承之聲明。

9　戴東雄，繼承法實例解說（一），國立臺灣大學法學院福利社，1999年1月，修訂10版，頁153。

二、陳報償還遺產債務狀況及提出相關表冊

　　為督促繼承人清償債務繼承人應於報明債權期限屆滿後6個月內，清理遺產及償還債務，並向法院陳報償還遺產債務狀況及提出相關表冊。倘繼承人無法於6個月內清理遺產及償還債務，法院得依繼承人之聲請延展陳報期限（家事事件法第131條）。

三、抵押權人得聲請拍賣抵押物

　　抵押權人於債權已屆清償期而未受清償者，得聲請法院拍賣抵押物，就其賣得價金而受清償（民法第873條）。是抵押權人依此規定聲請拍賣抵押物，係屬非訟事件，法院所為准駁之裁定，無確定實體法上法律關係存否之性質，於債權及抵押權之存否，並無既判力。故僅須其抵押權已經依法登記，且抵押債權已屆清償期而未受清償，法院應為准許拍賣抵押物之裁定。至於實體上法律關係有爭執之人，為求保護其權利，應另提起訴訟，以求解決，不得僅依抗告程序聲明其爭執，並據為廢棄拍賣抵押物裁定之理由。故抵押權人對繼承人所繼承之不動產實現其抵押權，本得為拍賣抵押物以資受償，因抵押權為物權，其適用之優先性，較民法限定繼承程序中公示催告期限為先，而抵押權人之地位較其他債權人之地位優先（民法第1159條但書）。準此，限定繼承人不得主張抵押權人於報明債權期限屆滿前，不得聲請法院拍賣抵押物[10]。

第四節　聲明繼承

第一項　適用範圍

　　民法第1148條採當然繼承主義，是臺灣地區人民繼承遺產不須向法院聲明繼承。而大陸地區人民欲繼承臺灣地區人民之遺產，須向我國法院聲明繼承，並繳裁判費新臺幣1,000元（非訟事件法第14條第1項）。大陸地區人民繼承臺

---

[10] 臺灣高等法院臺南分院90年度抗字第905號民事裁定。

灣地區人民之遺產,應於繼承開始3年內,以書面向被繼承人住所地之法院為繼承表示;逾期視為拋棄其繼承權(臺灣地區與大陸地區人民關係條例第66條第1項)。大陸地區人民繼承兩岸條例施行即1992年9月18日已由主管機關處理,且在臺灣地區無繼承人之現役軍人或退除役官兵遺產者,該項繼承表示之期間為4年(第2項)。法院得函國防部查詢就被繼承人之身分,即是否具有現役軍人或退除役官兵遺產之身分。倘繼承在兩岸條例施行前開始者,3年或4年之期間自1992年9月18日起算(第3項)。

第二項 聲明繼承程序

一、聲明方式

聲請人向法院聲明繼承時,應提出如後文件供法院斟酌(臺灣地區與大陸地區人民關係條例施行細則第59條):(一)聲請書,乃聲明繼承之書狀;(二)被繼承人死亡時之除戶謄本、繼承人戶籍謄本及繼承系統表;(三)符合繼承人身分之證明文件。例如,被繼承人及繼承人間親屬關係、被繼承人之生父母年籍資料、聲請人及相對人收養關係等證明,該等證明身分之文件,需附正本俾於查核;(四)繼承人身分及委任狀等證明文件,須經財團法人海峽交流基金會(下稱海基會)驗證,並附正本以便核符。倘法院對大陸地區出具之公證書之真偽有疑問時,得委託海基會查明其真實性;(五)法院應查明聲請人之書狀到達法院時間,是否逾越3年或4年之法定期間(臺灣地區與大陸地區人民關係條例第66條)。因兩岸條例係於1992年9月18日施行,倘被繼承人於1992年9月18日前死亡,無論其是否為現役軍人或行政院國軍退除役官兵輔導委員會列管之退除役官兵,抑或一般人民,其大陸地區之繼承人最遲應於1996年9月17日之前聲明繼承。

二、法院准予備查及裁定駁回

法院審查大陸地區人民繼承臺灣地區人民之遺產聲明繼承遺產後,倘審查結果應予准許者,可准予備查。反之,不應准許,則應裁定駁回,通常駁回裁

定之當事人欄得不列被繼承人。而當事人對駁回裁定,得循抗告程序救濟之。

第五節 例題研析

案例1 已逾拋棄繼承之法定期間

> 繼承人因被繼承人遺留龐大債務,評估債務大於資產,雖向法院聲明拋棄繼承,然已逾其知悉被繼承人死亡時3個月。試問法院應如何處理?依據為何?

繼承人拋棄其繼承權,應於知悉其得繼承之時起3個月內,以書面向法院為之(民法第1174條第1條、第2項前段)。拋棄繼承人於知悉被繼承人死亡事實後,其遲至3個月後始向被繼承人住所地之法院聲明拋棄繼承權(家事事件法第127條第1項第3款)。準此,繼承人逾3個月之期限,其拋棄繼承於法不合,應予駁回。

案例2 非繼承順位者拋棄繼承

> 甲育有二名子女,甲之配偶早逝,甲死亡時,二名子女均為未成年人,甲兄乙向法院聲明拋棄繼承甲之遺產。試問法院應否准許?依據為何?

遺產繼承人,除配偶外,依順序為直系血親卑親屬、父母、兄弟姊妹、祖父母。倘第一順序之繼承人,其親等近者均拋棄繼承權時,由次親等之直系血親卑親屬繼承(民法第1138條、第1176條第5項)。故遺產繼承人除配偶外,倘前順位有繼承人時,後順位者則依法不得繼承,既非繼承人,其聲明拋棄繼承,其於法不合。準此,甲已有二名子女之繼承人,其兄乙非甲之繼承人,是乙拋棄繼承,其於法未合。

案例3 聲明繼承

法院誤認聲明繼承未逾期或大陸地區出具之公證書有錯誤時，而准予備查聲明繼承。試問：（一）法院得否以錯誤為由，撤銷准予備查及駁回繼承之聲明？（二）法院命聲明繼承人補正法定必備文件，以審查公證書是否有誤，聲明繼承人未補正，法院應如何處理？

一、聲明繼承之期限

無論被繼承人是否為現役軍人或行政院國軍退除役官兵輔導委員會列管之退除役官兵，抑或一般人民，其大陸地區之繼承人最遲應於1996年9月17日之前聲明繼承，聲請人遲於1996年9月17日後，始向法院提出，顯已逾上開法定期間，是法院前所為准予備查失所憑據，自應予撤銷，聲請人聲明繼承依法不合，並應予駁回。

二、大陸地區出具之公證書有錯誤

聲明繼承人前後向法院聲明繼承，該兩者之公證書內容顯有矛盾處，經法院依職權函請財團法人海峽交流基金會查明前開公證書之真偽。倘嗣財團法人海峽交流基金會函請大陸地區之公證員協會查明函覆略稱：聲明繼承人所提之公證書，因其提供之證明材料與事實不足，已經本協會撤證決定等情。職是，聲明繼承人據以聲明繼承被繼承人遺產之文件即大陸地區之公證書，因該文件之證明資料有誤，業經原出具公證書之單位決定予以撤銷，足見聲明繼承人之聲明繼承於法不合，應駁回之。

三、聲明繼承人應提出法定必備文件

臺灣地區與大陸地區人民關係條例第66條規定，繼承臺灣地區人民之遺產

者，依同條例施行細則第43條第1項、第3項規定，應於繼承開始3年內[11]，檢具聲請書、被繼承人死亡時之全戶戶籍謄本、繼承系統表、經財團法人海峽交流基金會驗證符合繼承人身分之證明文件為繼承之表示，此為法定必須具備之程序。聲明繼承人聲請對被繼承人之遺產為繼承之表示，未據提出上揭證明繼承人身分之文件，經法院裁定命其限期補正，聲請人逾期未補正上開文件，供法院審酌，其聲請未符法定必須具備之程序，應予駁回。

案例4　繼承人與遺產抵押權人混同

　　甲向其父乙借款，而以其所有不動產設定抵押權供為擔保。嗣甲屆期未為清償，乙乃向法院聲請准為拍賣抵押物之裁定，其於聲請強制執行前，甲因故死亡，其有繼承人乙與其母丙，因甲負債甚鉅，丙拋棄繼承權，乙則單獨繼承，並就前開不動產辦竣繼承登記後，乙以准為拍賣抵押物之裁定為執行名義，聲請強制執行。試問執行法院對該拍賣抵押物執行事件，應如何辦理？

　　繼承者對於被繼承人之權利、義務，不因繼承而消滅（民法第1154條）。即繼承財產與繼承人之固有財產，應予嚴格分離，倘債權人就繼承人之固有財產聲請強制執行時，繼承人自得提起第三人異議之訴，以排除強制執行。倘繼承人就被繼承人之財產有限制物權時，其亦得以第三人之地位，就繼承財產行使其權利。乙雖單獨繼承甲所遺不動產，並辦竣繼承登記，惟其既為繼承人，就繼承財產得立於第三人之地位，其自得執拍賣抵押物裁定聲請強制執行，執行法院應進行強制執行程序。

11　倘繼承於同條例施行前開始者，則自1992年9月18日起算3年為之。

第五章　婚姻事件

關鍵字

監護　　　探視　　　扶養費　　　訪視報告　　　子女最佳利益

第一節　指定夫妻住所

夫妻之住所，由雙方共同協議之；未為協議或協議不成時，得聲請法院定之（民法第1002條第1項）。法院為前開裁定前，以夫妻共同戶籍地推定為其住所（第2項）。指定夫妻住所專屬下列法院管轄：（一）夫妻之住所地法院；（二）夫妻經常共同居所地法院；（三）訴之原因事實發生之夫或妻居所地法院（家事事件法第98條、第52條第1項）；（四）當事人得以書面合意定管轄法院（家事事件法第52條第2項）；（五）不法依前揭法院管轄者，由被告住、居所地之法院管轄。被告之住、居所不明者，由中央政府所在地之法院管轄（第4項）。

第二節　親權行使

一、概　述

夫妻離婚時，對於未成年之子女權利義務之行使或負擔，法院得依請求或

職權酌定之，固不受當事人聲明之拘束。惟兩造對於未成年子女權利義務之行使或負擔，意見不一致時，常有兩造所舉之人證及物證多係偏執一詞，兩造亦以子女作爲與對方對抗之籌碼。甚者，兩造分居之場合，其與兩造之一方同住之子女，因其年幼識淺，易受同住之父或母之影響，其表達意願，難免深受該方所左右，所爲意願難稱妥適。況社工人員之爲訪視報告，亦因兩造分居，而未與他方充份聯繫，致所爲之訪視調查，大多常依據另一方之說詞及情狀而作成，其與事實眞相未必相契，因定未成年子女權利義務之行使或負擔，事關未成年子女之人格養成及未來前途，影響深遠，倘兩造不能自行協議，且並無一方顯有不適合擔任親權之行使或負擔等情事，常因兩造對此爭執不下，法院酌定未成年之子女權利義務之行使或負擔，顯屬不易。

二、依聲請或職權酌定

不論是協議離婚或裁判離婚之場合，對於未成年子女親權之行使，均應先由夫妻雙方以協議定之。是夫妻離婚後，對於未成年子女權利義務之行使或負擔，依協議由一方或雙方共同任之。未爲協議或協議不成者，法院在保護未成年人子女之最佳利益之前提下，應依聲請或職權，酌定對於未成年子女權利義務之行使或負擔。

（一）酌定或改定親權行使

夫妻離婚後，對於未成年子女權利義務之行使或負擔，未爲協議或協議不成者，法院得依夫妻之一方、主管機關、社會福利機構或其利害關係人之請求或依職權酌定之（民法第1055條第1項）。夫妻之協議不利於子女者，法院得依主管機關、社會福利機構或其他利害關係人之請求或依職權爲子女之利益改定之（第2項）。行使、負擔權利義務之一方未盡保護教養之義務或對未成年子女有不利之情事者，他方、未成年子女、主管機關、社會福利機構或其他利害關係人得爲子女之利益，請求法院改定之（第3項）。親權之行使，非僅對於子女人身之監督保護與教導養育，亦包括子女特有財產之管理。是行使親權之一方除負有生活扶養義務外，尚包括子女之教育、身心之健全發展及培養倫理道德等事項。

（二）酌定親權行使內容及方法（98、105司法事務官）

1. 為子女之利益酌定權利義務行使負擔之內容及方法

法院於酌定或改定親權事件，得依請求或依職權，為子女之利益酌定權利義務行使負擔之內容及方法（民法第1055條第4項）。職是，法院依民法第1055條規定，為酌定、改定或變更時，得命交付子女、未行使或負擔權利義務之一方與未成年子女會面交往之方式與期間、給付扶養費、交付身分證明文件或其他財物，或命為相當之處分，並得訂定必要事項，法院所為裁定得為執行名義（家事事件法第107條第1項）。前開扶養費之給付，法院得依聲請或依職權，命為1次給付或分期給付。分期給付遲誤1期履行者，其後之期間視為已到期（家事事件法第100條第2項、第3項）。

2. 和解筆錄

法院酌定、改定或變更父母對於未成年子女權利義務之行使或負擔事件，父母就該事件得協議之事項達成合意，而其合意符合子女最佳利益時，法院應將合意內容記載於和解筆錄，其與確定裁定有同一效力（家事事件法第110條、第101條第1項）。法院為裁定前，應依子女之年齡及識別能力等身心狀況，於法庭內、外，以適當方式，曉諭裁判結果之影響，使其有表達意願或陳述意見之機會；必要時，得請兒童及少年心理或其他專業人士協助（家事事件法第108條第1項）。

（三）會面方式與期間

夫妻離婚事件，法院得依請求或依職權，為未行使或負擔權利義務之一方酌定其與未成年子女會面交往之方式及期間。但其會面交往有妨害子女之利益者，法院得依請求或依職權變更之（民法第1055條第5項）。因不論是協議離婚或裁判離婚之場合，未取得子女之親權之一方，應有探視子女之權利，自不容任何一方加以妨礙阻止。是探視權係不任親權之父或母，其與未成年子女進行會面、通信或其他接觸之權利[1]。

---

[1] 林勤綱，民法上所謂離婚後子女監護制度之研究，國立臺大法律研究所碩士論文，1982年，頁44。

（四）選定監護人

　　父母均不適合行使權利時，法院應依子女之最佳利益，並審酌第1055條之4所列各款事項，選定適當之人為子女之監護人，並指定監護之方法、命其父母負擔扶養費用及其方式（民法第1055條之2）。

（五）酌定父母對子女重大事項行使

　　父母對於未成年子女重大事項權利之行使意思不一致時，得請求法院依子女之最佳利益酌定之（民法第1089條第2項）。所謂重大事項，須與子女之保護教養有關。子女之從姓與父母對於未成年子女權利之行使無關，因修正後之親屬法規定，有關首次約定子女姓氏之事項，委由當事人約定，已排除法院介入之機制，對於子女從姓之聲請，法院應駁回之。倘首次約定後欲變更時，可依約定變更或請求法院宣告變更，但後者須有事實足認子女之姓氏，對其有不利之影響，並符合民法第1059條第5項各款規定，始得變更[2]。

三、審酌子女最佳利益

　　現代親子法對於未成年子女親權之行使之決定事項，係以子女本身之最佳利益為依歸，是法院為離婚後親權之行使之裁判時，應依子女最佳利益（the best interest of the child）作為酌定親權之優先考慮之依據，並審酌一切情狀及參考社工人員之訪視報告。準此，決定對於未成年子女親權之行使，自應以子女之最佳利益為原則，應考慮有關因素（民法第1055條之1）。

（一）子女之年齡、性別、人數及健康情形

　　年幼子女歸由母親監護之原則，係因母愛為幼兒之最大需求，而母親可能比父親更能提供更佳之照顧，是母親優先是為子女之利益而來，此為幼年原則[3]。再者，子女性別較年長之兒童與同性父母間之互動，較為有利。倘父母

2　臺灣高等法院暨所屬法院97年度法律座談會彙編，2008年12月，頁97至99。

3　鄭金龍，司法院研究年報，18輯7篇，夫妻離婚後衍生財產清算子女監護損害賠償及贍養費請求等問題研究，1998年6月，頁43。

所生子女倘為二人以上，父母一方經濟條件許可時，而子女間感情融洽，基於為維持手足之情，不宜將子女分別交由父或母各自監護，以免影響子女心理之健全發展。

（二）子女之意願及人格發展之需要

子女與父或母一方同住時，兩造離婚時，較願意與現同住之父或母共同生活，法院酌定親權之行使時，衡量子女之意願，應有助於子女日後教育之實施與生活之和諧。斟酌子女之意見時，需考慮子女是否具有判斷事理之能力及有無受他人之強制影響等因素。

（三）父母行使親權之能力

行使親權之能力，包含父母之年齡、職業、品行、健康情形、經濟能力及生活狀況。父母是否有足夠之撫育子女之經濟能力，固然重要。惟父母基於親子關係本質，不因其未擔任子女之監護人，而不負撫養子女之義務，是經濟能力之優劣，不宜單獨作為決定親權行使人之基準。

（四）父母保護教養子女之意願及態度

法院應斟酌父母爭取監護子女之意願程度及爭取監護之動機為何。例如，是否以子女當作索取財物或分析家產之籌碼，或者以此作為增加對造之困擾，圖謀私怨。

（五）父母子女間或未成年子女與其他共同生活之人間之感情狀況

父母用於撫育子女之時間較多者，或能提供較佳成長環境者，對子女之成長過程較有幫助。倘父母有良好之宗教信仰，其有助子女心智發展及人際關係之相處。再者，兩造之父母、兄弟姊妹及其他親友願意幫忙照顧兩造所生子女，且協力者能持續對子女之生活提供安定之環境及適當之協助，此為親友支援可能性之因素，亦為酌定或改定親權行使之考慮因素。

四、管轄法院

（一）酌定或改定親權（98司法事務官）

民法第1055條所定夫妻離婚有關於未成年子女權利義務之行使或負擔之酌定、改定或變更之非訟事件，專屬子女住所或居所地法院管轄；無住所或居所者，得由法院認爲適當之所在地法院管轄（家事事件法第104條第1項第1款）。倘未成年子女有數人，其住所或居所不在一法院管轄區域內者，各該住所或居所地之法院俱有管轄權（第2項）。

（二）對未成年子女重大事件行使

民法第1089條第2項所定父母對於未成年子女重大事項權利行使酌定之非訟事件，專屬子女住所或居所地法院管轄；無住所或居所者，得由法院認爲適當之所在地法院管轄（家事事件法第104條第1項第1款）。倘未成年子女有數人，其住所或居所不在一法院管轄區域內者，各該住所或居所地之法院，均有管轄權（第2項）。

（三）變更子女姓氏（98司法事務官；100公證人）

1. 管轄法院

民法第1059條第5項、第1059條之1第2項及第1078條第3項所定變更子女姓氏之非訟事件，專屬子女住所或居所地法院管轄；無住所或居所者，得由法院認爲適當之所在地法院管轄（家事事件法第104條第1項第2款）。倘未成年子女有數人，其住所或居所不在一法院管轄區域內者，各該住所或居所地之法院俱有管轄權（第2項）。職是，未成年子女有數人，其住所或居所不在一法院管轄區域內者，各該住所或居所地之法院俱有管轄權。

2. 關係人陳述意見之機會

變更子女姓氏事件有理由時，程序費用由未成年子女之父母或父母之一方負擔（家事事件法第104條第3項）。子女爲滿7歲以上之未成年人者，就變更子女姓氏事件，有程序能力（家事事件法第14條第2項）。法院爲審酌子女之最佳利益，得徵詢主管機關或社會福利機構之意見或請其進行訪視，就變更子女姓氏事項，爲事實之調查，並提出調查報告及建議（家事事件法第106條第1

項）。法院斟酌調查報告為裁判前，原則應使關係人有陳述意見之機會。例外情形，係其內容涉及隱私或有不適當之情形者，不在此限（第2項）。法院認為必要時，得通知主管機關或社會福利機構相關人員於期日到場陳述意見（第3項）。前開情形，法院得採取適當及必要措施，保護主管機關或社會福利機構相關人員之隱私及安全（第4項）。職是，子女為滿7歲以上之未成年人者，法院就變更子女姓氏事件為裁定前，原則應聽取其意見。例外情形，係有礙難情形或恐有害其健康者（家事事件法第106條第1項）。

第三節　子女之姓

一、婚生子女

　　父母於子女出生登記前，應以書面約定子女從父姓或母姓。未約定或約定不成者，應於戶政事務所抽籤決定（民法第1059條第1項）。子女經出生登記後，於未成年前，得由父母以書面約定變更為父姓或母姓（第2項）。子女已成年者，得變更為父姓或母姓（第3項）。前開之變更，各以1次為限（第4項）。有下列各款情形之一，法院得依父母之一方或子女之請求，為子女之利益，宣告變更子女之姓氏為父姓或母姓：（一）父母離婚者；（二）父母之一方或雙方死亡者；（三）父母之一方或雙方生死不明滿3年者；（四）父母之一方顯有未盡保護或教養義務之情事者（第5項）。

二、非婚生子女之姓

　　非婚生子女從母姓。經生父認領者，適用第1059條第2項至第4項規定（民法第1059條之1第1項）。非婚生子女經生父認領，而有下列各款情形之一，法院得依父母之一方或子女之請求，為子女之利益，宣告變更子女之姓氏為父姓或母姓：（一）父母之一方或雙方死亡者；（二）父母之一方或雙方生死不明滿3年者；（三）子女之姓氏與任權利義務行使或負擔之父或母不一致者；（四）父母之一方顯有未盡保護或教養義務之情事者（第2項）。

第四節　例題解析

案例1　夫妻住所的指定

> 　　甲男與乙女為夫妻，並育有子女二人，渠等未協議履行同居義務之住所地，甲男與其子女均居住與設籍於臺中市，乙女雖設籍於臺北市，然因工作之故，居住於高雄市。因乙女音訊全無，不知去向，甲男迭尋不著，最後始發現乙女返回設籍地，甲男屢次前往迎返團圓，乙女均置之不理，無意履行同居義務，甲男為免夫妻住所之爭議，向法院聲請指定夫妻之住所。試問法院應如何處理？理由為何？

一、夫妻住所之認定

　　夫妻之住所，由雙方共同協議之；未為協議或協議不成時，得聲請法院定之；法院為前項裁定前，以夫妻共同戶籍地推定為其住所（民法第1002條）。夫妻互負同居之義務，而同居義務指永久同居（民法第1003條）。故夫妻為履行同居義務，經營共同生活，須決定共同住處，此乃婚姻本質之彰顯，故夫妻應以永久共同生活為目的，而互負履行同居之義務。我國民法關於住所之設定，兼採主觀主義及客觀主義之精神，必須主觀上有久住一定區域之意思，客觀上有住於一定區域之事實，該一定之區域始為住所，故住所並不以登記為要件（民法第20條）。戶籍法為戶籍登記之行政管理規定，戶籍地址係依戶籍法所為登記之事項，戶籍地址並非為認定住所之唯一標準。是認定夫妻之住所，應斟酌夫妻及子女共同居住地、子女成長地、就學學區、照顧子女、家庭生活重心等因素，並以該住所為履行同居義務之處所。

二、家庭之生活重心

　　乙女雖設籍與現住地在臺北市，然甲男與渠等之子女共同生活與設籍地均

在臺中市，足認臺中市之居住地應為家庭重心所在，係甲男與乙女永久居住之處所。甲男與乙女未曾協議其住所，故甲男聲請指定臺中市之居住處為渠等之住所，應予准許。

案例2　姓氏之決定

> 　　甲女為未成年人A女之生母，甲女與A女之生父乙男為夫妻，乙男婚後除有外遇與未支付家庭生活費用外，在外積欠大筆債務。乙男於2023年3月10日死亡，甲女及A女雖有辦理拋棄繼承，然仍有債權人上門討債，令甲女及A女惶惶不安，因A女自出生後，均由甲女獨自扶養，對乙男幾無印象，甲女以A女如繼續從父姓，易感無歸屬而心生挫折，向法院請求變更A女之姓氏為母姓。試問法院應如何處理？理由為何？

一、姓氏之約定或變更

　　父母於子女出生登記前，應以書面約定子女從父姓或母姓。未約定或約定不成者，於戶政事務所抽籤決定之（民法第1059條第1項）。子女經出生登記後，於未成年前，得由父母以書面約定變更為父姓或母姓（第2項）。子女已成年者，得變更為父姓或母姓（第3項）。前開之變更，各以1次為限（第4項）。有下列各款情形之一，法院得依父母之一方或子女之請求，為子女之利益，宣告變更子女之姓氏為父姓或母姓：（一）父母離婚者；（二）父母之一方或雙方死亡者；（三）父母之一方或雙方生死不明滿3年者；（四）父母之一方顯有未盡保護或教養義務之情事者（第5項）。

二、姓氏之自我決定

　　子女姓氏為父母與子女最基本之關係。我國關於子女之稱姓，受男女平權之觀念及歐美近代思潮之衝擊，民法親屬編認姓氏屬姓名權而為人格權之一部

分，具有社會人格之可辨識性，除與身分安定及交易安全有關外，因姓氏具有家族制度之表徵，亦涉及國情考量及父母之選擇權。基於姓名權屬人格權之一部分，倘未成年子女之從姓已有事實，足認於其人格發展有明顯不利之影響，應使其有變更之機會，為兼顧身分安定及交易安全，則有一定條件之限制。職是，主張變更姓氏，應自人格發展權之角度以觀，保障個人對自己事務衡酌之權，此為個人自我形塑權，亦是自行決定之權利。人之姓名為人格之外部表現形式之一，專屬個人自我形塑之權利範疇。姓名與生命、身體、自由、貞操、肖象、名譽、信用等均構成人格之要素等權利，自與作為基本人格尊嚴互為表裡，有不可分離之關係，故有事實足認有不利情形者，應由法院審酌當事人聲請改姓的必要性及合理性後，給予主張姓氏自決之機會。

三、變更姓氏之要件

A女未成年之少年，其成長過程應與同儕共同學習，因無父親陪伴，因長期間與人有異，難免自我比較、解嘲，或遭他人異樣眼光，甚至排擠，心中自卑感油然而生，內心易對父親感到壓抑、不滿、甚至有失落之情。因姓氏同於父親，更形成無歸屬感，事實上對父親係模糊與陌生。依長期以觀，變更姓氏，對未成年人A女人格認同、發展會較順利與正向。觀諸A女自幼即由甲女及其家人照顧扶育，已在母親親友周遭環境裡，建立起身分安定性及人格可分辨性。A女尚屬年幼，對周遭人事物之認知、理解能力仍處於學習之階段，須家庭或家族之認同感及歸屬感，以利其人格發展。準此，甲女請求變更A女為母姓，應屬有據[4]。

案例3　探視權之執行方法

> 法院確定判決夫妻離婚，由夫取得未成年子女之親權，妻則取得探視權，妻依據該民事判決執行未成年子女之探視權，夫雖對未成年子女與妻之會面交往已盡協調或幫助，然未成年子女仍無意願。試問探視權之執行方法為何？法院應如何處理？

4　臺灣臺中地方法院98年度家聲字第142號民事裁定。

一、適用強制執行法第128條規定執行

依執行名義，債務人應為一定之行為，而其行為非他人所能代履行者，債務人不為履行時，執行法院得定債務人履行之期間。債務人不履行時，得處新臺幣3萬元以上30萬元以下之怠金。其續經定期履行而仍不履行者，得再處怠金或管收之。執行名義，係命債務人交出子女或被誘人者，除適用第1項規定外，得用直接強制方式，將該子女或被誘人取交債權人（強制執行法第128條第1項、第3項）。關於現行探視權之行使，在民事判決中雖均以進行探視之一方，即債權人應於特定時日至有親權或監護權之他方債務人住所進行探視，自文字觀之，並非債務人單純消極不作為，即能達成債權人探視權之行使，債務人除不得阻撓債權人依判決進行探視外，亦應有配合其探視之進行於指定時日，留置於住居所內，等待債權人前來。並於探視時間結束後，等待債權人送回未成年子女。此等均與容忍或禁止債務人為一定行為之執行名義有所不同。職是，法院強制執行時，應適用強制執行法第128條規定辦理。

二、未成年子女有接受探視之義務

未成年子女雖不願債權人進行探視，然債權人持執行名義依法請求法院強制執行，法院無駁回之事由自應依法執行。且探視權屬於父母，未成年子女有接受探視之義務，不得僅憑其個人意願，左右法院之執行與否。倘未成年子女抗拒探視，得依強制執行法第128條第2項規定，使用直接強制方式，將該子女取交債權人。

三、執行方法之採擇

直接強制與間接強制各有優缺點，為因應交付子女或會面交往事件之多樣需求、謀求子女之最佳利益，並避免執行者之恣意，故執行名義係命交付子女或會面交往者，執行法院應綜合審酌下列因素，決定符合子女最佳利益之執行方法，並得擇一或併用直接或間接強制方法：（一）未成年子女之年齡及有無意思能力；（二）未成年子女之意願；（三）執行之急迫性；（四）執行方法之實效性；（五）債務人、債權人與未成年子女間之互動狀況及可能受執行影

響之程度（家事事件法第194條）。法院必須以直接強制方式交付子女時，通常係因間接強制方法已無效果。故以直接強制方式將子女交付債權人時，宜先擬定執行計畫；必要時，得不先通知債務人執行日期，並請求警察機關、社工人員、醫療救護單位、學校老師、外交單位或其他有關機關協助（家事事件法第195條第1項）。直接強制執行過程，宜妥爲說明勸導，儘量採取平和手段，並注意未成年子女之身體、生命安全、人身自由及尊嚴，安撫其情緒（第2項）。

第六章　親屬會議事件

關鍵字

| 遺囑 | 報酬 | 召集權人 | 利害關係人 | 非法人團體 |

第一節　概　說

一、定　義

　　所謂親屬會議，係指處理親屬間或特定人之事項，所成立之親屬合議機關，其為非常設機關，必須有特定事務時，始行召集，會議完畢後，即行解散，其無法律上之人格，非屬非法人團體，其訴訟上無當事人能力。

二、權　限

　　親屬會議之權限以法律明文規定為限，茲說明如後：（一）扶養之方法，由當事人協議定之；不能協議時，由親屬會議定之（民法第1120條）；（二）被繼承人生前繼續扶養之人，應由親屬會議依其所受扶養之程度及其他關係，酌給遺產（民法第1149條）；（三）親屬會議於繼承開始時1個月內選定遺產管理人，向法院報明繼承開始及選定遺產管理人之事由，法院應依公示催告程序，定6個月以上期限公告（民法第1178條第1項）；（四）口授遺囑，應由見證人中之一人或利害關係人，而於為遺囑人死亡後3個月內，提經親屬會議

認定其眞僞，對於親屬會議之認定如有異議，得聲請法院判定之（民法第1197條）；（五）遺產管理人，因親屬會議之請求，應報告或說明遺產之狀況（民法第1180條）；（六）遺產管理人得請求報酬，其數額由親屬會議按其勞力及其與被繼承人之關係酌定（民法第1183條）；（七）遺囑保管人或繼承人發見遺囑，知悉有繼承開始之事實時，應即將遺囑提示於親屬會議（民法第1212條）；（八）有封緘之遺囑，應在親屬會議當場或法院公證處，開視之（民法第1213條第1項）。

三、管轄法院

（一）為未成年人或受監護之人

　　爲便利使用法院及調查證據，關於爲未成年人及受監護或輔助宣告之人聲請指定親屬會議會員事件，專屬未成年人、受監護或輔助宣告之人住所地或居所地法院管轄（家事事件法第181條第1項）。關於爲遺產聲請指定親屬會議會員事件，專屬繼承開始時被繼承人住所地法院管轄（第2項）。由法院所選定之親屬會議會員，有下列各款情形之一者，得許可辭任其職務：1.滿70歲；2.因身心障礙或疾病不能執行親屬會議之權限；3.住所或居所與法院或受監護人所在地隔離，不便執行親屬會議權限；4.有其他重大事由（家事事件法第122條第1項、第183條第1項）。法院爲許可辭任親屬會議會員時，應另行選任會員（家事事件法第122條第2項）。

（二）為養子女或未成年子女指定代為訴訟行為人

　　爲便利養子女或未成年子女使用法院及調查證據，有關爲養子女或未成年子女指定代爲訴訟行爲人事件，專屬養子女或未成年子女住所地法院管轄（家事事件法第181條第3項）。

（三）酌定或變更扶養方法

　　關於聲請酌定扶養方法及變更扶養方法或程度事件，專屬受扶養權利人住所地或居所地法院管轄（家事事件法第181條第4項）。法院命給付扶養費之負擔或分擔，得審酌一切情況，定其給付之方法，不受聲請人聲明之拘束（家事

事件法第100條第1項、第183條第2項）。法院得依聲請或依職權，命為1次給付、分期給付或給付定期金，必要時並得命提出擔保（家事事件法第100條第2項）。法院命分期給付者，得酌定遲誤1期履行時，嗣後之期間，視為已到期之範圍或條件（第3項）。法院命給付定期金者，得酌定逾期不履行時，喪失期限利益之範圍或條件，並得酌定加給之金額。而其金額不得逾定期金每期金額1/2（第4項）。

（四）為遺產或遺囑事件

聲請法院處理酌給遺產、監督遺產管理人、酌定遺產管理人之報酬、遺囑事件及其他應經親屬會議處理之事件，專屬被繼承人住所地法院管轄（家事事件法第181條第5項）。詳言之：1.被繼承人生前繼續扶養之人，應其所受扶養之程度及其他關係，酌給遺產（民法第1149條）；2.管理人應於就職後3個月內編製遺產清冊之，債權之清償應先於遺贈物之交付，為清償債權或交付遺贈物之必要，管理人經法院之同意，得變賣遺產（民法第1179條第2項）；3.遺產管理人，因被繼承人之債權人或受遺贈人之請求，應報告或說明遺產之狀況（民法第1180條）；4.遺產管理人得請求報酬，其數額由法院按其勞力及其與被繼承人之關係酌定之。法院為裁定時，得調查遺產管理人所為遺產管理事務之繁簡及被繼承人之財產收益狀況（民法第1183條）；5.口授遺囑，應由見證人中之一人或利害關係人，其於為遺囑人死亡後3個月內，提經法院判定其真偽（民法第1197條）；6.遺囑保管人知有繼承開始之事實，或無保管人而由繼承人發見遺囑，應即將遺囑提示於法院（民法第1212條）；7.有封緘之遺囑，非在法院當場或法院公證處，不得開視（民法第1213條）。

第二節　親屬會議成員

一、法定會員

親屬會議以會員五人組織之（民法第1130條）。親屬會議會員，應就未成年人、受監護宣告人或被繼承人之下列親屬與順序定之：（一）直系血親尊親屬；（二）三親等內旁系血親尊親屬；（三）四親等內之同輩血親。同一順序

之人，以親等近者爲先；親等同者，以同居親屬爲先，無同居親屬者，以年長者爲先。依前開順序所定之親屬會議會員，不能出席會議或難於出席時，由次順序之親屬充任之（民法第1131條）。

二、指定會員

親屬會議會員原則上應由血親充任之，必事實上無民法第1131條所定之親屬，或此類親屬不足法定人數時，始得由有召集權人聲請法院就其他親屬中指定（民法第1132條第1項）。

三、召集權人

所謂親屬會議之召集人，係指當事人、法定代理人或其他利害關係人而言（民法第1129條）。例如，被繼承人生前繼續扶養之人，基於民法第1149條規定，應由親屬會議依其所受扶養之程度及其他關係，酌給遺產。準此，被繼承人生前繼續扶養之人，自屬民法第1129條所稱之利害關係人，有權召開親屬會議[1]。親屬會議不能召開或召開有困難時，或親屬會議經召開而不爲或不能決議時，依法應經親屬會議處理之事項，由有召集權人聲請法院處理（民法第1132條第2項）。

第三節　例題研析

案例　｜　指定親屬會議成員

某未成年人爲繼承人僅有血親三名，其法定代理人召集親屬會議欲認定口授遺囑之眞僞。試問得否聲請法院指定該成年人之姻親爲親屬會議會員？依據爲何？

---

[1] 最高法院48年台上字第1532號民事判決。

　　親屬會議會員，應就未成年人、受監護宣告之人、被繼承人之下列親屬與順序定之：（一）直系血親尊親屬；（二）三親等內旁系血親尊親屬；（三）四親等內之同輩血親（民法第1131條第1項）。無法定之親屬，或親屬不足法定人數時，法院得因有召集權人之聲請，於其他親屬中指定之（民法第1132條第1項）。準此，未成年人均無血親時，自能指定姻親爲未成年人之親屬會議會員。因未成年人目前僅有血親三人，法院自得指定二名姻親作爲未成年人之親屬會議會員。

第七章　扶養事件

關鍵字

情事變更　　　陳述意見　　　協議筆錄　　　執行名義　　　保全程序

第一節　給付扶養費

一、管轄法院

　　扶養之方法，由當事人協議定之；不能協議時，由親屬會議定之。但扶養費之給付，當事人不能協議時，由法院定之（民法第1120條）。定扶養費給付事件，由受扶養權利人住所地或居所地之法院管轄（家事事件法第125條第1項第1款）。受扶養權利人有數人，其住所或居所不在一法院管轄區域內者，各該住所或居所地之法院均有管轄權（家事事件法第125條第2項、第104條第2項）。嗣後倘有情事變更而請求變更者，應由法院變更之，無再經由親屬會議變更之必要（家事事件法第125條第1項第2款、第3款）。

二、審理程序（105司法事務官）

　　請求扶養費應於準備書狀或於筆錄載明下列各款事項：（一）請求之金額、期間及給付方法；（二）關係人之收入所得、財產現況及其他個人經濟能力之相關資料，並添具所用書證影本（家事事件法第99條第1項）。請求扶養費內容作成和解筆錄時，發生與本案確定裁判同一效力（家事事件法第101條

第1項）。法院命給付扶養費或贍養費之負擔或分擔，得審酌一切情況，定其給付之方法，不受聲請人聲明之拘束（家事事件法第100條第1項）。給付撫養費，法院得依聲請或依職權，命為1次給付、分期給付或給付定期金，必要時並得命提出擔保（第2項）。法院命分期給付者，得酌定遲誤1期履行時，其後之期間視為亦已到期之範圍或條件（第3項）。法院命給付定期金者，得酌定逾期不履行時，喪失期限利益之範圍或條件，並得酌定加給之金額。但其金額不得逾定期金每期金額1/2（第4項）。

第二節　例題研析

案例1 | 扶養方法之決定

> 　　甲子未盡扶養乙母之責任，該扶養費用經當事人協議不成。試問：（一）是否應於起訴請求前召開親屬會議？（二）倘不能召開或召開有困難時，其事由應釋明或證明之？

一、原則上應召開親屬會議

　　扶養之方法應由當事人協議定之，不能協議時，應由親屬會議定之。但扶養費之給付，當事人不能協議時，由法院定之（民法第1120條）。準此，扶養費用於當事人協議不成時，除法律另有規定外，原則上應於起訴請求前召開親屬會議[1]。例外情形，係於不能召開或召開有困難時，得不召開親屬會議，直接訴請法院酌定之[2]。

---

[1] 參照民法第1055條規定。

[2] 臺灣高等法院暨所屬法院95年法律座談會彙編，2007年1月，頁21至25。

二、釋明不能召開或召開有困難

　　受扶養權利者，應否與負扶養義務者同居一家而受扶養，抑應彼此另行居住，由負扶養義務者按扶養權利者需求時期，陸續給付生活資料，或者撥給特定財產，由受扶養權利者自行收益以資扶養，係屬扶養方法之問題。依民法第1120條規定，應由當事人協議定之，不能協議時應由親屬會議定之，對於親屬會議之決議有不服時，始得依民法第1137條規定，向法院起訴。當事人就扶養之方法不能協議時，自應由親屬會議定之，倘未經親屬會議定之，而受扶養權利人逕向法院請求判決給付扶養費，其訴即屬欠缺權利保護要件，該權利保護要件屬程序要件，而程序要件是否具備，僅需釋明即可[3]。

> ### 案例2　請求給付子女扶養費

> 　　甲夫乙妻於2022年10月1日協議離婚，並以離婚協議約定兩造所生現年3歲之未成年子女A女由乙監護，甲願自2022年10月15日起至A女成年日止，按月於每月15日給付乙關於未成年子女之扶養費新臺幣（下同）2萬元。詎甲自2023年2月15日起，未再給付扶養費，乙起訴請求甲履行離婚協議書之約定，按月給付子女扶養費2萬元。試問法院應如何審理？依據為何？

　　請求給付子女扶養費係屬家事事件法第3條第6項所規定其他應由法院處理之家事事件，其立法理由說明，不屬於戊類第8款或第12款之事件。因其事件之性質涉及未成年子女之利益，故不論是以子女之名義而為請求，或係依父母之協議而為請求，亦不論當事人之協議是否約定扶養費之金額，均應認係家事非訟事件，此從家事事件法有關家事訴訟部分，並未就給付子女扶養費部分有所規定可徵。而原告基於履行離婚協議契約之法律關係，請求被告依契約約定

---

[3]　最高法院73年台抗字第461號、67年台抗字第552號民事裁定。

給付金錢，兩造均應受契約之拘束，法院不能依職權任意予以提高或減低，故不適用家事事件法第99條規定[4]。

---

4 臺灣高等法院暨所屬法院101年法律座談會民事類提案第25號。

第八章　安置事件

關鍵字

性交易　　　緊急安置　　　收容中心　　　身心障礙　　　嚴重病人

第一節　兒少與身障安置

一、安置之目的

　　當家庭無法善盡其保護教養及社會化之功能，國家應視兒童少年、身心障礙者之需要，行使公權力，介入兒童少年、身心障礙者之教育、保護及照顧[1]。我國爲維護兒少或身心障礙者身心健康，促進其正常發育，並防制、消弭以兒少或身心障礙者爲性交易對象事件，依據兒童及少年福利與權益保障法第56條第1項、兒童及少年性剝削防制條例第15條至第16條規定，針對兒少或身心障礙者遭虐待、疏忽及兒童少年從事性交易等事件，特設立保護安置程序。

---

[1]　Dingwall, R.; Eekelaar, J & Murray, T., The Protection of Children: State Intervent ion and Family Life, Basil Blackwell, 1983, pp.223~244.

二、兒童及少年福利與權益保障法之安置

兒童及少年有下列各款情形之一，非立即給予保護、安置或為其他處置，其生命、身體或自由有立即之危險或有危險之虞者，直轄市、縣（市）主管機關應予緊急保護、安置或為其他必要之處置：（一）兒童及少年未受適當之養育或照顧；（二）兒童及少年有立即接受診治之必要，而未就醫者；（三）兒童及少年遭遺棄、身心虐待、買賣、質押，被強迫或引誘從事不正當之行為或工作者；（四）兒童及少年遭受其他迫害，非立即安置難以有效保護者（兒童及少年福利與權益保障法第56條第1項）。緊急安置不得超過72小時，非72小時以上之安置，不足以保護兒童及少年者，得聲請法院裁定繼續安置。繼續安置以3個月為限；必要時，得聲請法院裁定延長之（兒童及少年福利與權益保障法第57條第2項）。安置事件由被安置兒少之住所地、居所地或所在地之法院管轄（家事事件法第184條第1款、第2款）。

三、兒童及少年性交易防治條例

（一）緊急安置被害人

檢察官、司法警察官及司法警察查獲及救援被害人後，應於24小時內將被害人交由當地直轄市、縣（市）主管機關處理（兒童及少年性剝削防制條例第15條第1項）[2]。前項直轄市、縣（市）主管機關應即評估被害人就學、就業、生活適應、人身安全及其家庭保護教養功能，經列為保護個案者，為下列處置：1.通知父母、監護人或親屬帶回，並為適當之保護及教養；2.送交適當場所緊急安置、保護及提供服務；3.其他必要之保護及協助（第2項）。前項被害人未列為保護個案者，直轄市、縣（市）主管機關得視其需求，轉介相關服務資源協助（第3項）。前二項規定於直轄市、縣（市）主管機關接獲報告、自行發現或被害人自行求助者，亦同（第4項）[3]。

2　兒童及少年性剝削防制條例第5條規定：中央法務主管機關及內政主管機關應指定所屬機關專責指揮督導各地方法院檢察署、警察機關辦理有關本條例犯罪偵查工作；各地方法院檢察署及警察機關應指定經專業訓練之專責人員辦理本條例事件。

3　兒童及少年性剝削防制條例第7條規定：醫事人員、社會工作人員、教育人員、保育

（二）評估安置之必要性

　　直轄市、縣（市）主管機關依第15條緊急安置被害人，應於安置起72小時內，評估有無繼續安置之必要，經評估無繼續安置必要者，應不付安置，將被害人交付其父母、監護人或其他適當之人；經評估有安置必要者，應提出報告，聲請法院裁定（兒童及少年性剝削防制條例第16條第1項）。法院受理前項聲請後，認無繼續安置必要者，應裁定不付安置，並將被害人交付其父母、監護人或其他適當之人；認有繼續安置必要者，應交由直轄市、縣（市）主管機關安置於兒童及少年福利機構、寄養家庭或其他適當之醫療、教育機構，期間不得逾3個月（第2項）。安置期間，法院得依職權或依直轄市、縣（市）主管機關、被害人、父母、監護人或其他適當之人之聲請，裁定停止安置，並交由被害人之父母、監護人或其他適當之人保護及教養（第3項）。直轄市、縣（市）主管機關收到第二項裁定前，得繼續安置（第4項）。

（三）提出審前報告及建議處遇方式

　　直轄市、縣（市）主管機關應於被害人安置後45日，向法院提出審前報告，並聲請法院裁定。審前報告如有不完備者，法院得命於7日內補正（兒童及少年性交易防制條例第18條第1項）。前項審前報告應包括安置評估及處遇方式之建議，其報告內容、項目及格式，由中央主管機關定之（第2項）。

（四）法院裁定

　　安置事件由被安置兒少之住所地、居所地或所在地之法院管轄（家事事件法第184條第1款、第2款）。法院依第18條之聲請，而於相關事證調查完竣後7日內對被害人為下列裁定：1.認無安置必要者應不付安置，並交付父母、監護人或其他適當之人。其為無合法有效之停（居）留許可之外國人、大陸地區

人員、移民管理人員、移民業務機構從業人員、戶政人員、村里幹事、警察、司法人員、觀光業從業人員、電子遊戲場業從業人員、資訊休閒業從業人員、就業服務人員及其他執行兒童福利或少年福利業務人員，知有本條例應保護之兒童或少年，或知有第四章之犯罪嫌疑人，應即向當地直轄市、縣（市）主管機關或第5條所定機關或人員報告。本條例報告人及告發人之身分資料，應予保密。

人民、香港、澳門居民或臺灣地區無戶籍國民，亦同；2.認有安置之必要者，應裁定安置於直轄市、縣（市）主管機關自行設立或委託之兒童及少年福利機構、寄養家庭、中途學校或其他適當之醫療、教育機構，期間不得逾2年；3.其他適當之處遇方式（第1項）。前項第1款後段不付安置之被害人，而於遣返前，直轄市、縣（市）主管機關應委託或補助民間團體續予輔導，移民主管機關應儘速安排遣返事宜，並安全遣返（第2項）。

四、身心障礙者權益保障法之安置

（一）事由

　　身心障礙者有下列情事者，而有情況危急非立即給予保護、安置或其他處置，其生命、身體或自由有立即之危險或有危險之虞者，直轄市、縣（市）主管機關應予緊急保護、安置或為其他必要之處置：1.遺棄；2.身心虐待；3.限制其自由；4.留置無生活自理能力之身心障礙者於易發生危險或傷害之環境；5.利用身心障礙者行乞或供人參觀；6.強迫或誘騙身心障礙者結婚；7.其他對身心障礙者或利用身心障礙者為犯罪或不正當之行為（身心障礙者權益保障法第75條、第78條第1項）。

（二）安置期間

　　身心障礙者之緊急保護安置，不得超過72小時；非72小時以上之安置，不足以保護身心障礙者時，得聲請法院裁定繼續保護安置。繼續保護安置以3個月為限；必要時，得聲請法院裁定延長之（身心障礙者權益保障法第80條第1項）。安置事件由被安置身心障礙者之住所地、居所地或所在地之法院管轄（家事事件法第184條第3款）。

五、審理程序

　　法院為審酌被安置人之最佳利益，得徵詢主管機關或社會福利機構之意見、請其進行訪視或調查，並提出報告及建議（家事事件法第184條第2項、第106條第1項）。法院斟酌前項調查報告為裁判前，應使關係人有陳述意見之機

會。但其內容涉及隱私或有不適當之情形者，不在此限（第2項）。法院認爲必要時，得通知主管機關或社會福利機構相關人員於期日到場陳述意見（第3項）。前項情形，法院得採取適當及必要措施，保護主管機關或社會福利機構相關人員之隱私及安全（第4項）。聲請安置事件，被安置人有程序能力。倘其無意思能力者，法院應依職權爲其選任程序監理人（家事事件法第165條）。

第二節　嚴重病人安置與住院

一、聲請人與管轄法院

　　經緊急安置或強制住院之嚴重病人或其保護人，得向法院聲請裁定停止緊急安置或強制住院。嚴重病人或保護人對於法院裁定有不服者，得於裁定送達後10日內提起抗告，對於抗告法院之裁定不得再抗告。聲請及抗告期間，對嚴重病人得繼續緊急安置或強制住院（精神衛生法第42條第3項）。經行政院衛生署認可之病人權益促進相關公益團體，得就強制治療、緊急安置進行個案監督及查核。其發現不妥情事時，應即通知各該主管機關採改善措施，並得基於嚴重病人最佳利益之考量，可向法院聲請裁定停止緊急安置或強制住院（第5項）。聲請停止緊急安置或強制住院事件之聲請人，包含嚴重病人、其保護人及經中央主管機關認可之病人權益促進相關公益團體（法院辦理精神衛生法停止緊急安置或強制住院事件參考要點第1條）。而停止緊急安置或強制住院事件，由嚴重病人住所地、居所地或所在地之法院管轄（家事事件法第185條第1款、第2款）。

二、審理程序

　　法院爲審酌嚴重病人之最佳利益，得徵詢主管機關或社會福利機構之意見、請其進行訪視或調查，並提出報告及建議（家事事件法第184條第2項、第106條第1項）。法院斟酌前項調查報告爲裁判前，應使關係人有陳述意見之機會。但其內容涉及隱私或有不適當之情形者，不在此限（家事事件法第106條

第2項）。法院認爲必要時，得通知主管機關或社會福利機構相關人員於期日到場陳述意見（第3項）。前項情形，法院得採取適當及必要措施，保護主管機關或社會福利機構相關人員之隱私及安全（第4項）。聲請安置事件，被安置人有程序能力。倘其無意思能力者，法院應依職權爲其選任程序監理人（家事事件法第165條）。

第三節　例題研析

案例 繼續安置之程序

> 　　主管機關於法院繼續安置裁定所定之3個月期限屆滿前，認爲有繼續延長安置兒童或少年之必要性，故向法院申請裁定延長，在法院裁定前，安置期限已屆至。試問是否得繼續保護安置？依據爲何？

　　兒童或少年之緊急安置措施，目的雖係爲保護兒童或少年，惟本質屬對人身自由之侵害，亦是剝奪兒童或少年之父母、養父母或監護人之親權或監護權之行使（兒童及少年福利與權益保障法第56條第1項）。對於渠等權益之侵害甚鉅，故欲繼續安置，應以法院裁定爲之（兒童及少年福利與權益保障法第57條第2項）。倘法院繼續安置裁定所定之3個月期限屆滿，非有法院延長繼續安置之裁定，自不得對兒童或少年再爲保護安置。法院未爲延長繼續安置之裁定，或者法院認主管機關聲請延長繼續安置爲不必要而不准延長時，主管機不得對該兒童保護安置，否則即屬違法安置。準此，法院應於3個月期間未屆滿前，爲延長繼續安置之裁定。法院裁定逾越期間，縱使嗣後作成延長繼續安置之裁定，自難認該違法安置可轉換成合法安置[4]。

4　司法院，民事法律專題研究16，1999年6月，頁176至178。

第四編

商事非訟事件

第一章　本票裁定事件

關鍵字

確認之訴	消滅時效	停止執行	優先管轄	審查主義

第一節　概　說

一、非訟事件

（一）票據法第123條

　　債權人依據債權關係，經由訴訟程序取得執行名義，除曠日廢時外，亦需支出相當之款項。故票據法為加強本票之獲償性，加重發票人責任，乃於票據法第123條規定，執票人得就本票發票人聲請法院裁定強制執行，使本票強制執行裁定成為簡便取得執行名義之方式[1]。聲請法院裁定許可對發票人強制執

---

[1]　本票係發票人簽發一定金額，其於指定之到期日，由自己無條件支付與受款人或執票人之票據（票據法第3條）。職是，本票為發票人自任付款人之票據。

行，其性質屬商事之非訟事件，因非訟事件法準用民事訴訟法規定，係採列舉主義，並無準用民事訴訟法第二編第一章第四節和解規定。是債權人行使追索權聲請對本票准許強制執行事件，非訟法院不得為當事人和解[2]。而非訟事件法第194條、第195條規定，本票裁定之管轄法院、提起確認本票債權之訴及其效力、費用之徵收，以處理本票裁定之管轄、本票債權之存否及聲請費用等事項。

（二）法律之適用

　　非訟事件法對本票裁定之管轄及確認本票債權之訴等事項，僅為原則性之規定，是所衍生出之本票裁定之管轄法院、本票裁定之請求範圍及確認本票債權之訴等事務，需要藉由非訟事件法理及票據法、民事訴訟法、強制執行法之有關規定，為適當之處理。準此，探討本票之裁定所遇之法律問題，除適用法律規定及實務之見解外，亦應斟酌非訟事件法規定，始能就本票裁定作全面及深入之瞭解。

二、形式審查主義（105公證人）

　　本票執票人依票據法第123條規定，聲請法院裁定許可對發票人強制執行，係屬非訟事件，此項聲請之裁定及抗告法院之裁定，僅依非訟事件程序，由法院審查強制執行許可與否，並無確定實體上法律關係存否之效力，自無既判力可言[3]。倘發票人就票據債務之存否，有所爭執時，應由發票人提起確認之訴，以資解決[4]。縱使法院調查結果，認有發生假債權之情事、發票人對本票簽章之真正有所爭執或執票人主張已清償票款[5]。然法院不得為實體審查後，應為駁回裁定，為准許強制執行之裁定。

2　非訟事件法令暨法律問題研究彙編（二），司法院第一廳，1991年6月，頁325。

3　最高法院99年台上字第1095號、第1142號民事判決。

4　最高法院57年台抗字第76號民事裁定。

5　最高法院52年台抗字第163號民事裁定。

三、對本票裁定抗告無停止執行之效力

票據法第123條規定，係特別保護執票人、加強本票獲償及助長本票流通。且非訟事件法第46條準用民事訴訟法第491條第1項規定，抗告除別有規定外，無停止執行之效力[6]。職是，本票裁定經合法送達，毋庸檢附確定證明書，即可強制執行[7]。

四、本票裁定之執行要件

依強制執行法第6條第1項第6款規定，債務人依本票准予強制執行之裁定，聲請強制執行，應提出得為強制執行名義之證明文件，此為法院裁定正本。法院裁定未經宣示者，其羈束力應於送達時發生。準此，本票准許強制執行之裁定，是否業經合法送達於兩造當事人，有無執行力，涉及強制執行開始之要件，執行法院依法有調查認定之權責[8]。換言之，為執行名義之本票准許強制執行裁定，經執行法院調查結果，未合法送達於債務人，對債務人未發生執行力，債權人據以為執行名義聲請強制執行，自有未合，應予駁回[9]。

五、本票裁定之消滅時效

經確定判決或其他與確定判決有同一效力之執行名義所確定之請求權，其原有消滅時效期間不滿5年者，因中斷而重行起算之時效期間為5年（民法第137條第3項）。因本票裁定不具與確定判決同一之效力，其時效並不因之而延長為5年。是持本票裁定執行者，因聲請執行而中斷（民法第136條）。其時效自執行法院核發債權憑證日起，重新起算3年（票據法第22條第1項）。

6　抗告及再抗告，除本法另有規定外，準用民事訴訟法關於抗告程序之規定。

7　非訟事件法令暨法律問題研究彙編（二），司法院第一廳，1991年6月，頁314、323、324。

8　臺灣高等法院82年度抗字第1654號民事裁定。

9　司法院第21期司法業務研究會，民事法律專題研究（十），司法院民事廳，1994年6月，頁79至81。

第二節　管轄法院

一、票據付款地

　　本票裁定強制執行事件之管轄，依據非訟事件法及票據法之規定，除為專屬管轄及先受理之法院管轄具有優先管轄外，其管轄之順序，依序為票據付款地、發票地及發票人之營業所、住所或居所地。申言之，非訟事件法第194條第1項規定，由票據付款地之法院管轄。因非訟事件法明定，以票據付款地之法院為管轄法院，本票裁定事件為專屬管轄，且同法並無準用民事訴訟法第25條及第1條之明文規定。準此，本票准予強制執行事件之管轄，自無應訴管轄及以原就被規定之適用[10]。

二、票據發票地

　　本票未記載付款地，依票據法第120條第5項規定，由發票地之法院管轄。因本票發票人票據債務之成立，應以發票人交付本票於受款人完成發票行為時日為準，其付款地及發票地自該時確定[11]。二人以上為發票人之本票，未載付款地，其以發票地為付款地，而發票地不在同一法院管轄區域內者，各發票地之法院均有管轄權（非訟事件法第194條第2項）。

三、發票人之營業所、住所或居所地（97民間公證人）

　　本票均未記載付款地、發票地，依據票據法第120條第4項規定，由發票人之營業所、住所或居所地之法院管轄。法院得命聲請人提出債務人之戶籍謄本或公司事項登記卡，以核對聲請狀之債務人地址或營業所是否相符。

---

10 臺灣高等法院88年度抗字第924號民事裁定。

11 最高法院67年度第6次民事庭庭推總會議決議（二），會議日期1978年6月6日。

四、優先管轄

（一）先受理之法院管轄

　　共同發票人之場合，而無付款地及發票地之記載，其住所亦不在同一法院管轄地時，發票人之營業所、住居所所在地之地方法院，均有管轄權，依非訟事件法第3條第1項規定，由先受理之法院管轄[12]。

（二）票據付款地與付款處所

　　票據法之付款地與付款處所不同。所謂付款地，係指票據金額所應支付之地域。而付款處所者，則指該地域內之特定的地點而言。例如，臺南市為付款地，而臺南市中山路1號則為付款處所。倘本票付款地欄記載為臺北市，未表明何行政區域，臺灣臺北地方法院、臺灣士林地方法院所管轄之地域，均屬付款地，各付款所在地之地方法院，均有管轄權，並參考民事訴訟法第21條規定，據以定管轄法院之地跨連或散在數法院管轄區域內者，各法院均有管轄權。準此，臺灣臺北地方法院與臺灣士林地方法院均有管轄權，依非訟事件法第3條第1項前段規定，由其中受理在先之法院管轄[13]。

（三）共同發票之本票

　　共同發票之本票未載明付款地時，依據票據法第120條第5項規定，以發票地為付款地。而本票亦未載明發票地者，依據同條第4項規定，以發票人之營業所、住所或居所所在地為發票地。職是，依據法律擬制之付款地有多數者，倘均不屬同一法院管轄區域內時，各該擬制付款地之法院是否對於共同發票人全體均有管轄權，容有不同之意見。故非訟事件法第194條第2項，特別規定二人以上為發票人之本票，未載付款地，其以發票地為付款地，而發票地不在同一法院管轄區域內者，各該發票地之法院，均有管轄權。

---

[12] 最高法院64年台抗字第224號民事裁定。非訟事件法令暨法律問題研究彙編（二），司法院第一廳，1991年6月，頁344至345。

[13] 臺灣高等法院2000年8月座談，司法周刊，1031期，3版。

五、移送管轄法院（97民間公證人）

（一）適用民事訴訟法第28條第1項

　　非訟事件聲請人常不明瞭非訟事件土地管轄之規定，而誤向無管轄權之法院聲請，因非訟事件法無準用民事訴訟法關於無管轄權時，法院得裁定移送他法院之規定，導致此類事件，經遭法院駁回，對當事人權益影響甚鉅，為保障人民權益，避免關係人重複繳納費用及求程序經濟，非訟事件法第5條規定移送訴訟之準用，即民事訴訟法第28條第1項及第29條至第31條規定，除別有規定外，其於非訟事件準用之。換言之，聲請本票裁定之全部或一部，法院認無管轄權者，得依執票人之聲請或依職權以裁定移送其管轄法院（民事訴訟法第28條第1項）。例如，執票人將數張本票合併，其於同一事件提起聲請裁定，法院僅得就有管轄權之部分，作成本票裁定准許強制執行，就無管轄權之部分本票，依聲請或職權以裁定移送至其管轄法院。

（二）移送管轄之抗告

　　移送訴訟之聲請被駁回者，不得聲明不服（民事訴訟法第28條第3項）。依據反面解釋，依聲請人聲請或依職權以裁定移送管轄法院，當事人對此移送管轄之裁定，得為抗告。職是，法院以職權裁定移送管轄法院，非訟事件之聲請人與相對人均得對之提起抗告，故裁定應同列聲請人與相對人，並將裁定送達當事人。

六、支付命令與本票裁定之管轄

　　有關支付命令之聲請，其專屬債務人為被告時，依第1條、第2條、第6條或第20條規定，有管轄權之法院管轄，有共同管轄之適用（民事訴訟法第510條）。準此，債權人以數發票人或有背書人之本票作為聲請支付命令或本票裁定之依據，向法院聲請對該等債務人發支付命令或准予強制執行，該等法院均有管轄權。

七、發票人之住址與聲請狀所載之住址不同

發票人之住址與聲請狀所載之住址雖不同，惟均屬同一法院管轄，聲請人提出證明以證明爲同一人，法院應准許本票強制執行之裁定。例如，甲以所執乙爲發票人之本票向臺灣臺中地方法院聲請准予強制執行之裁定。依據該本票之記載，乙係住居於臺中市北屯區。而聲請狀所載乙之住所爲同一法院管轄之臺中市太平區，甲有已提出證據證明住居臺中市北屯區之乙係住居於臺中市太平區之乙。因聲請裁定准許本票強制執行，係屬非訟事件，法院毋庸審查其實體關係。題示本票所記載之發票人乙之住址，其與聲請狀所載乙之住址雖不相同，惟均屬同一管轄區域內，倘聲請人甲已提出證據證明其所指之乙係同一人者，法院即應准許其聲請。反之，居住於臺中市太平區之乙，主張其非本票之發票人及實體上之問題，應另行起訴謀求解決[14]。倘乙以該等實體上之事由，對本票准予強制執行之裁定提起抗告，抗告法院應以抗告無理由，駁回抗告。

第三節　本票強制執行之裁定

第一項　裁定之性質

一、形式審查主義（98司法事務官）

本票強制執行事件之裁定屬於非訟事件，法院僅依非訟事件程序，以審查強制執行許可與否，並無確定實體上法律關係存否之效力，故毋庸就實體上之法律關係存否爲審究，是本票裁定無實體確定力。法院僅須爲形式之審查，僅就本票形式上之要件是否具備，予以審查即可，倘形式上合法，即應予以准許，不得爲實體之審查後而爲駁回之裁定[15]。至該本票債務是否已因清償而消滅，應依訴訟程序另謀解決，法院不於裁定程序爲此爭執認定之[16]。縱使發票

---

[14] 司法院1987年1月5日（76）廳民一字第1773號函。

[15] 民事訴訟程序中未經當事人辨認或辯論之事實及證據，不得作爲裁判之依據。

[16] 最高法院56年台抗字第714號民事裁定。

人對於簽章之真正有所爭執，法院仍應為准許強制執行之裁定[17]。

二、提起確認之訴

　　依票據法第123條規定，執票人向本票發票人行使追索權時，得聲請法院裁定強制執行，倘依卷內資料已足以證明發票人之簽章係屬偽造時，因非訟事件並不審查實體法律關係，本票發票人對於簽章之真正，縱有爭執，法院仍應為准許強制執行之裁定。倘發票人主張本票係屬偽造，應依非訟事件法第195條規定提起確認之訴[18]。

三、得對本票裁定提起抗告者

（一）權利受侵害之人

　　非訟事件裁定，除依法不得抗告者外，因裁定而權利受侵害者得為抗告（非訟事件法第41條第1項）。所謂因裁定而權利受侵害之人，係指因裁定而其權利直接受侵害者而言。是本票執票人，依票據法第123條規定，聲請法院裁定許可對發票人強制執行，發票人係其權利直接受侵害之人。至發票人之其他債權人，縱因執票人執許可強制執行之本票裁定，對發票人為強制執行，或參與分配，其他債權人並非權利直接受侵害之人，其無權利提起抗告[19]。

（二）裁定當事人與受送達當事人之姓名相似

　　本票裁定當事人與受送達當事人之姓名相似者，是否得提起抗告，容有不同意見：1.肯定說認非訟事件之抗告人，不限於受裁定之聲請人與相對人[20]。

---

17 最高法院56年台抗字第714號民事裁定。

18 最高法院50年度第三次民刑庭總會會議決議（三）；最高法院57年台抗字第76號民事裁定；臺灣高等法院暨所屬法院83年度法律座談會。

19 最高法院88年度台抗字第428號民事裁定。臺灣高等法院暨所屬法院94年度法律座談會審查意見與研討意見，均認為時效抗辯為實體法上之爭執。

20 最高法院56年度台抗字第556號民事裁定。

該受送達當事人得以利害關係人之身分，以因裁定受侵害者，提起抗告，本文認此說較可採（非訟事件法第41條第1項）；2.否定說認裁定所載姓名與受送達當事人之姓名有異時，縱使聲請人持本票裁定向法院聲請受送達人之財產，因姓名不同，執行法院會駁回執行聲請，故不致侵害受送達人之權利，是受送達人不得提起抗告。

四、對本票裁定提起再抗告（98司法事務官）

（一）適用法規顯有錯誤

抗告法院之裁定，以抗告不合法而駁回者，不得再為抗告但得向原法院提出異議，並準用民事訴訟法第484條第2項、第3項規定。除前開之情形外，對於抗告法院之裁定再為抗告，僅得以其適用法規顯有錯誤為理由（非訟事件法第45條）。所謂適用法規顯有錯誤，係指確定裁判違背法規或現存判例解釋。至於抗告法院認定事實錯誤，或就當事人提出之事實或證據疏於調查或漏未斟酌，僅生調查證據是否妥適或不備理由問題，均與適用法規顯有錯誤有間。所謂原則上之重要性者，係指該再抗告事件所涉及之法律問題，意義重大而有加以闡釋之必要者[21]。

（二）非訟事件不審究實體爭執

本票抗告人雖抗告主張其因網路簽賭，積欠相對人新臺幣（下同）450萬元，相對人逼迫抗告人簽發如原裁定所示之系爭本票，抗告人已陸續支付相對人350萬元，餘款為100萬元。系爭本票乃因賭債所簽發，而賭博違反公序良俗之行為，相對人不得向抗告人請求剩餘之本票款項，故原審本票裁定所示之本票債權債務法律關係，並不存在，抗告人已提起確認本票債權不存在之訴，自有民事訴訟法第469條第6款理由不備之當然違背法令情事云云。惟抗告人所據之抗告理由，除屬實體上之爭執事項，應由抗告人另行提起訴訟資以解決，並非本非訟事件程序得為審究外，其亦未指出原審裁定如何有適用法規顯有錯誤之情形。且非訟事件程序並不審究當事人間之實體爭執，故原裁定所涉及之該

---

[21] 最高法院63年台上字第880號、71年台再字第210號民事判決。

項法律見解，應認爲並不具有原則上重要性。準此，抗告人提起本件抗告，自非合法，不應許可。

（三）管轄法院

最高法院認爲非訟事件法第45條雖未明定再抗告之法院，然參照同法第55條第3項規定，本票裁定或拍賣抵押物裁定之再抗告法院，應爲直接上級法院，其管轄法院爲高等法院或其分院[22]。

五、停止強制執行

法院裁定本票准許強制執行，發票人對許可強制執行之裁定提起抗告程序中，法院因必要情形或依聲請定相當並確實之擔保，得裁定停止強制執行（強制執行法第18條第2項）。倘本票經法院裁定准許強制執行後，發票人基於本票債權不存在之原因，提起確認本票債權不存在訴訟者，依舉輕明重之法理，自應許其提供擔保，停止強制執行，以避免發票人發生不能回復之損害[23]。

第二項　法院審查

一、聲請人應提出本票正本

本票爲絕對有價證券，其權利之行使與本票之占有，有不可分離之關係[24]。故本票執票人向本票發票人行使追索權而依票據法第123條規定，聲請法院爲強制執行之裁定時，自應提出本票正本，以證明其係執票人之法律上地位。僅提出本票影印本時，不足以證明其爲執票人[25]。倘本件聲請人僅提出本票影本，經法院命其補正原本而未提出者，難認已釋明其爲本票執票人，準

---

22 最高法院94年度第8次民事庭會議，會議日期2005年7月19日。

23 最高法院94年度台簡抗字第15號民事裁定。

24 最高法院44年台上字第1216號民事判決。

25 司法院1986年7月10日（75）廳民三字第1406號函。

此，其聲請於法不合，不應准許。是聲請人於聲請狀證物欄，雖記載提出本票正本為據，惟其僅提出影本，應加註「無本票正本附卷」，並簽章以明責任。申言之，本票准許強制執行之裁定，係強制執行法第4條第1項第6款之執行名義，屬非訟事件程序（非訟事件法第194條）。法院之裁定並無確定實體法律關係之效力。參酌本票具提示性及繳回性，執票人行使追索權時，仍需提示票據始能行使權利。本票執票人聲請裁定准許強制執行，係行使追索權方式之一，從強制執行在滿足債權人私法上請求權之觀點，其聲請強制執行時，自仍需提出本票原本於執行法院，以證明其係執票人而得以行使追索權[26]。

二、繳納裁判費用

執票人聲請本票強制執行事件之裁定，應繳納裁判費，未繳納者，可命其補正，費用徵收參照非訟事件法第13條規定。例如，依據非訟事件法第13條第3款規定，新臺幣100萬元以上未滿1,000萬元者，應徵收新臺幣2,000元。故聲請人持面額新臺幣300萬元之本票聲請裁定強制執行，應徵收新臺幣2,000元之費用[27]。再者，執票人持數張本票合併聲請，本文雖認為裁判費用應分別徵收，並非以面額合併計算裁判費。惟實務之作法，係以面額合併計算裁判費。

三、本票裁定強制執行之當事人

本票有無記名及記名二種形式：（一）無記名之本票，以執票人為本票權利人；（二）記名式本票，係有指定受款人之本票，應以受款人或經背書轉讓，第一背書人為受款人，且須形式上背書連續而取得本票之人（票據法第37條第1項）。職是，本票裁定強制執行之當事人，以本票權利人為聲請人，僅

---

26 最高法院95年度台簡上字第26號民事判決。

27 非訟事件法第13條規定：因財產權係為聲請者，按其標的之金額或價額，以新臺幣依下列標準徵收費用：1. 未滿10萬元者，500元；2. 10萬元以上未滿100萬元者，1,000元；3. 100萬元以上未滿1,000萬元者，2,000元；4. 1,000萬元以上未滿5,000萬元者，3,000元；5. 5,000萬元以上未滿1億元者，4,000元；6. 1億元以上者，5,000元。

得對本票發票人即相對人聲請強制執行（票據法第123條）。此項特別規定，對本票保證人、背書人或其他票據債務人並不適用，故執票人對本票保證人、背書人或其他票據債務人，使與發票人負連帶清償責任之聲請，除發票人或共同發票人外，法院應將其聲請強制執行駁回之[28]。再者，發票行為必須於票據正面為之，故縱以發票意思簽名或蓋章於票據背面，並載明為發票人，仍不得認為係有效發票行為，自無法以之為發票人，准予對本票強制執行。

四、本票發票人死亡

（一）繼承人不承受程序

民事訴訟法第168條至第180條及第188條規定，其於非訟事件準用之（非訟事件法第35條之1）。職是，聲請人或相對人有死亡、喪失資格或其他事由致不能續行程序，在有依法令得續行程序之人情形，非訟事件準用民事訴訟法有關訴訟程序當然停止之規定。因執票人依票據法第123條規定，聲請法院裁定許可強制執行事件，限定執票人向發票人行使追索權時，始得為此聲請，則對本票發票人以外之人，即不得援用該條規定，對之聲請裁定許可強制執行，故發票人死亡後，自不得由其繼承人承受程序。

（二）繼承人非本票之發票人

票據法第123條所定執票人就本票聲請法院裁定強制執行事件，係屬非訟事件，故法院於為准駁之裁定時，僅能依該法條規定，就形式審查聲請人是否為本票執票人，能否行使追索權，相對人是否為本票發票人等事項而決定之。至於相對人是否為本票發票人之繼承人，已否拋棄繼承等事項，屬確定實體上法律關係之問題，法院於非訟事件程序不得審究，是對本票發票人以外之人行使追索權時，聲請法院裁定強制執行，法院不應准許[29]。發票人死亡，其繼承

---

28 非訟事件法令暨法律問題研究彙編（二），司法院第一廳，1991年6月，頁327至328。

29 司法院1983年1月29日（72）廳民三字第0078號函；臺灣高等法院89年度抗字第19號民事裁定。

人雖對於被繼承人之債務，以因繼承所得遺產為限，負連帶責任（民法第1153條第1項）。然繼承人並非本票之發票人，自不得為裁定准許強制執行之相對人[30]。

五、有效之本票款式

（一）絕對必要記載事項

本票絕對必要記載事項有五：1.由發票人簽名或蓋章；2.表明本票之文字；3.無條件擔任支付；4.一定之金額。如為見票即付之無記名本票，其金額應在新臺幣500元以上。所謂見票之意義，係本票發票人為確定見票後定期付款之本票，其到期日之起算點，當執票人提示時，其於本票上記載見票字樣及日期，並簽名之行為[31]；5.發票年、月、日（票據法第120條第1項）。以上缺一，則本票無效，應駁回其聲請（票據法第11條第1項）。

（二）本票涵義

表明本票字義固非以本票二字為限，其他代用名詞亦得使用，惟仍以具有本票之相同意義之中文或外文為限。「本票」英文其專有名詞為「Promis-sory Note」，英文「Note」其主要意義，有紙幣、筆記、通知、註釋、票據等意義。惟對本票二字之英文均以「Promissory Note」表明，尚未見以「Note」即表示為本票之意，自不得以與我國慣例不符「Note」文字，作為表明為本票之意。再者，所謂「無條件擔任支付」英文為「Unconditional Promise to pay」，倘僅表明「Promise to pay」文字，則與本票應無條件支付之本旨相違背。

---

30 最高法院92年度台抗字第241號民事裁定。

31 賴源河，實用商事法精義，五南圖書出版股份有限公司，2002年10月，5版2刷，頁315。

六、本票應屆到期日

（一）本票記載到期日

本票到期日，涉及是否合法行使或保全票據權利及遲延利息之起算點。本票有記載到期日，聲請人已表明於到期日提示或表明屆期提示。其利息自提示日起算，但執票人請求利息之起算點，後於到期日或提示日，則依其所請求計算利息。再者，本票雖有記載到期日，但到期日在發票日之前。即到期日在發票日之前，此屬日期顛倒，應認到期日視為無記載，依見票即付之方式處理（票據法第120條第2項）[32]。

（二）本票未載到期日

本票未載到期日者，視為見票即付，惟不論是否有免除作成拒絕證書之約定，仍須有見票之提示，即為付款之提示，因免除作成拒絕證書之約定，依票據法第124條準用同法第97條規定，仍應為付款之提示，僅屬舉證責任轉換而已，推定發票人拒絕付款，執票人欲行使追索權，亦應為付款之提示。反之，本票無免除作成拒絕證書之記載，須附拒絕證書以證明業已提示及合法保全票據權利。

七、追索權未喪失

法院應否為准予強制執行之裁定，應審查本票之執票人對於發票人是否有追索權[33]。執票人已表明於何時提示本票，形式上可認已合法行使票據權利，以到期日起算利息。例如，本票執票人向法院聲請裁定是否准予強制執行，其聲請意旨：聲請人執有相對人簽發如附表所示之本票，並免除作成拒絕證書，詎經提示未獲付款，爰提出本票為證，聲請裁定准許強制執行。就形式審查以觀，符合提示要件，未喪失追索權。倘事實上未提示，應由發票人舉證證明執票人未提示。再者，倘執票人未表明何時提示，本票亦未載到期日，執票人聲

---

32 臺灣高等法院85年度抗字第2570號民事裁定。

33 最高法院51年度台抗字第147號民事裁定。

請法院對發票人裁定強制執行，法院應如何處理，容有不同見解：（一）本文認無從具體判斷何時提示，則難認其已合法行使票據權利，應駁回其聲請；（二）本票發票人所負付款責任，係第一次之絕對責任，執票人縱使不於付款提示期間內為付款之提示，發票人仍不免其付款之責，本件執票人聲請法院對發票人裁定強制執行，應予准許[34]。

第三項　本票之票款請求範圍

一、本票之面額

　　本票得請求之票款範圍，有本票之面額、利息及必要費用（票據法第97條、第124條）。是執票人得請求被拒絕付款之本票金額，其金額有全部票面金額或部分未清償之金額。而票面金額不得塗改，否則無效（票據法第11條第3項）。持票人持金額有修改之本票，聲請本票強制執行裁定時，法院應駁回其聲請。

二、利息

（一）利率計算

　　有約定利率者，即發票人有記載對於票據金額支付利息及利率，雖應按約定給付利息（票據法第28條第1項、第97條第1款、第124條）。惟超過年息20%部分，應駁回之（民法第205條）。未約定利息者，按年息6%計算利息（票據法第28條第2項、第97條第1項第2款、第124條）。

（二）利息起算日

　　有約定利息起算日者，依其約定（票據法第124條、第28條第3項但書）。如無約定者，自到期日起算（票據法第97條第1項第1款）。未載到期日者，則自發票日起算（票據法第28條第3項）。

---

34 民事法律問題研究彙編，4輯，司法院，頁236。

三、必要費用

執票人因作成拒絕證書與通知之支出及其他必要費用，均可請求（票據法第97條第1項第3款）。準此，本票通常會記載免除作成拒絕證書之文字，執票人鮮少主張必要費用之請求。

四、違約金

違約金之約定，非票據法所規定之法定事項，自不生票據上之效力（票據法第12條、第120條）。其於聲請本票強制執行裁定之場合，不可請求之。固無票據之效力，然有通常法律上之效力，執票人自得另行向發票人請求約定之違約金[35]。

五、遲延利息

本票上記載面額若干元、利息為年利率10%，本息逾期時，除按上開約定利率支付利息外，自逾期之日起，按照上開利率10%加付遲延利息，該項約定載明遲延利息，本票裁定是否得准許，容有不同意見：（一）本文認本票裁定係非訟事件，僅能自其形式觀之，不能為實體之探究，故應受其約定之拘束，應予准許[36]；（二）遲延利息原有違約金之性質，該項約定，係關於違約金之訂定，其形式上觀之即能判斷其性質，自不應准許[37]。

---

35 最高法院50年台上字第1372號民事判決。

36 2001年8月臺灣高等法院法律座談；臺灣高等法院89年度抗字第60號、90年度抗字第2394號民事裁定。

37 臺灣高等法院90年度抗字第1772號民事裁定。

第四項　確認本票僞造或變造之訴

一、提起確認本票之訴（98司法事務官；102公證人）

（一）起訴要件

　　發票人主張本票係僞造、變造者，應於接到准予強制執行之本票裁定後20日之不變期間內，對執票人向爲裁定法院提起確認之訴，非訟事件法第195條第1項定有明文。是發票人主張本票係僞造或變造提起訴訟時，執行法院始應停止執行，至於主張惡意取得者，則不包括在內[38]。發票人證明已提起前開訴訟時，執行法院應停止強制執行（第2項）。但得依執票人聲請，許其提供相當擔保，繼續強制執行，亦得依發票人聲請，許其提供相當擔保，停止強制執行（第3項）。準此，本票發票人以執票人所持以發票人名義簽發之本票，均爲第三人所僞造，提起確認兩造間就本票債權不存在之訴，雖逾20日之不變之期間，惟本票發票人不於不變期間提起確認之訴，僅無執行法院應停止強制執行之適用，其亦得提起確認之訴[39]。

（二）舉證責任

　　本票爲無因證券，僅就本票作成前之債務關係，毋庸證明其原因而已。至該本票本身是否眞實，即是否爲發票人所作成，即應由本票債權人負證明之責（民事訴訟法第277條本文）[40]。職是，發票人主張本票係僞造者，依非訟事件法第195條第1項規定，對執票人提起確認本票係僞造或本票債權不存在之訴者，應由執票人就本票爲眞正之事實，先負舉證責任[41]。

---

38 非訟事件法令暨法律問題研究彙編（二），司法院第一廳，1991年6月，頁329至330。

39 最高法院64年台抗字第242號民事裁定。

40 最高法院50年台上字第1659號民事判決。

41 最高法院65年度第6次民庭庭長會議決議（一），會議日期1976年7月6日。

二、專屬管轄

　　所謂專屬管轄，非以法律明文定為專屬管轄者為限，非訟事件法第195條規定應由一定法院管轄者，其屬專屬管轄，不得任由當事人合意變更之。準此，執票人應向專屬為本票裁定之法院，對執票人提起確認之訴[42]。

三、確認本票債權不存在勝訴判決確定

　　發票人證明已依非訟事件法第195條第1項規定提起訴訟時，依同條第2項規定，執行法院應即停止強制執行。此項立法目的，在於可否強制執行，應待實體上訴訟終結以定其債權之存否。此項訴訟如經判決確定，確認其本票債權不存在，即可認定前准許強制執行之裁定，其執行力亦不存在[43]。再者，本票裁定之強制執行名義成立後，如經發票人提起確認本票債權不存在之訴，而獲得勝訴判決確定時，應認原執行名義之執行力，已可確定其不存在。尚在強制執行中，債務人可依強制執行法第12條規定聲明異議，業經執行完畢者，發票人得依不當得利規定，請求返還因執行所得之利益[44]。倘執票人應負侵權責任時，並應賠償發票人因執行所受之損害[45]。

---

42 司法院1986年7月10日（75）廳民一字第1405號函。

43 最高法院70年度第24次民事庭會議決定（一），會議日期1981年11月24日。

44 本票債權人於債務人提起確認本票債權不存在之訴中，業經執行完畢，債務人得以情事變更而以不當得利，請求債權人返還因執行所得之利益。

45 最高法院70年度第24次民事庭會議決定（二），會議日期1981年11月24日。

第四節　例題研析

案例1　本票未載發票日或到期日於發票日前

> 　　甲執有乙簽發面額新臺幣100萬元，到期日2023年1月1日之本票一張，未載發票日，經提示不獲付款。試問：（一）甲此提出該本票，聲請法院裁定准許強制執行，法院是否准許？（二）倘本票發票日為2023年2月1日，法院應如何處理？

一、發票日為本票應記載事項

　　本票應記載發票年、月、日（票據法第120條第1項第6款）。甲所持之本票，未記載發票年、月、日，欠缺票據法所規定本票應記載事項之一，為無效之本票（票據法第11條第1項）。職是，甲自不得據以裁定強制執行，法院就其聲請，應予駁回。

二、到期日於發票日前

　　本件本票到期日為2023年1月1日，而發票日為同年2月1日，到期日於發票日前，執票人顯然無從提示，應認為到期日之記載無效，而視為未記載，應視為未載到期日之本票，其屬見票即付之本票，裁定准予強制執行[46]。

---

46 非訟事件法令暨法律問題研究彙編（二），司法院第一廳，1991年6月，頁342至343。

案例2 無管轄權之處理

> 甲持乙簽發之本票,該本票並未記載付款地及發票地,乙住所地於臺中市,甲向臺灣臺南地方法院聲請對乙簽發之本票准許強制執行。試問法院應如何處理?依據為何?

一、管轄法院

乙簽發之本票並未記載付款地及發票地,依票據法第120條第4項、第5項規定,以發票人之營業所、住所或居所為付款地,執票人就本票聲請法院裁定強制執行事件,由付款地之法院管轄(非訟事件法第194條第1項)。準此,發票人乙住所在臺中市,臺灣臺中地方法院為管轄法院。

二、移送管轄法院

非訟事件法第5條規定,民事訴訟法第28條第1項及第29條至第31條規定,除別有規定外,非訟事件準用之。換言之,聲請本票裁定之全部或一部,法院認無管轄權者,得依執票人之聲請或依職權以裁定移送其管轄法院(民事訴訟法第28條第1項)。

案例3 聲請對背書人核發執行裁定及本票已部分清償

> 甲執有某乙簽發,面額新臺幣(下同)300萬元、發票日2022年9月9日、到期日同年10月11日之本票一張,渠等未約定利率,並經丙背書,其上記載免除作成拒絕證書,詎於到期後經提示未獲付款。試問:(一)甲為此提出本票,聲請法院裁定准許對乙、丙強制執行,法院應如何處理?(二)倘本票已清償30萬元,裁定主文應如何諭知?

一、對本票發票人行使追索權

執票人向本票發票人行使追索權時，得聲請法院裁定後強制執行（票據法第123條）。其限定執票人向本票發票人行使追索權時，得聲請法院裁定後強制執行，對於本票發票人以外之票據債務人，諸如背書人、保證人行使追索權時，不得適用該條規定，逕請裁定執行[47]。準此，法院所為裁定主文應諭知：相對人簽發本票面額新臺幣300萬元，並自2022年10月11日起至清償日止，按年息6%計算之利息，得為強制執行。聲請人其餘之聲請駁回。

二、部分清償之本票

本票債務人已清償部分金額即新臺幣（下同）30萬元時，法院自應扣除該已清償之金額，是裁定主文應諭知：相對人於2022年9月9日簽發，到期日2022年10月11日之本票，內載憑票交付聲請人300萬元，其中270萬元及自2022年10月11日起至清償日止，按年息6%計算之利息，准予強制執行。

案例4　本票約定違約金

> 甲執有乙簽發之本票，並免除作成拒絕證書。除約定利息外，亦有違約金之約定，甲到期日後經提示未獲付款，甲為此提出本票為憑，聲請裁定准許就本票面額、利息及違約金強制執行。試問法院應如何裁定？依據為何？

因違約金約定非屬票據法規定之法定事項，不生效力（票據法第12條、第120條）。執票人不得就違約金之部分聲請強制執行，法院應予駁回。法院就本票面額及利息部分之聲請，核與票據法第123條規定相符，應予准許。

---

47 最高法院50年台抗字第188號民事裁定。

案例5 本票分期付款

> 甲執有乙簽發面額新臺幣（下同）100萬元，發票日2023年1月1日之本票，記載分10期給付，自2023年1月起，每月15日支付10萬元，並免除作成拒絕證書，約定利息按年息6%計算。詎乙僅支付3期款共計30萬元外，其餘經提示未獲付款，未到期部分視為全部到期，計尚欠聲請人70萬元。試問甲為此聲請裁定准許強制執行，法院應如何處理？

本票得分期付款，分期付款之本票，其中任何一期，到期不獲付款時，未到期部分，視為全部到期（票據法第65條第2項、第124條）。因乙未按期給付票款，應視為未到期之票款已全部到期，是甲向法院聲請就該本票准許強制執行，法院所為裁定主文應諭知：相對人於2023年1月1日簽發之本票內載憑票交付聲請人之新臺幣（下同）100萬元，其中70萬元及自2023年4月15日起至清償日止，按年息6%計算之利息，准予強制執行。

案例6 本票未屆到期日

> 甲執有乙簽發面額新臺幣100萬元，到期日2023年2月1日，甲於同年1月1日經提示不獲付款。試問甲為此提出該本票，向法院聲請裁定准許強制執行，法院應如何裁定？

所謂本票者，係指發票人簽發一定之金額，於指定之到期日，由自己無條件支付與受款人或執票人之票據（票據法第3條）。本件本票之到期日為2023年2月1日，執票人甲於期前提示雖未獲兌現，然到期日尚未屆至，本票發票人乙自無於期前給付票款之義務，執票人甲自不得據以裁定強制執行，法院應駁回其聲請。

案例7　本票執票人未表明提示日

> 甲執有乙所簽發之本票一張，並免除作成拒絕證書，主張迄今未獲支付等情為由，向法院聲請裁定准予強制執行。試問甲所持有之本票未記載到期日，其聲請狀復未表明何時提示，法院應如何處理？

一、本票經提示後始能行使追索權

執票人向本票發票人行使追索權時，得聲請法院裁定後強制執行（票據法第123條）。所謂票據權利之行使，係指票據權利人向票據債務人提示票據，請求其履行票據債務所為之行為。所謂提示者，係指現實向債務人出示票據。同法第85條第1項規定，匯票到期不獲付款時，執票人於行使或保全匯票上權利之行為後，對於背書人、發票人及匯票上其他債務人得行使追索權。上開規定依同法第124條規定於本票準用之。而同法第120條第2項規定，本票未載到期日者，視為見票即付。同法第124條亦準用第95條規定。準此，本票雖有免除作成拒絕證書之記載，執票人仍應於所定期限內，為付款之提示。

二、先命補正提示日

依據執票人甲所提出之本票並未記載到期日，其聲請狀復未表明何時提示，因本票未載到期日者，視為見票即付，是未載到期日之本票，應提示未獲付款後，始得行使追索權。準此，法院應先命執票人甲於一定期間，陳報提示日，倘聲請人逾期迄未補正，其聲請難認為合法，應予駁回。

案例8　管轄權之認定

> 甲簽發未載付款地及發票地之本票一紙交付乙後，甲從臺中市太平區遷居至高雄市左營區。試問乙因屆期不獲付款，聲請法院裁定本票准予強制執行，本件本票裁定應由何法院管轄？

一、票據債務之成立始點

本票發票人票據債務之成立，應以發票人交付本票於受款人完成發票行為之時日為準，其付款地及發票地自亦於此時確定（票據法第128條第2項）。至於本票所載到期日期，僅係行使票據債權之限制，不能認係票據債務成立之時期[48]。

二、管轄法院之認定

執票人向本票發票人行使追索權時，而聲請法院裁定強制執行（票據法第123條）。應由票據付款地之法院管轄，此為專屬管轄法院（非訟事件法第194條第1項）。所謂付款地，係指發票人完成發票行為時之付款地。倘未載付款地及發票地，則以發票人之營業所、住所或居所地之法院管轄（票據法第120條第4項、第5項）。

三、發票人原住所之所在地法院管轄

甲簽發未載付款地及發票地之本票一紙交付乙後，甲由臺中市遷居至高雄市，乙因不獲付款聲請法院裁定強制執行，仍應由臺灣臺中地方法院管轄。職是，本票發票人於交付本票與執票人後，雖遷移住居處所，然到期不獲付款，執票人應向發票人原住所所在地之法院，行使追索權。

案例9　本票記載非票據法之事項與發票行為

甲、乙共同於本票發票人欄簽名，而乙於其姓名旁另書寫見證人之字樣，渠等持該本票向丙調借現金。試問：（一）嗣本票到期未獲付款，丙聲請法院對甲、乙裁定強制執行，法院應如何處理？（二）丁為A股份有限公司之董事長，其在本票蓋用公司大小章，並交予戊，因本票到期未獲付款，戊聲請法院對丁、A股份有限公司裁定強制執行，法院應如何裁定？

---

[48] 最高法院67年度第6次民事庭庭推總會議決議（二），會議日期1978年6月6日。

一、本票記載非票據法之事項不生效力

在票據上簽名者，依票上所載文義負責。二人以上共同簽名時，應連帶負責（票據法第5條）。而票據上記載本法所不規定之事項，不生票據上之效力（票據法第12條）。甲、乙共同於本票發票人欄簽名，依據票據之文義性，應負發票人責任。至於乙於其姓名旁另書見證人之字樣，非票據法所規定之事項，自不生票據上之效力。職是，法院應裁定准許對甲、乙強制執行[49]。

二、發票行為

發票行為屬可代理或代表之法律行為，故公司負責人為公司之發票行為，應同時蓋用公司大小章，以表示代表公司為發票行為。倘僅蓋負責人印章時，應由負責人負發票人責任。同理，自然人代理他人為發票行為，應註明為代理人，否則應負發票人責任。準此，丁為A股份有限公司之董事長，其在本票蓋用公司大小章，A股份有限公司為發票人，丁非共同發票人，是戊聲請法院對丁、A股份有限公司裁定強制執行，法院應駁回戊對丁之聲請。

案例10　法條適用

> 本票執票人聲請對本票發票人為強制執行時，法院裁定准許強制執行時。試問民事裁定書之論結欄，應如何引用民事訴訟法或非訟事件法？依據為何？

民事訴訟法第95條之以裁定終結本案，係指訴訟事件而言。至法院以裁定准許本票執票人對發票人強制執行，係非訟事件，並無民事訴訟法第95條之適用，如其相對人僅有一人時，僅引用非訟事件法第21條第2項與民事訴訟法第78條即可。倘相對人有數人時，則需引用非訟事件法第21條第2項、第23條及民事訴訟法第85條第2項[50]。

49　最高法院53年台上字第1930號民事判決。

50　司法院1988年4月29日（77）廳民一字第540號函。

案例11 發票機關及授權發票

> 甲、乙均參加丙所召集之互助會，甲得標後簽發發票日期、到期日空白之本票交付會首丙，丙完成發票日、到期日之記載後，交付未得標會員乙，憑以收取會款，本票屆期經提示未獲付款，乙乃聲請本票裁定強制執行。試問甲以未取得得標會款，丙未經合法授權，無權完成發票行為，提起對乙確認本票債權不存在之訴，有無理由[51]？

一、會首僅為填寫日期之機關

甲於得標後簽發與會首丙之發票日、到期日均為空白之本票，係依民間互助會之慣行，以算至完會為止之期數，為本票之張數，以每會期甲應繳納之死會會款為票據金額時，則甲對執票人乙提起確認本票債權不存在之訴，是否有理由，應視以下情形而定。

（一）會首依據會員之意思完成發票行為

此等未填日期之本票，在會首與會員間，均有以每一會期為到期日，每一會期由會首填寫一張交付該期得標會員之合意。故會員甲已自決定本票之有關日期，而囑託會首丙每期照填一張，以完成發票行為，甲係以丙為其填寫票據日期之機關，並非授權丙，使其自行決定效果意思，代為票據行為而直接對甲發生效力，自與所謂空白授權票據之授權不同。職是，甲以丙未經合法授權，無權完成發票行為之主張，為無理由。

（二）是否善意取得

因丙為甲填寫票據日期之機關，其填寫票據日期後轉讓與乙，並不生轉讓無效之問題，乙能否享有票據上之權利，應視乙是否以惡意或重大過失取得本

---

51 最高法院70年度第18次民事庭會議決議。臺灣高等法院暨所屬法院71年度法律座談會民事類第44號。司法院第一廳1983年1月29日（72）廳民三字第0078號函。

票為斷（票據法第14條第1項）。準此，倘乙無惡意或重大過失取得本票時，甲提起對乙確認本票債權不存在之訴，為無理由。

二、會首基於會員之授權

　　會員甲於得標後，簽發與會首丙之本票日期、張數及金額，均與前開所示相同，而與丙特別約定，須於甲收取全部應得會金後，會首丙始可按期補充填寫每張本票之日期而交付與在後得標之會員時。職是，甲對執票人乙提起確認本票債權不存在之訴，是否有理由，應適用票據法第11條第2項規定。故丙之補充記載本票之日期，係基於甲之空白授權票據之授權行為，倘乙係善意取得外觀無欠缺之本票者，甲不得以其與丙間授權原因，對乙主張本票無效。

案例12　形式審查主義

　　　　甲簽發到期日2020年1月1日之本票予乙，並免除作成拒絕證書，乙遲至2023年2月20日，始執該本票向地方法院聲請裁定准予強制執行，經地方法院裁定准許後。試問甲以該票據權利已罹於時效為由，提起抗告，抗告法院應如何裁判？

一、時效抗辯為本票之實質要件

　　本票執票人依票據法第123條規定，聲請法院裁定許可對發票人強制執行，係屬非訟事件，此項聲請之裁定及抗告法院之裁定，僅依非訟事件程序，以審查強制執行許可與否，並無確定實體上法律關係存否之效力。本票發票人所提之時效抗辯，本文認屬實體法律關係存否之抗辯，非訟事件適用形式審查主義，抗告法院於非訟程序中，自不得審酌，應裁定駁回[52]。

---

52 最高法院83年度台抗字第227號民事裁定、2005年11月25日臺灣高等法院暨所屬法院 94年法律座談會審查意見與研討意見、臺灣高等法院暨所屬法院99年度法律座談會

二、時效抗辯為本票之形式要件

倘抗告法院認為時效抗辯為本票之形式要件，因本票自發票日起3年間不行使，因時效而消滅（票據法第22條第1項）。依本題題意，乙據以聲請裁定准許強制執行之本票，到期日為2020年1月1日，並免除作成拒絕證書，乙遲至2023年2月20日始持本票，向地方法院聲請裁定准予強制執行，雖經法院裁定准許後，惟其請求權之行使，顯逾法定3年時效期間之規定。甲已為時效之抗辯，則抗告法院自應就此時效抗辯之有無理由為審查，以確定乙據以聲請本票裁定准予強制執行之形式要件是否具備，倘本票票款請求權已罹於時效，抗告為有理由，抗告法院應廢棄原裁定，駁回本票強制執行之聲請（非訟事件法第44條；民事訴訟法第492條）。職是，涉及追索權之行使，屬形式要件，法院於非訟程序中自應審查[53]。

案例13　**本票裁定之相對人**

> 執票人雖持蓋有獨資商號印章，然末有其負責人簽名或蓋章之本票，執票人向法院聲請本票裁定准予強制執行，倘發票時商號負責人與聲請本票裁定時商號負責人，係不同之負責人。試問執票人主張對後負責人為本票裁定，法院應否准許？

商號為發票行為而於本票發票人欄上蓋章者，實際上係由商號負責人或其代理人為之，故該商號及負責人為同一權利主體，就簽發之本票負發票人責任。準此，商號之負責人嗣後變更為他人，為另一權利主體，商號之前後主體不同，自不應由後一主體負票據責任。故執票人以非發票時之負責人為相對人而聲請本票裁定，法院應駁回之。

民事類提案第14號，均認為時效抗辯為實體法上之爭執。

[53] 最高法院94年度台抗字第308號民事裁定。

第二章　公司事件

第一節　管轄法院

　　公司法所定由法院處理之公司事件，由本公司所在地之法院管轄（非訟事件法第171條）。公司以其本公司所在地為住所，其為登記之所在地（公司法第3條第1項）。所謂本公司，係指為公司依法首先設立，以管轄全部組織之總機構（第2項前段）。例如，公司之經營，有顯著困難或重大損害時，法院得據股東之聲請，經徵詢主管機關及目的事業中央主管機關意見，並通知公司提出答辯後，由本公司所在地之法院管轄裁定解散（公司法第11條第1項）[1]。

第二節　聲報清算

一、解散與清算之定義

　　所謂公司解散者（dissolve），係指公司法人人格消滅原因所表現之法律

---

[1]　最高法院94年度台抗字第1027號民事裁定。

事實。公司解散後，必須經過清算程序，其法人之人格始歸於消滅。所謂清算者（liquidate），係指已解散之公司，為處分現有財產，以終結公司與第三人及公司與股東間之債權債務關係，而消滅公司人格之程序。準此，公司解散後，應經清算程序，以處理未終結之事務。

二、公司清算人之選派

（一）清算人之類型

清算人之類型有三：1.法定清算人：無限公司之清算，原則上以全體股東為清算人（公司法第79條本文）。股份有限公司之清算，原則上以董事為清算人（公司法第322條第1項本文）；2.選任清算人：公司法或章程另有規定，或經股東或股東會決議，得另選清算人（公司法第79條但書、第322條第1項但書）；3.選派清算人：無法定清算人或選任清算人時，法院得因利害關係人聲請而選派之（公司法第81條、第322條第2項）。選派清算人之裁定，不得聲明不服（非訟事件法第175條第1項本文）。法院選派清算人時，應公告之，解任時亦同，俾公示大眾得以知悉（公司法第83條第3項）。

（二）法院選派清算人

法院選派清算人應以善良管理人之注意處理職務（公司法第95條），清算人之報酬，由公司負擔。報酬之金額多寡，視清算事務繁簡，所耗費之勞力時間，由法院徵詢董事及監察人意見後酌定之（非訟事件法第177條、第174條）。有限公司、兩合公司準用上揭清算人之類型（公司法第113條、第115條）。再者，法院選派清算人，處理公司解散後之未了事務，責任重大，有下列情形之一者，其為智慮不足或為品德信用不佳，不得選派為清算人（非訟事件法第176條）：1.未成年人；2.受監護或輔助宣告之人；3.褫奪公權尚未復權者；4.受破產宣告尚未復權者；5.曾任清算人而被法院解任者。

三、清算人之解任

無限公司之清算人，不論為法定清算人、選任清算人或選派清算人，認為

必要時，法院因利害關係人之聲請，得將其解任。但股東選任之清算人，亦得由股東過半數之同意，將其解任（公司法第82條）。股份有限公司之清算人，除由法院選派者外，均得由股東會決議解任。法院亦得因監察人或繼續1年以上，持有已發行股份總數3%以上股份股東之聲請，將其解任（公司法第323條）。

四、選派或解任清算人之費用負擔

法院對於選派或解任公司清算人，所為之裁定，關係人不得聲明不服（非訟事件法第175條第1項前段）。倘認聲請為有理由時，其程序費用，由公司負擔（非訟事件法第175條第3項）。反之，駁回聲請時，其程序費用，應由聲請人負擔（非訟事件法第21條第1項）。

五、聲報清算人

清算人執行職務，有代表公司為訴訟上或訴訟外一切行為之權，其於就任後15日內應向法院聲報（公司法第83條第1項、第113條、第115條、第334條）。其聲報應以書面為之，法院應為形式審查與實質審查。聲報清算人屬報備性質，倘經法院形式審查應提文件與應繳費用，認為無欠缺者或命補正而已補正者，即得准予備查，無須裁定為之。

（一）形式審查

清算人應繳費與檢具下列文件，以供法院為形式審查，如有欠缺者，應命清算人補正：1.申請費新臺幣1,000元（非訟事件法第14條第1項）；2.聲報狀或聲請狀，該書面應記載清算人之姓名、住居所及就任日期（非訟事件法第178條）；3.公司解散、撤銷或廢止登記之證明（非訟事件法第178條第2項第1款；公司法第26條之1、第24條）；4.公司設立變更登記事項卡影本；5.股東名簿；6.清算人資格之證明，倘由法院選派者，其選派之裁定；由股東或股東會選任者，為決議之會議紀錄。清算人亦應出具願任清算人同意書（非事件法第178條第2項第2款）；7.資產負債表或財務報表、財產目錄（公司法第87條第

1項、第113條、第115條；非訟事件法第179條）；8.經監察人審查通過財務報表與財產目錄之證明文件（公司法第326條第1項）；9.股東會或股東承認（公司法第326條第2項）。

（二）實質審查

清算人之就任解任，不僅與公司有關，亦涉及第三人之利益，故清算人應於就任15日內聲報，倘違反聲報期限之規定者，應處新臺幣3,000元以上15,000元以下之罰鍰（公司法第83條第1項、第4項、第113條、第334條）。

第三節　聲請展期清算

清算人之任務，在迅速終結公司現務、分派盈餘或虧損，以結束公司法人人格。清算人原則上固應於6個月內完結清算，惟確因事務繁雜，不能於6個月內完結清算時，清算人得申敘理由，向法院聲請展期（公司法第87條第3項、第113條、第115條、第334條）。聲請展期完結應以書面為之，此為法定方式（非訟事件法第179條）。倘法院認其聲請有理由時，應裁定許其延長清算完結之期間。反之，清算人不於6個月內，或經法院延展期間內，未清算完結者，將各處新臺幣1萬元以上5萬元以下罰鍰（公司法第87條第3項、第4項、第113條、第115條、第334條）。

第四節　清算完結

一、清算完結之性質

（一）報備性質

公司經解散，應儘速清算完結，對股東及公司債權人均為有利，原則上公司之清算人應於6個月內清算完結，其於清算完結後，清算人應造具結算表冊，送交各股東，請求其承認。經請股東承認後，清算人應向法院聲報。其聲報應以書面為之，法院應為形式審查與實質審查。清算完結屬報備性質，倘經

法院形式審查應提文件與應繳費用，認為無欠缺者或命補正而已補正者，即得准予備查，無須裁定為之。為防止營利事業，假藉清算手段，規避應補徵之稅捐及罰鍰，法院於受理聲報清算完結事件時，務必行文有關稽徵機關，查明有無違章欠稅情事，以便依法處理[2]。備查僅係觀念通知，未產生任何法律效果，故備查之目的，僅在於知悉已經過之事實，備查與否，不致發生法律效果之消滅或變動。是備查之性質與所陳報事項之效力無關[3]。

（二）不具有實質確定力

　　公司於清算完結向法院聲報，僅為備案之性質，法院所為准予備案之處分，並無實質上之確定力。換言之，公司清算完結向法院聲報，僅係陳報清算監督機關完成法定成算程序之觀念通知，法院准予備查，僅代表法院知悉公司已完成清算之事實，是法院所為准予備案之處分，不具有實質確定力。例如，公司解散清算時，明知公司尚有應行繳納之稅款，竟怠於通知稽徵機關申報債權，即難謂該公司業經合法清算完結，公司人格自未消滅，稽徵機關不待法院撤銷准予備查之裁定，可對該公司追繳欠稅或補徵稅款及處罰，其於法有據[4]。

二、法院審理

（一）形式審查

　　清算人應繳費與檢具下列文件，以供法院為形式審查，如有欠缺者，應命清算人補正：1.申請費新臺幣1,000元（非訟事件法第14條第1項）；2.聲報狀或聲請狀（非訟事件法第180條）；3.清算期間收支表；4.清算期間損益表；5.清算後資產負債表；6.清算後財產目錄；7.經監察人審查通過簿冊之證明文件；8.股東會或股東承認之文件（公司法第331條第1項；非訟事件法第180條

2　司法行政部1979年6月22日台68函民05991號函。

3　最高行政法院89年度裁字第1325號行政裁定。

4　王秀美，公司清算完結之研究，國立中正大學法律研究所碩士論文，2011年1月，頁35至36。

第1款）；9.清算所得申報書，應附稅捐機關收據；10.剩餘財產分配表；11.刊登催告債權人申報債權公告之報紙，有限公司1日，股份有限公司3日（公司法第88條、第327條；非訟事件法第180條第2款）。

（二）實質審查

　　法院應就下列事項為實質審查：1.清算公司應以其財產清償債務後，其包含積欠稅捐，始得將剩餘財產分配與股東（公司法第90條）；2.清算人不得於債權人申報債權期限內，對債權人為清償（公司法第328條第1項）；3.清算完結後，清算公司之財產目錄應無財產紀錄；4.清算人應於6個月內完結清算，不能於6個月內完結清算時，清算人得申敘理由，向法院聲請展期。清算人不於6個月內，或經法院延展期間內，未清算完結者，將各處新臺幣（下同）1萬元以上5萬元以下罰鍰（公司法第87條第3項、第4項、第113條、第115條、第334條）；5.公司清算完結時，表冊經股東或股東會承認後15日內，向法院聲報清算完結，向法院聲報，清算人違反聲報期限之規定時，有限公司處3,000元以上15,000元以下罰鍰（公司法第113條、第93條）；股份有限公司處1萬元以上5萬元以下罰鍰（公司法第331條第4項、第5項）。

第五節　選任臨時管理人

一、事由（100年公證人）

　　股份有限公司董事會不為或不能行使職權，致公司有受損害之虞時，法院因利害關係人或檢察官之聲請，得選任一人以上之臨時管理人，代行董事長及董事會之職權（公司法第208條之1第1項；非訟事件法第183條第1項）。聲請選任臨時管理人，應以書面表明董事會不為或不能行使職權，致公司有受損害之虞之事由，並釋明之（非訟事件法第183條第2項）。所謂不為者，係指董事會怠於行使職權而言。例如，董事出缺達1/3時，而董事會怠於召開股東臨時會補選。所謂不能者，係指董事會無法行使其職權。例如，董事死亡。

二、程序

法院為裁定前，得徵詢主管機關、檢察官或其他利害關係人之意見，法院所為裁定，應附理由（非訟事件法第183條第3項、第4項）。法院選任臨時管理人時，應囑託主管機關為之登記（第5項）。

第六節　選派檢查人

股份有限公司繼續1年以上，持有已發行股份總數3%以上之股東，得以書面聲請法院選派檢查人，檢查公司業務帳目及財產情形（公司法第245條第1項；非訟事件法第172條第1項）。檢查人之報告，應以書面為之（非訟事件法第173條第1項）。法院就檢查事項認為必要時，得訊問檢查人（第2項）。法院對於檢查人之報告認為必要時，得命監察人召集股東會（公司法第245條第2項）。檢查人之報酬，由公司負擔；其金額由法院徵詢董事及監察人意見後酌定之（非訟事件法第174條）。法院選派檢查人之裁定，不得聲明不服（非訟事件法第175條第1項本文）[5]。

第七節　公司重整裁定前之處分

法院為公司重整之裁定前，得因公司或利害關係人之聲請或依職權，以裁定限制公司業務、限制公司履行債務及對公司行使債權、禁止公司記名式股票轉讓（公司法第287條第1項第2款、第3款、第5款）。法院所為上開處分，應黏貼法院公告處，自公告之日起發生效力；必要時，並得登載本公司所在地之新聞紙或公告於法院網站（非訟事件法第187條第1項）。駁回重整聲請裁定確定時，法院應將前項處分已失效之事由，依原處分公告方法公告之（第2項）。

5　最高法院92年度台抗字第322號民事裁定。

第八節　收買股票價格

一、股東股份收買請求權之目的

　　企業以併購方式進行組織調整與經營模式，具有發揮企業之經營效率、強化經營體質及提升公司競爭力等目的[6]。在公司併購交易程序，異議股東在踐行法定程序後，得依據公司法第185條、第186條、第187條、第317條及企業併購法第12條規定，請求公司以公平價格收買股份。企業併購法為公司併購之特別法，本法未規定者，依公司法、證券交易法、公平交易法、勞動基準法、外國人投資條例及其他法律之規定（企業併購法第2條第1項）。金融機構之併購事件，依金融機構合併法及金融控股公司法之規定；該二法未規定者，依本法之規定（第2項）。企業併購法之公司，指依公司法設立之股份有限公司（企業併購法第4條第1款）。併購範圍包含公司之合併、收購及分割（企業併購法第4條第2款）。股份有限公司分為公開發行股票公司（下稱公發公司）與非公開發行股票公司（下稱非公發公司），公發公司包含上市公司、上櫃公司、興櫃股票公司、非上市上櫃公司；非公發公司分為非閉鎖性公司與閉鎖公司。企業併購法第12條之股份收買請求權程序，如附表所示。股東股份收買請求權之立法目的，在於公司間進行概括讓與或承受、讓與或受讓主要營業或財產、合併或解散等情形，為避免多數股東經股東會議之多數決，壓迫與其經營理念有異之少數股東，而賦予少數股東可請求公司收回股份之退場機制相符，此保障少數股東權之立法目的，對收購公司或讓與公司少數股東而言，均無不同[7]。企業併購法或公司法就公平價格之保障機制，僅適用股東主動請求收買股份之情事，不適用未贊同合併之股東而不願意被逐出，因現金逐出合併而遭剝奪股權之情形[8]。準此，法律賦予少數股東之股票收買請求權之目的，可減免多

6　臺灣高等法院104年度上字第1349號民事判決。

7　臺灣桃園地方法院105年度抗字第230號民事裁定。

8　劉連煜，大法官釋字第770號併購正當程序與救濟解釋檢討－以資訊揭露、利害迴避、現金逐出門檻與股份收買請求權為中心，月旦法學雜誌，306期，2020年11月，頁101。

數股東以表決之優勢，作出對少數股東不利之決議[9]。股份收買請求權爲形成權，其權利於反對股東表示行使時即已固定，經股東行使後，原則上不得由單方任意變更，以維持法律關係之安定性[10]。

二、企業併購法第12條之股份收買請求權程序[11]

程序事項	企業併購法第12條規定
公司應依收買價格協議，先行支付價款予已達成收買協議之股東。	股東與公司間就收買價格達成協議者，公司應自股東會決議日起90日內支付價款（同法條第6項前段）。
公司應依其所認爲之公平價格，先行支付價款予未達成收買協議之股東。	未達成協議者，公司應自決議日起90日內，依其所認爲之公平價格支付價款予未達成協議之股東（同法條第6項中段）。
公司未支付價款予未達成收買協議之股東，視爲同意股東請求收買之價格。	公司未支付者，視爲同意股東依第2項請求收買之價格（同法條第6項後段）。
公司應於規定期限，啓動法院價格裁定程序。	股東與公司間就收買價格自股東會決議日起60日內未達成協議者，公司應於此期間經過後30日內，以全體未達成協議之股東爲相對人，聲請法院爲價格之裁定（同法條第7項前段）。法院未於規定期限聲請，視爲公司同意未達成協議之股東請求價格收買（同法條第7項中段）。

9　林建中，美國德拉瓦法上股份收買請求權計算方式與衍生問題，政大法學評論，137期，2014年6月，頁128。

10　劉連煜，合併異議股東之股份收買請求權，月旦法學教室，23期，2004年9月，頁26。林建中，美國德拉瓦法上股份收買請求權計算方式與衍生問題，政大法學評論137期，2014年6，頁141。

11　鄭婷嫻，企業併購法下之少數股東股份收買請求權制度—以我國法與美國法爲研究中心，財金法學研究，1卷2期，2018年9月，頁275至277。

程序事項	企業併購法第12條規定
公司應向法院提出會計師查核簽證公司財務報表及公平價格評估說明書，作為公平價格鑑價資料。	公司聲請法院為價格之裁定時，應檢附會計師查核簽證公司財務報表及公平價格評估說明書，並按相對人之人數，提出繕本或影本，由法院送達之（同法條第8項）。
聲請價格裁定程序之進行方式，應賦予程序保障權，並明定適用民事訴訟法與非訟事件法之規定。	1.法院為價格之裁定前，應使聲請人與相對人有陳述意見之機會。相對人有二人以上時，準用民事訴訟法第41條至第44條之選定當事人及第401條第2項之既判力主觀範圍規定（同法條第9項）。 2.對於前項裁定提起抗告，抗告法院於裁定前，應給予當事人陳述意見之機會（同法條第10項）。 3.非訟事件法第171條、第182條第1項、第2項及第4項規定，於本條裁定事件準用之（同法條第12項）。 4.公司法所定由法院處理之公司事件，由本公司所在地之法院管轄（非訟事件法第171條）。為公開發行股票之公司裁定收買股份價格事件之管轄法院，依商業事件審理法、智慧財產及商業法院組織法，由商業法院管轄。 5.公司法所定股東聲請法院為收買股份價格之裁定事件，法院為裁定前，應訊問公司負責人及為聲請之股東；必要時，得選任檢查人就公司財務實況，命為鑑定（非訟事件法第182條第1項）。前項股份，如為上櫃或上市股票，法院得斟酌聲請時當地證券交易實際成交價格核定之（第2項）。對於收買股份價格事件之裁定，應附理由，抗告中應停止執行（第4項）。
法院價格裁定確定後，公司應支付異議股東價款與法定利息。	價格之裁定確定時，公司應自裁定確定之日起30日內，支付裁定價格扣除已支付價款之差額及自決議日起90日翌日起算之法定利息（同法條第11項）。
公司負擔程序費用。	聲請程序費用及檢查人之報酬，由公司負擔（同法條第13項）。

三、股份收買請求權之事由

（一）讓與或受讓主要營業、財產

　　公司為下列行為，應有代表已發行股份總數2/3以上股東出席之股東會，以出席股東表決權過半數之同意行之：1.締結、變更或終止關於出租全部營業，委託經營或與他人經常共同經營之契約；2.讓與全部或主要部分之營業或財產；3.受讓他人全部營業或財產，對公司營運有重大影響（公司法第185條第1項）。公開發行股票之公司，出席股東之股份總數不足前項定額者，得以有代表已發行股份總數過半數股東之出席，出席股東表決權2/3以上之同意行之（第2項）。前二項出席股東股份總數及表決權數，章程有較高之規定者，從其規定。第1項之議案，應由有2/3以上董事出席之董事會，以出席董事過半數之決議提出之（第3項）。股東於股東會為第185條決議前，已以書面通知公司反對該項行為之意思表示，並於股東會已為反對者，得請求公司以當時公平價格，收買其所有之股份。但股東會為第185條第1項第2款之決議，同時決議解散時，不在此限（公司法第186條）[12]。

（二）公司合併或解散

1.併購方式

　　合併為併購方式之一，其係指依本法或其他法律規定參與之公司全部消滅，由新成立之公司概括承受消滅公司之全部權利義務；或參與之其中一公司存續，由存續公司概括承受消滅公司之全部權利義務，並以存續或新設公司之股份、或其他公司之股份、現金或其他財產作為對價之行為（企業併購法第4條第3款）。控制股東可經由股份多數決之強制性手段，以現金作為合併之對價，使少數股東喪失於合併後新設或存續公司之股東地位，達到將其逐出之目的[13]。申言之，合併為企業尋求發展及促進經營效率之正當方式，企業得以在維護未贊同合併股東之權益下，進行自主合併。基於對未贊同合併股東之保

---

[12] 林洲富，商事法實例解析，五南圖書出版股份有限公司，2023年1月，13版，頁120。

[13] 郭大維，現金逐出合併與股份收買請求權，月旦法學教室，198期，2019年3月，頁23。

障，暨企業尋求發展與促進效率之考量，應使未贊同合併股東及時獲取有利害關係之股東及董事有關其利害關係之資訊，並就股份對價公平性之確保，設置有效之權利救濟機制。準此，在股份有限公司合併時，存續或新設公司支付予消滅公司股東之對價，包含本身發行之股份與現金（企業併購法第4條第3款）。是贊同合併之股東違反未贊同合併股東之意願，以現金作為對價強制購買其股份，此現金逐出合併將剝奪未贊同合併股東之股權[14]。

2.特別決議

股東會對於公司合併或解散之決議，應有代表已發行股份總數2/3以上股東之出席，以出席股東表決權過半數之同意行之（企業併購法第18條第1項）。公開發行股票之公司，出席股東之股份總數不足前項定額者，得以有代表已發行股份總數過半數股東之出席，出席股東表決權2/3以上之同意行之（第2項）。前二項股東會決議，屬上市（櫃）公司參與合併後消滅，且存續或新設公司為非上市（櫃）公司者，應經該上市（櫃）公司已發行股份總數2/3以上股東之同意行之（第3項）。前三項出席股東股份總數及表決權數，章程有較高之規定者，從其規定（第4項）。公司依股東會對於公司合併或解散之決議，進行第18條之合併時，存續公司或消滅公司之股東於決議合併之股東會集會前或集會中，以書面表示異議，或以口頭表示異議經記錄，放棄表決權者。但公司依第18條第7項進行合併時，僅消滅公司股東得表示異議（企業併購法第12條第1項第2款；公司法第317條）。準此，不論係吸收合併或新設合併，存續公司或消滅公司之股東均享有股份收買請求權。

3.簡易合併

（1）子公司或從屬公司股東之請求權

公司合併其持有90%以上已發行股份之子公司或公司分別持有90%以上已發行股份之子公司間合併時，得作成合併契約，經各該公司董事會以2/3以上董事出席及出席董事過半數之決議行之（企業併購法第19條第1項）。公司進行第19條之簡易合併時，其子公司股東於決議合併之董事會依第19條第2項公告及通知所定期限內以書面向子公司表示異議者（企業併購法第12條第1項第3款；公司法第316條之2第2項、第5項）。準此，簡易合併之場合，僅子公司或從屬公司股東有收買請求權。

---

14 大法官釋字第770號解釋。

（2）返還股票請求權

公司踐行簡易併購，公司支付異議股東價款之期限，準用公司法第316條之2規定[15]。公司分派配股息之基準日，應避免訂於企業併購法第12條第2項所規定異議股東得請求收買之期限內[16]。同條第5項前段規定，股東與公司間就收買價格達成協議者，公司應自股東會決議日起90日內支付價款。是公司未依上開規定支付價款予異議股東前，不宜處分該等股票；已屆上開規定期間，仍未支付價款予異議股東者，異議股東得請求公司將股票返還[17]。

（三）公司分割

1.特別決議

所謂分割，係指公司依本法或其他法律規定將其得獨立營運之一部或全部之營業讓與既存或新設之他公司，而由既存公司或新設公司以股份、現金或其他財產支付予該公司或其股東作為對價之行為（企業併購法第4條第6款）。公司進行分割時，董事會應就分割有關事項，作成分割計畫，提出於股東會（企業併購法第35條第1項）。股東會對於公司分割之決議，應有代表已發行股份總數2/3以上股東之出席，以出席股東表決權過半數之同意行之（第2項）。公開發行股票之公司，出席股東之股份總數不足前項定額者，得以有代表已發行股份總數過半數股東之出席，出席股東表決權2/3以上之同意行之（第3項）。前二項股東會決議，屬上市（櫃）公司進行分割而致終止上市（櫃），且分割後受讓營業之既存公司或新設公司非上市（櫃）公司者，應經該上市（櫃）公司已發行股份總數2/3以上股東之同意行之（第4項）。前三項出席股東股份總數及表決權數，章程有較高之規定者，從其規定（第5項）。

2.異議股東請求權

公司分割或與他公司合併時，董事會應就分割、合併有關事項，作成分割計畫、合併契約，提出於股東會；股東在集會前或集會中，以書面表示異議，或以口頭表示異議經記錄者，得放棄表決權，而請求公司按當時公平價格，收

15　經濟部2016年3月21日經商字第10502016270號函。

16　經濟部2016年7月22日經商字第10502421440號函。

17　經濟部2017年2月20日經商字第10600510800號函。

買其持有之股份（公司法第317條第1項）。公司進行第35條之分割時，被分割公司之股東或受讓營業或財產之既存公司之股東於決議分割之股東會集會前或集會中，以書面表示異議，或以口頭表示異議經記錄，放棄表決權者（企業併購法第12條第1項第7款）。

四、資訊揭露

股份有限公司股東所持有之股份，具有一定之財產價值，自受憲法第15條規定財產權之保障。而本於處分權主義、私法自治及契約自由原則，倘多數股東未得少數股東之同意，本無以現金購買少數股東股份之權利。股份有限公司為經營商業之重要主體，其效率、體質及競爭力之改善，對國家經濟發展至關重要，在現代經濟社會，合併乃為企業尋求發展及促進經營效率之正當方式之一。企業併購法第4條第3款規定，賦予贊同合併之股東違反未贊同合併股東之意願，以現金作為對價強制購買其股份，剝奪未贊同合併股東之股權，此為現金逐出合併。係立法者基於為利企業以併購進行組織之調整，發揮企業經營之效率，提升企業經營體質，強化其競爭力所為之立法裁量。因現金逐出合併，將使未贊同合併股東喪失彰顯於股份本身之財產權，且限制其投資理財方式，剝奪其透過對於特定公司之持股而直接或間接參與該公司業務以享受相關利益之機會，對其股份所表彰之權益影響甚大，並違反處分權主義、私法自治及契約自由原則，因而欲行現金逐出合併，須基於目的之正當性、遵循正當程序之要求及公平價格確保之有效權利救濟機制[18]。準此，企業併購法雖允許大股東以現金逐出小股東，然應依正當程序審查現金逐出合併之股東會決議，以保障少數股東之權益。而基於少數股東獲得合併之資訊不足、不易結合，且無餘力對合併案深入瞭解，執有公司多數股份股東或董事會欲召集股東會對於公司合併為決議者，自應於相當時日前使未贊同合併之股東及時獲取合併對公司利弊影響之重要內容、有關有利害關係股東及董事之自身利害關係之重要內容、贊成或反對併購決議之理由、收購價格計算所憑之依據等完整資訊，其召集始符合正當程序之要求，否則應認有召集程序之違法[19]。

---

18 大法官釋字第770號解釋。

19 最高法院107年度台上字第2108號民事判決。

五、董事說明義務與利益迴避

　　董事與公司關係為委任關係，公司與董事各為委任人、受任人，應受公司揭露相關資訊（公司法第23條、第192條第3項、第216條第3項）。公司進行併購時，公司董事就併購交易有自身利害關係時，應向董事會及股東會說明其自身利害關係之重要內容及贊成或反對併購決議之理由，此為董事應盡之說明義務（企業併購法第5條第3項）。股東對於會議之事項，有自身利害關係致有害於公司利益之虞時，不得加入表決，並不得代理他股東行使其表決權（公司法第178條）。董事會之決議，除本法另有規定外，應有過半數董事之出席，出席董事過半數之同意行之（公司法第206條第1項）。第178條規定於第1項之董事會決議準用之（第4項）。公司法雖規定股東及董事之利益迴避，然公司持有其他參加合併公司之股份，或該公司或其指派代表人當選為其他參加合併公司之董事者，就其他參與合併公司之合併事項為決議時，得行使表決權（企業併購法第18條第6項）。故董事之說明義務與迴避表決義務，兩者並不衝突，縱董事不具利害關係，無須負迴避表決義務，董事仍應對公司負忠實義務與說明義務[20]。準此，合併通常係為提升公司之經營體質，強化公司競爭力，不致發生有害公司利益之情形，是先購後併之場合，公司持有其他參加合併公司股份，抑是該公司或其指派代代表人當選為其他參加合併公司之董事者，就其他參與合併公司之合併事項為決議時，可行使表決權，排除適用公司法第178條與第206條有關股東及董事之利益迴避規定，現金逐出合併規定與合併公司無須迴避之規定，洵屬合法正當[21]。

六、股份收買請求權之程序

（一）商業非訟事件

　　商業事件審理法為審理商業事件之特別程序法，商業事件審理法未規定

20　鄭婷嫻，董事忠實義務行使與股份收買請求權之實踐—評臺灣高等法院104年度上字第1349號民事判決，月旦法學雜誌，275期，2018年3月，頁139。

21　郭大維，現金逐出合併與股份收買請求權，月旦法學教室，198期，2019年3月，頁24。

者，商業訴訟事件適用民事訴訟法之規定，商業非訟事件適用非訟事件法規定。商業法庭審理之商業民事事件，分為商業訴訟事件及商業非訟事件（商業事件審理法第2條；智慧財產及商業法院組織法第2條第2款、第3條）。依非訟事件之文義，係對訴訟事件而言。其性質為國家為保護人民私法上之權益，干預私權關係之創設、變更、消滅而為必要之預防，以免日後發生危害者。其與民事訴訟事件，均涉及私權之範疇[22]。而商業非訟事件包含：1.公開發行股票之公司裁定收買股份價格事件；2.公開發行股票之公司依公司法規定聲請選任臨時管理人、選派檢查人及其解任事件；3.其他依法律規定或經司法院指定由商業法院管轄之商業非訟事件（商業事件審理法第2條第3項）[23]。

（二）商業調查官

1.商業專業人員

商業事件常涉及跨領域之商事專業問題，智慧財產與商業法院應配置專業技術人員輔助法官，應聘用各種專業人員從事相關商事問題之判斷（智慧財產及商業法院組織法第17條第2項）。準此，智慧財產及商業法院設商業調查官室，置商業調查官，商業調查官在二人以上，得置主任商業調查官（智慧財產及商業法院組織法第16條第1項）。商業調查官於業務需要時，得依聘用人員相關法令聘用或借調各種專業人員充任，其遴聘與借調辦法，由司法院定之（第2項）。

2.商業調查官之職權

商業調查官承法官之命，辦理案件技術之判斷、資料之蒐集、分析及提供技術之意見、其他法令所定事項（智慧財產及商業法院組織法第4項）。商業法院之法官於必要時，得命商業調查官執行下列職務：（1）就書狀及資料，分析及整理事證爭點及法律疑義，提供說明之專業領域參考資料或製作報告書；（2）為使法律及事實關係明確，就事實上及法律上之事項，向當事人或關係人、程序代理人、證人、專家證人或鑑定人為必要之發問；（3）勘驗、鑑定、證據保全或保全程序時，提供法官協助；（4）其他法官交辦事項（商

---

22 非訟事件與訴訟事件之審理程序不同。

23 林洲富，智慧財產法院及商業法院之合併設置，月旦法學教室，211期，2020年5月，頁62。

業事件審理法第17條第1項）。

（三）律師強制代理

商業事件具技術性及專業性，無律師資格者實不易勝任。為保護當事人或關係人權益，並使訴訟或非訟程序得以順利進行，商業事件之當事人或關係人，原則上應委任律師為程序代理人。例外情形，係當事人、關係人或其法定代理人具有律師資格者，不在此限（商業事件審理法第6條第1項）。當事人或關係人之配偶、三親等內之血親、二親等內之姻親，或當事人、關係人為法人、中央或地方機關時，其所屬專任人員，具有律師資格，並經商業法院認為適當者，得為前項之程序代理人（第2項）。當事人或關係人無資力委任程序代理人者，得依訴訟救助之規定，聲請法院為之選任律師為其程序代理人（第3項）。準此，當事人應委任律師或具有律師資格之人代為程序行為，以提升商業事件之審判效能。

（四）調解程序

第二章商業調解程序、第47條第1項、第3項、第48條至第52條規定，於商業非訟事件準用之（商業事件審理法第66條第2項）。因商業非訟事件而聲請調解者，其調解聲請費之徵收，準用非訟事件法第13條及第14條規定（商業事件審理法第3項）。申言之：1.商業訴訟非訟事件應經商業法院行調解程序（商業事件審理法第20條第1項本文）；2.商業調解程序，由商業法院之法官行之（商業事件審理法第24條第1項本文）；3.商業調解程序不公開（商業事件審理法第25條）；4.當事人、法定代理人及程序代理人應於調解期日到場。但經法官或商業調解委員同意，當事人、法定代理人亦得以書面指派有權決定調解方案之人代為到場（商業事件審理法第26條）；5.當事人、法定代理人或程序代理人經合法通知，無正當理由不於調解期日到場者，法院得以裁定處新臺幣30萬元以下之罰鍰（商業事件審理法第27條第1項）。前項裁定，得為抗告；抗告中應停止執行（第2項）；6.商業調解程序應於商業調解委員選任後60日內終結。但經當事人同意者，不在此限（商業事件審理法第28條第1項）。法官參酌事件之性質、當事人狀況或其他情事，認為調解不利於紛爭之迅速與妥適解決者，視為調解不成立，並告知或通知當事人（第2項）。

（五）法院裁定

1.選任檢查人鑑定公司財務實況

　　企業併購法或公司法所定股東聲請法院為收買股份價格之裁定事件，法院為裁定前，應訊問公司負責人及為聲請之股東；必要時，得選任檢查人就公司財務實況，命為鑑定（非訟事件法第182條第1項）。法院為價格之裁定前，應使聲請人與相對人有陳述意見之機會；非訟事件法第182條第1項規定，其於裁定事件準用之（企業併購法第12條第9項前段、第11項）。係立法者考量裁定股票收買價格事件，本質上具有高度訟爭及專業性，為保障關係人之聽審請求權，應賦予知悉、閱覽及陳述重要訴訟資料意見之權利，法院有義務訊問公司負責人及聲請之股東，並於必要時選任檢查人就公司財務實況命為鑑定。不能僅以書面通知相對人陳述意見，而取代應踐行之訊問程序[24]。準此，裁定股票收買價格事件之本質，因公司及股東資訊地位懸殊，股份價格認定所憑事證多偏在於公司一方，踐行法院訊問公司負責人之程序，暨選任檢查人就公司財務實況為鑑定，非僅保障公司，兼有維護股東獲悉充分及正確資訊之權利。是法院為裁定前，為保障股東之財產權、聽審權，自應訊問公司負責人，並於必要時選任檢查人就公司財務實況為鑑定[25]。反之，法院於裁定前已進行訊問公司負責人及聲請人之程序，且對於本件聲請收買股票之價值已可認定，並無選任檢查人就公司財務實況命為鑑定之必要，聲請人聲請法院選任檢查人，核無必要性[26]。

2.專家證人

　　當事人經商業法院許可，得聲明專家證人提供專業意見（商業事件審理法第47條第1項）。所謂專家證人，係指為依其知識、技能、經驗、訓練或教育，在財經、會計、公司治理、科學、技術或其他專業知識領域，有助於法院理解或認定事實、證據及經驗法則之人（第3項）。當事人聲明專家證人，應表明專家證人之姓名、學經歷、專業領域、應證事實及訊問之事項（商業事件

24　臺灣高等法院109年度非抗字第26號民事裁定。

25　臺灣高等法院108年度非抗字第92號、臺灣高等法院108年度非抗字第24號民事裁定。

26　臺灣臺北地方法院109年度司字第41號民事裁定。

審理法第48條）。專家證人應以書面出具專業意見，並附具結之結文，交由當事人提出於法院。但經法院許可者，得以言詞提出，並準用民事訴訟法第312條第2項規定（商業事件審理法第49條第1項）。專家證人出具前項意見時，應揭露以下資訊：（1）學經歷、專業領域及曾參與案例；（2）專業意見或相關資料之準備或提出，是否與當事人、關係人或其程序代理人有分工或合作關係；（3）專業意見或相關資料之準備或提出，是否受當事人、關係人或其程序代理人之金錢報酬或資助及其金額或價值；（4）其他提供金錢報酬或資助者之身分及其金額或價值（第2項）。當事人收受第49條書面專業意見後，得於法院指定期間，以書狀對他造之專家證人提出詢問（商業事件審理法第50條第1項）。專家證人應以書面回答前項詢問。專家證人所爲之回答，視爲其專業意見之一部（第2項）。法院得依職權或依當事人之聲請，通知專家證人到場陳述意見。專家證人無正當理由不到場或拒絕回答詢問時，法院得審酌情形，不採納該專業意見爲證據（第3項）。法院認爲必要時，得限期命兩造聲明之專家證人，就爭點或其他必要事項進行討論，以書面共同出具專業意見（商業事件審理法第51條第1項）。前項專業意見應分別敘明達成共識之部分與無法達成共識之部分，並應敘明意見分歧之理由摘要（第2項）。第1項之專業意見，於裁判前應令當事人有辯論之機會。專家證人經審判長之許可，得於訊問期日對其他專家證人或鑑定人發問（第3項）。專家證人之酬金及其他費用，由聲明之當事人支付（商業事件審理法第52條第1項）。民事訴訟法第316條至第322條及第334條規定，於專家證人準用之（第3項）。

3.選定股東代表人

　　公司合併之獲利型態已非過去之模式，僅採用著眼於以衡量過去經營績效之市場法之市價法、本益比法或股價淨值比法，無法反映出公司未來價值[27]。公司聲請法院爲價格之裁定時，應檢附會計師查核簽證公司財務報表及公平價格評估說明書，並按相對人之人數，提出繕本或影本，由法院送達之（企業併購法第12條第8項）。法院爲價格之裁定前，應使聲請人與相對人有陳述意見之機會。相對人有二人以上時，準用民事訴訟法第41條至第44條及第401條第2項（第9項）。故法院爲價格之裁定前，應使公司與股東有陳述意見之機會，賦予相對應之聽審請求權保障（第10項）。因公司與多數股東進行程序，可能

27　臺灣高等法院108年度非抗字第92號民事裁定。

產生程序延遲與審理龐雜，而減損效率，為使多數股東得由其中選定一人或數人為代表而進行程序，並使此等代表最終取得裁定之效力及於全體未達成協議股東，故準用民事訴訟法第41條至第44條及第401條第2項規定，以簡化程序，節省法院與股東之時間與費用。

4.聲請裁定費用及檢查人之報酬

第1項有關選任檢查人鑑定公司財務實況之報酬，經法院核定後，除有第22條之情形外，由為聲請之股東及公司各負擔1/2（非訟事件法第182條第3項）[28]。對於收買股份價格事件之裁定，應附理由，抗告中應停止執行（第4項）。非訟事件法第171條、第182條第1項、第2項及第4項規定，於本條裁定事件準用之（企業併購法第12條第12項）。聲請程序費用及檢查人之報酬，由公司負擔（第13項）。異議股東無須負擔聲請裁定費用及檢查人之報酬[29]。

5.讓與或受讓主要營業、財產

第186條之請求，應自第185條決議日起20日內，提出記載股份種類及數額之書面為之（公司法第187條第1項）。股東與公司間協議決定股份價格者，公司應自決議日起90日內支付價款，自第185條決議日起60日內未達協議者，股東應於此期間經過後30日內，聲請法院為價格之裁定（第2項）。公司對法院裁定之價格，自第2項之期間屆滿日起，應支付法定利息，股份價款之支付，應與股票之交付同時為之，股份之移轉於價款支付時生效（第3項）。

6.公司併購

（1）異議之股東

公司於進行併購時，股東得請求公司按當時公平價格，收買其持有之股份（企業併購法第12條第1項）。股東為第1項之請求，應於股東會決議日起20日內以書面提出，並列明請求收買價格及交存股票之憑證。依本法規定以董事會為併購決議者，應於第19條第2項、第30條第2項或第37條第3項所定期限內以書面提出，並列明請求收買價格及交存股票之憑證（第3項）。第1項股東之請求，其於公司取銷同項所列之行為時，失其效力（第5項）。股東與公司間就

---

28 非訟事件法第22條規定：因可歸責於關係人之事由，致生無益之費用時，法院得以裁定命其負擔費用之全部或一部。

29 鄭婷嫺，論2015年修正企業併購法之股份收買請求權－自美國德拉瓦州公司法2016年修法觀察，台灣法學雜誌，316期，2017年3月，頁47。

收買價格達成協議者，公司應自股東會決議日起90日內支付價款。未達成協議者，公司應自決議日起90日內，依其所認為之公平價格支付價款予未達成協議之股東；公司未支付者，視為同意股東依第3項請求收買之價格（第6項）。

（2）賦予當事人程序保障權

股東與公司間就收買價格自股東會決議日起60日內未達成協議者，公司應於此期間經過後30日內，以全體未達成協議之股東為相對人，聲請法院為價格之裁定。未達成協議之股東未列為相對人者，視為公司同意該股東之第2項請求收買價格。公司撤回聲請，或受駁回之裁定，亦同。但經相對人陳述意見或裁定送達相對人後，公司為聲請之撤回者，應得相對人之同意（企業併購法第12條第7項）。公司聲請法院為價格之裁定時，應檢附會計師查核簽證公司財務報表及公平價格評估說明書，並按相對人之人數，提出繕本或影本，由法院送達之（第8項）。法院為價格之裁定前，應使聲請人與相對人有陳述意見之機會。相對人有二人以上時，準用民事訴訟法第41條至第44條及第401條第2項規定（第9項）。

（六）抗告程序

1.抗告法院與再抗告法院

（1）普通法院

抗告，除法律另有規定外，由地方法院以合議裁定之（非訟事件法第44條第1項）。抗告法院之裁定，應附理由（第2項）。抗告法院之裁定，以抗告不合法而駁回者，不得再為抗告，僅得向原法院提出異議（非訟事件法第45條第1項）。法院就異議所為裁定，不得聲明不服（非訟事件法第45條第2項；民事訴訟法第484條第3項）。再抗告法院除本法前二項之情形之外，對於抗告法院之裁定再為抗告，僅得以其適用法規顯有錯誤為理由（非訟事件法第45條第3項）。非訟事件法第45條雖未明定再抗告之法院，然參照同法第55條第3項規定，再抗告法院應為直接上級法院，即高等法院或其分院[30]。

（2）商業法庭

商業非訟事件之聲請，以合議裁定之（商業事件審理法第66條第1項）。因商業事件之裁判採二級二審制，商業非訟事件之第一審，由商業法庭法官三

---

30 最高法院94年度第8次民事庭會議，會議日期2005年7月19日。

人合議審理，除別有規定外，得抗告於最高法院（智慧財產及商業法院組織法第6條第1項；商業事件審理法第36條、第71條）。抗告程序與再抗告程序，除本法另有規定外，準用民事訴訟法關於抗告之規定（非訟事件法第46條）。例如，受裁定送達之人提起抗告或再抗告，應於裁定送達後10日之不變期間內為之。故提起抗告或再抗告，倘逾法定不變期間者，原法院或抗告法院應以裁定駁回之（民事訴訟法第490條第2項）[31]。

2.賦予當事人程序保障權

　　對於第8項裁定提起抗告，抗告法院於裁定前，應給予當事人陳述意見之機會（企業併購法第12條第10項）。價格之裁定確定時，公司應自裁定確定之日起30日內，支付裁定價格扣除已支付價款之差額及自決議日起90日翌日起算之法定利息（第11項）。非訟事件法第171條、第182條第1項、第2項及第4項規定，於本條裁定事件準用之（第12項）。聲請程序費用及檢查人之報酬，由公司負擔（第13項）。

七、股份之公平價格

　　公平價格股份收買請求權（appraisal right）之計算方式與內容，除直接影響反對股東自公司取得之最後金錢利益外，亦反映多數股東與少數股東間之差別待遇程度，股份之公平價格與公司過去之獲利（past earning）、股份之市場價格（market price）及資產價值（asset value）等項目有關[32]。是公司價值與股份公平價格之評估，涉及財務領域之專業能力。我國法院對於公平價格之參考基準，存有市場價格、鑑定意見、合理性意見及收購價格等項目[33]。

（一）股東於決議合併前之特定價格

　　所謂當時公平價格為何，學說及實務上固有多種評價之主張及見解，非訟

---

31 普通法院與商業法庭抗告程序不同。

32 林建中，美國德拉瓦法上股份收買請求權計算方式與衍生問題，政大法學評論，137期，2014年6月，頁101、109。

33 黃朝琮，企業併購中之股份收買請求權—功能定位與公平價格之決定，臺北大學法學論叢，107期，2018年9月，頁139。

事件法第182條第1項亦規定法院於必要時，得選任檢查人就公司財務實況，命為鑑定。惟在客觀上，已有其他證據得足資判斷，本諸公司合併朝簡化及明確化之目標，並兼顧異議股東之保護，在審酌當時公平價格時，得以客觀上之證據判斷之。就非上市公司而言，雖無市場交易價格得資參酌，然享有公司控制權之大部分股東於決議合併前已將持有股票以特定價格出售，基於公平原則，得以該價格為決定決議合併時公平價格之參考依據。

（二）控制股份之溢價利益

任何人單獨或與他人共同預定取得公開發行公司已發行股份總額達一定比例者，除符合一定條件者外，應採公開收購方式為之，此為公開發行股票公司強制公開收購之規定（證券交易法第43條之1第3項）。其目的在於確保全體股東均有公平出售股票之權利，並能分享控制股份之溢價利益，同時使股東在公司經營權發生變動時，得選擇退出公司，故原為公開發行股票公司，嗣撤銷公開發行，再購買公司大部分股票，取得經營權，復進行合併者，本諸誠實信用原則及公平原則，得以該價格為決定合併時收買異議股東股票之公平價格，始能發揮股份收買請求權監控大股東不法行為之功能，周全保護少數小股東[34]。

（三）股東請求收買之價格

1.公司於進行併購

公司於進行併購而有企業併購法第12條第1項第1款至第8款所示情形之一：（1）修改章程記載股份轉讓或股票設質之限制；（2）公司進行第18條之合併；（3）公司進行第19條之簡易合併；（4）公司進行第27條之收購；（5）公司進行第29條之股份轉換；（6）公司進行第30條股份轉換；（7）公司進行第35條之分割；（8）公司進行第37條之簡易分割。股東得請求公司按當時公平價格，收買其持有之股份。所謂當時公平價格，係指股東會決議之日，該股份之市場價格而言[35]。

---

34 臺灣臺北地方法院95年度司字第1073號民事裁定。

35 最高法院71年度台上字第212號民事判決。

2.公司進行分割

　　（1）企業併購法第35條

　　公司依企業併購法第35條進行分割，衍生同法第12條有關異議股東請求公司收買其持有股份。股東與公司間就收買價格達成協議者，公司應自股東會決議日起90日內支付價款。未達成協議者，公司應自決議日起90日內，依其所認爲之公平價格支付價款予未達成協議之股東；公司未支付者，視爲同意股東依第3項請求收買之價格（企業併購法第12條第6項）。

　　（2）公司未支付之效果

　　所謂公司未支付之效果，視爲同意股東請求收買之價格，係指立法者爲促使公司積極處理與異議股東間有關收買價格問題，避免公司遲延支付價款，而爲保障少數股東權益之措施，藉由法律擬制公司之意思，解決公司與股東就收買價格之歧見，而形成公司與股東就收買價格之合致，既無待公司眞正同意，公司亦無再藉由舉證而推翻已因未於法定期限支付價款而經視爲同意股東請求收買價格之效果。準此，依企業併購法第12條第6項後段規定視爲公司同意股東請求收買之價格，公司收買股份之公平價格應爲股東請求收買之價格[36]。

3.公司股份轉換

　　公司進行企業併購法第29條之股份轉換時，進行轉換股份之公司股東及受讓股份之既存公司股東於決議股份轉換之股東會集會前或集會中，以書面表示異議，或以口頭表示異議經記錄，放棄表決權者，股東得請求公司按當時公平價格，收買其持有之股份；股東與公司間就收買價格達成協議者，公司應自股東會決議日起90日內支付價款。未達成協議者，公司應自決議日起90日內，依其所認爲之公平價格支付價款予未達成協議之股東；公司未支付者，視爲同意股東依第3項請求收買之價格；股東與公司間就收買價格自股東會決議日起60日內未達成協議者，公司應於此期間經過後30日內，以全體未達成協議之股東爲相對人，聲請法院爲價格之裁定。未達成協議之股東未列爲相對人者，視爲公司同意該股東第3項請求收買價格（企業併購法第12條第1項第6款前段、第6項、第7項前段）。

36　臺灣臺北地方法院106年度聲字第548號民事裁定。

（四）證券交易實際成交價格

1.上櫃或上市股票

　　法院為收買股份價格之裁定事件，其為上櫃或上市股票，法院得斟酌聲請時當地證券交易實際成交價格核定之，企業併購法第12條第12項準用非訟事件法第182條第2項規定。異議股東請求公司按當時公平價格，收買其持有之股份時，所謂當時公平價格，係指股東會決議之日，該股份之市場價格而言[37]。因企業併購法及公司法關於異議股東收買請求權，目的在於當大多數股東已依多數決原則就公司併購情事作成決定後，給予異議股東得有依決議當時公平價格取回其投資，而不參與公司併購之機會，資以調和各股東之利益，故異議股東收買請求權之目的，不在使異議股東得因公司併購而取得利益或遭受損害，而僅係單純客觀反映合併當時之合理權益。而股份轉換繫於股東會決議通過與否，異議股東始得有對公司發生收買股票請求權之問題，此公平價格之認定，自應以股東會決議之時，作為衡量時點[38]。

2.每股淨值無法表彰公司之價值

　　所謂每股淨值或每股帳面價值，係以資產負債表上列計之公司資產，扣除負債後之股東權益總額，除以已發行股份總數後，得出之每股帳面價值。依會計原則之成本原則，資產負債表上列計之公司資產價值，僅係資產之歷史成本，係各資產購買時之實際成本，並非公司清算價值或實際清算時可收回之金額，亦未實際反映公司經營風險、獲利能力等重要影響公司價值之重要因素，通常無法表彰各資產當下之價值。資產負債表上之記載，不足以表彰各資產於現在之實際價值。股票市場之投資人從事股票買賣，所圖者多為公司未來獲利之預期。帳面價值固得提供公司經營成果之歷史資訊，惟不能保證公司未來之獲利，帳面價值與投資人願意支付之股票購買價格間，常存在極大之落差，股價高於或低於每股淨值，為吾人周知之合理或普遍存在之現象，故每股淨值非衡量股票價值之準確標準，僅是影響證券價格之因素之一[39]。況國內上櫃或上

---

[37] 最高法院71年度台抗字第212號民事裁定。

[38] 臺灣臺北地方法院109年度司字第63號民事裁定。

[39] 最高法院99年度台上字第5926號刑事判決。

市公司之股價低於每股淨值者，所在多有[40]。申言之，上市或上櫃公司之股票交易價格，係透過市場供給及需求共同決定，反映整體投資人對於公司經營價值評估、資產估定及未來獲利之預期，應能真實反映公司於特定時點的公平價格。是依企業併購法第12條第12項、非訟事件法第182條第2項規定，其為上櫃或上市股票，股票透過自由市場機制撮合、議定或其他交易方式所得之實際成交價格，而非每股淨值[41]。法院得斟酌聲請時當地證券交易實際成交價格核定收買股份之價格，不以每股淨值作為收買股份價格之基準[42]。

3.市場上客觀之成交價

依國際會計準則之公平價格有下列三種情形可參考：（1）市場上客觀之成交價；（2）同類或類似產業股票之參考價；（3）買賣雙方協議並載明於合約之價格[43]。上市上櫃公司之股東請求公司收買其股份時，因其股票已有市場上客觀之成交價格存在，此係經由自由市場所決定，復因國內上市上櫃公司股票，係在集中交易市場，以集中競價方式買賣，其成交市價具有一定之公信力，在客觀上已有相當之證據資料足資判斷，復無其他事證足認成交市價存在非合理事由之情況，並兼顧異議股東之保護，在審酌當時公平價格時，客觀上得見之證券交易市場之價格，得作為審酌評定股票收買價格之參考（非訟事件法第182條第2項）[44]。

（1）上市上櫃公司股票

國內上市上櫃公司股票，係在集中交易市場，以集中競價方式買賣，每日有最大漲跌幅之限制，除非交易當日有影響市場價格之異常情事，其交易價格具有相當之公信力。故法院得參考股東決議日之集中交易市場價格作為收買價格，以股東會合併決議日之收盤價或最高價與最低價之平均值，作為當時公平價格之基準[45]。

---

40 臺灣臺北地方法院107年度司字第189號民事裁定。

41 臺灣臺北地方法院107年度司字第189號民事裁定。

42 臺灣臺北地方法院108年度抗字第138號民事裁定。

43 經濟部2003年7月29日經商字第09202148190號函。

44 臺灣臺北地方法院107年度司字第232號民事裁定。

45 劉連煜，股份收買請求權與控制權溢價，月旦法學教室，65期，2008年3月，頁26至27。

（2）興櫃股票

公司股票在市場上有客觀交易價格時，得以之作為公平價格。審酌興櫃股票係在證券商營業處所登錄買賣，以議價方法為之，其買賣雙方至少有一方須為該興櫃股票之推薦證券商（財團法人中華民國證券櫃檯買賣中心興櫃股票買賣辦法第3條、第4條），是相對人股票有興櫃市場上實際成交價格可查，買賣方法與一般未上市上櫃股票顯有不同。興櫃股票登錄交易後，公司應按期在櫃買中心指定之網際網路資訊申報系統輸入經會計師查核簽證之年度財務報告、第二季財務報告、已申請上市（櫃）作業中之興櫃公司之財務報告季報表、每月營業額、資金貸與及背書保證限額及明細表、衍生性商品交易等資訊（財團法人中華民國證券櫃檯買賣中心證券商營業處所買賣興櫃股票審查準則第33條），公司資訊遠較一般未上市上櫃公開透明，應可供股票買賣雙方合意決定適切之交易價格。參諸遺產及贈與財產價值之計算，以被繼承人死亡時或贈與人贈與時之時價為準（遺產及贈與稅法第10條第1項前段）。已在證券交易所上市（下稱上市）或證券商營業處所買賣（下稱上櫃或興櫃）之有價證券，依繼承開始日或贈與日該項上市或上櫃有價證券之收盤價或興櫃股票之當日加權平均成交價估定之（遺產及贈與稅法施行細則第28條第1項前段）。益徵興櫃股票之成交價格確具有相當之客觀性，使能作為稅捐稽徵機關核定繼承或贈與興櫃股票價值之依據。準此，法院得以公司股票在興櫃市場之實際交易價格，作為認定公平價格之依據。興櫃市場交易價格可資作為認定公司股票之公平價格之依據，自無再選任檢查人就相對人公司財務實況，命為鑑定之必要。法院裁定以公司股票於股東臨時會決議當日或翌日之興櫃市場交易之每股均價，作為應收買股份之公平價格，洵屬於法有據[46]。

（五）支付法定遲延利息

公司對法院裁定之價格，自協議屆滿日起，應支付法定利息（公司法第187條第3項）。並為企業併購法第12條第2項規定於企業依企業併購法規定合併時所準用，此為法律所賦予為異議股東之權利，而為公司所應負之義務。因非訟事件法第182條規定，股東聲請法院為收買股份價格之裁定事件，其與民事訴訟之給付訴訟有別，聲請人所得請求者為裁定該股份之公平合理價格，法

---

[46] 臺灣臺中地方法院105年度抗字第283號民事裁定。

院僅能就此價格爲確定，不包含法定遲延利息，而於價格確定後，公司應以該價格支付法定遲延利息。

（六）非訟事件裁定

股東依企業併購法第12條或公司法第187條、第317條規定聲請法院爲價格之裁定，其爲非訟事件裁定，並非得爲執行名義之給付裁定（強制執行法第4條第1項第2款、第6款）。企業併購法第12條第10項關於公司應給付法定利息之規定，爲當事人私法上權利義務之規範，公司拒絕給付，應另訴請求[47]。

第九節　例題研析

案例1　選派檢查人

> 　　甲爲A股份有限公司繼續1年以上、持有已發行股份總數3%以上之股東，亦爲A股份有限公司之董事。甲以A股份有限公司長期遭董事長掌控，阻撓甲執行董事職務、參與公司業務，排除甲參與編造會計表冊，爰依公司法第245條第1項聲請法院選派檢查人，以瞭解A股份有限公司之業務、帳目及財產情形。試問法院應否准許？理由爲何？

公司法第245條第1項聲請法院選派檢查人之規定，除具備繼續1年以上，持有已發行股份總數3%以上之股東之要件外，別無其他資格之限制，法院無需審查少數股東是否濫用權干擾公司之正常營運[48]。準此，甲爲A股份有限公司繼續1年以上、持有已發行股份總數3%以上之股東，已符合聲請法院選派公司檢查人之條件，自得爲本件之聲請[49]。

47　臺灣桃園地方法院105年度抗字第230號民事裁定。

48　最高法院86年度台抗字第108號、89年度台抗字第660號民事裁定。

49　臺灣高等法院暨所屬法院95年法律座談會彙編，2007年1月，頁34至37。

> ### 案例2　職權選任清算人、檢查人或臨時管理人

> 　　聲請人依公司法第81條、第322條第1項、第245條第1項及第208條之1第1項規定，向法院聲請選派清算人、檢查人或選任臨時管理人。經法院徵詢各相關公會、利害關係人等，均不舉薦適當之人或表示無人有擔任各該職務之意願，聲請人亦無意願為之。試問法院可否以無從選派或選任為由，駁回聲請？

　　聲請選任、選派清算人等事件，於聲請事由符合公司法之相關規定，法院即應為選任、選派，縱使無人願意擔任各該職務時，法院亦應依職權繼續為之，亦可違反或不顧受選任、選派人之意願，仍應為選任、選派。至於選任、選派後，指受選任、選派之人中途辭任、消極不就任等情事存在，其屬法律關係無從成立、職務無法完成，事後聲請解任等情事，聲請人得重新聲請，法院應不能以無從選任、選派為由駁回聲請[50]。

> ### 案例3　選任臨時管理人

> 　　財政部所屬各縣市或地區國稅局以尚未解散之股份有限公司或有限公司之法定代理人已死亡，復無其他董事存在，致無人對外代表公司可收受稅捐稽徵文書或相關行政處分為由，而依公司法第208條之1、第108條第4項準用第208條之1規定，聲請法院選任臨時管理人。試問法院應否准許？理由為何？

一、選任臨時管理人之功能

　　財政部所屬各縣市或地區國稅局聲請選任臨時管理人之目的，固在求得稅捐稽徵文書或相關行政處分之送達，惟公司實際上無法定代理人及董事存在，

50　臺灣高等法院暨所屬法院101年法律座談會民事類提案第17號。

對於公司股東及與該公司交易之第三人之利益，自有影響，而各項稅捐稽徵文書或行政處分之合法送達與否，亦足以影響國家稅捐債權之徵收，難謂於股東權益及國內經濟秩序毫無影響。公司實際上已無董事執行業務或代理董事長之職權時，由具有公法債權人身分之稅捐機關為利害關係人，聲請法院選任臨時管理人，以代行董事長或董事會之職權，有如後之功能：（一）可由臨時管理人召開股東會改選董事，俾利公司繼續經營其業務，以維持公司運作外，而公司已有解散或破產事由，亦得由臨時管理人召開股東會選任清算人，或聲請宣告破產，以資終結公司現務；（二）公司法第208條之1第1項但書規定，臨時管理人代行董事長或董事會之職權，不得為不利於公司之行為，故臨時管理人執行職務，不至為不利於公司之行為。職是，准予選任臨時管理人對於公司、股東及債權人，均屬有利。

二、聲請程序

財政部所屬各縣市或地區國稅局聲請選任臨時管理人，倘已依非訟事件法第183條第2項規定，以書面表明公司董事會不為或不能行使職權，致公司有受損害之虞之事由，並為釋明時，即應予准許[51]。

---

51 臺灣高等法院暨所屬法院98年法律座談會彙編，2010年1月，頁73至77。

第三章　海商事件

關鍵字

提存　　　　　受貨人　　　　　託運人　　　　　運送人　　　　　受領地

第一節　貨物拍賣

一、貨物拍賣之定義

　　貨物運達後，運送人或船長應即通知託運人指定之應受通知人或受貨人（海商法第50條）。受貨人怠於受領貨物時，運送人或船長得以受貨人之費用，將貨物寄存於港埠管理機關或合法經營之倉庫，並通知受貨人（海商法第51條第1項）。受貨人不明或受貨人拒絕受領貨物時，運送人或船長得依前項規定辦理，並通知託運人及受貨人，以代交付，俾於解除責任（第2項）。運送人對於前開貨物，有下列情形之一者，得聲請法院裁定准予拍賣，其於扣除運費或其他相關之必要費用後，依提存法規定，提存其價金之餘額於法院提存所[1]：（一）不能寄存於倉庫；（二）有腐壞之虞；（三）顯見其價值不足抵償運費及其他相關之必要費用（第3項）[2]。

---

[1] 姜世明，非訟事件法新論，新學林出版股份有限公司，2013年10月，修訂2版，頁369。

[2] 臺灣高等法院92年度海商上字第2號民事裁定。

二、管轄法院

海商法第51條第3項之貨物拍賣事件，由貨物應受領地之法院管轄（非訟事件法第193條）。所謂應受領地，係指運送人或船長依運送契約，將貨物應送達之地或目的港，類似於民法之債務清償地[3]。

第二節　例題研析

| 案 例 | 貨物寄存或拍賣 |

> 甲將A牌車輛100輛交與與乙輪船公司託運，到達目的地港後，乙公司通知受貨人丙汽車公司受領，因丙公司逾期未受領。試問乙公司應如何處理？依據為何？

運送人乙公司通知受貨人丙汽車公司受領A牌車輛100輛，因丙公司逾期未受領，乙公司得以丙公司，將貨物寄存於港埠管理機關或合法經營之倉庫，並通知受貨人（海商法第51條第1項）。倘該批車輛有不能寄存於倉庫或顯見其價值不足抵償運費及其他相關之必要費用（第3項第1款、第3款）。乙公司得聲請目地港所在地之法院裁定准予拍賣，扣除運費或其他相關之必要費用後，提存其價金之餘額（非訟事件法第193條）。

3　葛義才，非訟事件法論，三民書局有限公司，2008年5月，再版，頁298。

非訟事件法測驗題

1. 對拍賣抵押物裁定提起抗告，應由何法院審理之：
   (A)地方法院合議庭　　　　　　　(B)最高法院
   (C)高等法院　　　　　　　　　　(D)原裁定法院獨任法官
   提示：非訟事件法第44條第1項

2. 抗告法院對於非訟事件之裁定，以不合法駁回者，抗告人如何救濟：
   (A)再抗告　　　　　　　　　　　(B)異議
   (C)聲請再審　　　　　　　　　　(D)聲明不服
   提示：非訟事件法第45條第1項

3. 聲請法院許可拍賣事件，應繳納新臺幣若干元費用：
   (A)3,000元　　　　　　　　　　(B)1,000元
   (C)視拍賣物之金額或價額而定　　(D)45元
   提示：非訟事件法第13條

4. 對非訟事件之裁定提出抗告，應徵收新臺幣若干元費用：
   (A)3,000元　　　　　　　　　　(B)1,000元
   (C)視拍賣物之金額或價額而定　　(D)45元
   提示：非訟事件法第17條

5. 支付命令之聲請要件為何：
   (A)須為給付請求權　　　　　　　(B)聲請人無對待給付之義務
   (C)國內送達　　　　　　　　　　(D)非公示送達
   提示：民事訴訟法第508條至第509條

6. 確定之支付命令有民事訴訟法第496條第1項之再審事由存在時，當事人如何救濟：
   (A)聲請再審　　　　　　　　　　(B)提起再審之訴
   (C)提起異議之訴　　　　　　　　(D)提起抗告
   提示：民事訴訟法第507條

7. 支付命令失效之原因為何：
   (A)發支付命令後，3個月內無法送達債務人
   (B)債務人異議
   (C)債權人另行起訴　　　　　　(D)提起抗告
   提示：民事訴訟法第515條第2項、第516條第1項

8. 債務人應於收受支付命令若干日內提出異議，使稱合法之異議：
   (A)10日　　　　　　　　　　　(B)20日
   (C)30日　　　　　　　　　　　(D)2個月
   提示：民事訴訟法第518條

9. 本票裁定之消滅時效為幾年：
   (A)3年　　　　　　　　　　　(B)5年
   (C)10年　　　　　　　　　　(D)15年
   提示：票據法第22條第1項

10.持本票聲請支付命令，下列何法院有管轄權：
   (A)發票人住所　　　　　　　　(B)背書人住所
   (C)保證人住所　　　　　　　　(D)債權人住所
   提示：民事訴訟法第510條

11.本票裁定之當事人為何人：
   (A)本票權利人　　　　　　　　(B)本票發票人
   (C)本票保證人　　　　　　　　(D)本票背書人
   提示：票據法第123條

12.本票裁定得請求之金額範圍為何：
   (A)本票面額　　　　　　　　　(B)利息
   (C)違約金　　　　　　　　　　(D)遲延利息
   提示：票據法第120條、第12條

13.下列之權利何者得聲請公示催告：
   (A)倉單　　　　　　　　　　　(B)載貨證券
   (C)記名公司股票　　　　　　　(D)銀行存摺

提示：民法第618條、第628條；海商法第53條、第54條；公司法第164
條

14.公示催告之聲請人，應於申報權利屆滿後若干期間，聲請除權判決？
(A)3個月內　　　　　　　　(B)3個月後
(C)申報權利期間　　　　　　(D)1年內
提示：民事訴訟法第545條第1項

15.申報權利人，如對於公示催告聲請人所主張之權利有爭執者，法院應
如何處理：
(A)裁定停止公示催告程序　　(B)於除權判決保留其權利
(C)駁回除權判決之聲請　　　(D)爲除權判決
提示：民事訴訟法第548條

16.不服除權判決，應如何救濟：
(A)提起再審　　　　　　　　(B)提起上訴
(C)提起抗告　　　　　　　　(D)提起撤銷除權判決之訴
提示：民事訴訟法第551條

17.拍賣抵押物裁定之相對人爲何人：
(A)債務人　　　　　　　　　(B)所有人
(C)債權人　　　　　　　　　(D)占有人
提示：民法第867條

18.拍賣抵押物事件之管轄法院爲何：
(A)抵押權人住所　　　　　　(B)抵押人住所
(C)拍賣物所在地　　　　　　(D)依當事人約定
提示：非訟事件法第72條

19.拍賣之方式有
(A)口頭公開競價　　　　　　(B)書面密封投標
(C)現場口頭出價　　　　　　(D)抽籤決定
提示：強制執行法第70條第3項、第89條

20.抵押權所擔保之範圍有：
(A)原債權　　　　　　　　　　(B)利息
(C)違約金　　　　　　　　　　(D)實施抵押權之費用
　　提示：民法第861條

21.定除權判決之言詞辯論期日，至多幾次：
(A)1次　　　　　　　　　　　(B)2次
(C)3次　　　　　　　　　　　(D)無限制
　　提示：民事訴訟法549條

22.供訴訟擔保之方式有：
(A)提存現金　　　　　　　　　(B)有價證券
(C)當事人約定之提存物　　　　(D)保證書
　　提示：民事訴訟法第102條

23.應供擔保原因消滅後，法院裁定准許，始得取回擔保物之要件有：
(A)受擔保利益人無損害發生
(B)供擔保債務人已賠償受擔保人之損害
(C)保全執行之債權人於本案請求勝訴判決確定，勝訴金額少於保全金
　　額
(D)保全執行之債權人於本案請求勝訴判決確定，勝訴金額逾於保全金額
　　提示：民事訴訟法第104條第1項

24.法院裁定返還擔保物之事由有：
(A)應供擔保之原因消滅　　　　(B)受擔保人同意返還
(C)訴訟終結後催告行使權利　　(D)准許本票強制執行裁定確定
　　提示：民事訴訟法第104條第1項

25.最高限額抵押權人聲請拍賣抵押物事件，法院於裁定前，就抵押權所
　　擔保之債權額，應通知何人陳述意見：
(A)抵押人　　　　　　　　　　(B)主債務人
(C)抵押物之所有人　　　　　　(D)債權人
　　提示：非訟事件法第73條第2項、第74條

26.債權人就債務人因免扣押所提存之擔保物，有與質權人同一權利，該
　　質權效力所及範圍為何：
　　(A)本案給付　　　　　　　　　(B)因免假執行所生之損害
　　(C)另訴請求認定　　　　　　　(D)當事人約定
　　提示：民事訴訟法第103條、第106條

27.失蹤人未置財產管理人者，其法定財產管理人為何：
　　(A)配偶　　　　　　　　　　　(B)父母
　　(C)未成年子女　　　　　　　　(D)家長
　　提示：家事事件法第143條第1項

28.無人承認之繼承財產管理事件，由何法院管轄：
　　(A)繼承人住所地　　　　　　　(B)被繼承人死亡時之住所地
　　(C)遺產所在地　　　　　　　　(D)債權人住所
　　提示：家事事件法第127條第1項第4款

29.親屬會議之性質為何：
　　(A)法人　　　　　　　　　　　(B)非法人團體
　　(C)有訴訟法之當事人能力　　　(D)非常設之合議機關
　　提示：民法第1129條

30.親屬會議會員，應由下列何者親屬定之：
　　(A)未成年人　　　　　　　　　(B)受監護宣告人
　　(C)被繼承人　　　　　　　　　(D)繼承人
　　提示：民法第1131條

31.無法定親屬會議會員或會員法定人數不足，倘需指定親屬會議會員
　　時，由何法院管轄：
　　(A)未成年人住所地　　　　　　(B)受監護宣告人住所地
　　(C)繼承人住所地　　　　　　　(D)親屬會議會員住所地
　　提示：家事事件法第181條第1項、第2項

32. 我國監護制度之對象有：
(A)未成年人 （B)受監護宣告人
(C)失蹤人 （D)繼承人
提示：家事事件法第120條、第164條

33. 受監護宣告人甲無配偶，其父母與祖父母亦仙逝，均由兄乙照顧甲之起居生活，應由何人擔任監護人：
(A)社福機構 （B)乙兄
(C)檢察官 （D)法院裁定指定
提示：民法第1111條第1項規定，法院為監護之宣告時，應依職權就配偶、四親等內之親屬、最近1年有同居事實之其他親屬、主管機關、社會福利機構或其他適當之人選定一人或數人為監護人，並同時指定會同開具財產清冊之人

34. 何人得向法院聲請監護宣告：
(A)本人 （B)配偶
(C)檢察官 （D)最近親屬一人
提示：民法第14條第1項

35. 夫妻之一方收養他方之子女時，應長於被收養者幾歲以上：
(A)16歲 （B)17歲
(C)18歲 （D)20歲
提示：民法第1073條第1項

36. 子女被收養時，其父母應如何表示同意：
(A)作成書面並經公證 （B)經法院筆錄記明
(C)作成書面並經認證 （D)作成書面
提示：民法第1076條之1

37. 合意終止養父母與養子女之關係，應具備要件：
(A)雙方合意終止之
(B)書面為之
(C)養子女為未成年人者，應向法院聲請認可
(D)經法院公證

　　提示：民法第1080條第1項、第2項

38.拋棄繼承事件，由繼承開始時，由何法院管轄：

　　(A)被繼承人住所地　　　　　(B)繼承人住所地

　　(C)遺產所在地　　　　　　　(D)遺囑執行地

　　提示：家事事件法第127條第1項第3款

39.大陸地區人民繼承臺灣地區人民之遺產，係採何者主義：

　　(A)聲明主義　　　　　　　　(B)否認主義

　　(C)承認主義　　　　　　　　(D)當然主義

　　提示：非訟事件法第14條第1項

40.聲請認可收養子女事件，其程序為何：

　　(A)收養人住所地法院管轄

　　(B)收養人與被收養人為聲請人

　　(C)被收養人住所地法院管轄

　　(D)收養人為聲請人，被收養人為相對人

　　提示：家事事件法第114條、第115條

非訟事件法試題解答

題序	答案
1-5	A、B、C、B、ABCD
6-10	A、AB、B、A、ABC
11-15	AB、ABD、ABC、AC、AB
16-20	D、B、C、AB、ABCD
21-25	B、ABCD、ABC、ABCD、ABC
26-30	B、ABD、B、D、ABC
31-35	AB、AB、D、ABC、A
36-40	AB、ABC、A、A、AB

參考書目

王秀美，公司清算完結之研究，國立中正大學法律研究所碩士論文，2011年1月。

王書江、曹爲合譯，日本民法，五南圖書出版股份有限公司，1992年8月。

林俊益，跨海收養—詳解海峽兩岸收養制度，永然文化出版股份有限公司，1994年9月。

林洲富，民法——案例式，五南圖書出版股份有限公司，2020年9月，8版1刷。

林洲富，家事事件之理論及實務研究，司法研究年報，23輯6篇，司法院，2003年11月。

林洲富，商事法實例解析，五南圖書出版股份有限公司，2023年1月，13版1刷。

林洲富，實用強制執行法精義，五南圖書出版股份有限公司，2023年2月，17版1刷。

林洲富，著作權法——案例式，五南圖書出版股份有限公司，2020年6月，5版1刷。

林菊枝，親屬法新論，五南圖書出版股份有限公司，1996年。

林勤綱，民法上所謂離婚後子女監護制度之研究，國立臺大法律研究所碩士論文，1982年。

邱聰智、姚志明校訂，新訂債法各論（中），元照出版有限公司，2002年10月。

姜世明，非訟事件法新論，新學林出版股份有限公司，2013年10月，修訂2版。

姚瑞光，民事訴訟法論，大中國圖書公司，2000年11月，修正版。

張登科，強制執行法，三民書局股份有限公司，2001年9月，修訂版。

郭振恭，民法，三民書局股份有限公司，2002年11月，修訂3版1刷。

陳棋炎、黃宗樂、郭振恭，民法親屬法新論，三民書局股份有限公司，1990

年，3版。

楊建華，民事訴訟法問題研析（一），三民書局股份有限公司，1991年8月。

楊建華，民事訴訟法問題研析（二），三民書局股份有限公司，1991年10月。

楊建華，民事訴訟法問題研析（四），三民書局股份有限公司，1991年10月。

楊建華，民事訴訟法實務問題研究，三民書局股份有限公司，1994年11月。

葛義才，非訟事件法論，三民書局有限公司，2008年5月再版。

葛義才，非訟事件法論，三民書局股份有限公司，1995年10月，再版。

詹森林、馮震宇、林誠二、陳榮傳、林秀雄，民法概要，五南圖書出版股份有限公司，2016年9月，12版2刷。

趙文伋、徐立、朱曦合譯，德國民法，五南圖書出版股份有限公司，1992年2月。

鄭金龍，夫妻離婚後衍生財產清算子女監護損害賠償及瞻養費請求等問題研究，司法院研究年報，18輯7篇，1998年6月。

賴源河，實用商事法精義，五南圖書出版股份有限公司，2016年10月，12版2刷。

戴東雄，從男女平等之原則談起，1981年之回顧與展望紀念論文集三‧物權、親屬編，元照出版公司，2000年9月。

戴東雄，繼承法實例解說（一），國立臺灣大學法學院福利社，1989年1月，修訂10版。

戴炎輝、戴東雄，中國親屬法，國立臺灣大學法學院福利社，2000年5月，修訂2刷。

戴炎輝、戴東雄，中國繼承法，國立臺灣大學法學院福利社，2000年7月，16版。

謝哲勝，信託法，元照出版公司，2009年3月，3版。

黎民，實用非訟事件法體系重點整理，保成出版事業有限公司，2003年4月。

民事訴訟法歷屆試題詳解，高點文化事業有限公司，2002年2月，5版。

司法院，非訟事件法修正條文對照表暨總說明，2010年6月。

司法院，民事法律專題研究16，1999年6月。

非訟事件法令暨法律問題研究彙編（一）—提存事件，司法院第一廳，1991年6月。

非訟事件法令暨法律問題研究彙編（二），司法院第一廳，1992年6月。

非訟事件法

1. 民國五十三年五月二十八日總統令制定公布全文96條，同年六月四日總統令更正第93條條文。
2. 民國五十八年九月八日總統修正公布全文107條。
3. 民國六十一年九月九日總統修正公布全文112條。
4. 民國六十九年七月四日總統令修正公布第47、111條條文。
5. 民國七十二年十一月九日總令修正公布第32、62～64、80條條文。
6. 民國七十五年四月三十日總統令修正公布第42、75、78、79條條文暨第2章第5節節名；並增訂第75-1、75-2、77-1條條文。
7. 民國八十八年二月三日總統令公布增訂第71-1～71-11條條文。
8. 民國九十四年二月五日總統令修正公布全文198條；並自公布日起六個月施行。
9. 民國九十九年一月十三日總統令修正公布第45、109、130、131、133、134、136、138、140、141、147、158、163、167、168、176、198條條文；增訂第131-1、131-2、138-1～138-6、139-1～139-3、140-1、140-2、141-1、141-2、169-1、169-2條條文及第四章之第四節之一節名、第六節之一節名；刪除第139、160、161條條文；並自公布日施行。
10. 民國一百零二年五月八日總統令修正公布第5、32、40、44、198條條文；增訂第30-1～30-3、35-1～35-3、46-1、74-1條條文；刪除第108～138-6、139-1～159、162～170條條文及第四章章名、第四章第一節～第七節節名；並自公布日施行。
11. 民國一百零四年二月四日總統令修正公布第104條條文。
12. 民國一百零七年六月十三日總統令修正公布第93、187、198條條文；並自公布後六個月施行。

第一章　總則

第一節　事件管轄

第　1　條　　法院管轄之非訟事件，除法律另有規定外，適用本法之規定。

第 2 條　非訟事件之管轄，法院依住所而定者，在中華民國無住所或住所不明時，以在中華民國之居所視爲住所；無居所或居所不明者，以在中華民國最後之住所視爲住所。

住所地之法院不能行使職權者，由居所地之法院管轄。

無最後住所者，以財產所在地或司法院所在地之法院爲管轄法院。

第 3 條　數法院俱有管轄權者，由受理在先之法院管轄之。但該法院得依聲請或依職權，以裁定將事件移送於認爲適當之其他管轄法院。

第 4 條　同一地方法院或分院及其簡易庭受理之事件，其事務分配辦法，由司法院定之。

第 5 條　民事訴訟法第二十八條第一項及第二十九條至第三十一條之三規定，除別有規定外，於非訟事件準用之。

第 6 條　有下列各款情形之一者，直接上級法院應依關係人之聲請或法院之請求，指定管轄：

一、有管轄權之法院，因法律或事實不能行使職權者。

二、因管轄區域境界不明，致不能辨別有管轄權之法院者。

三、數法院於管轄權有爭議者。

直接上級法院不能行使職權者，管轄之指定，由再上級法院爲之。

指定管轄之裁定，不得聲明不服。

第 7 條　非訟事件，除本法或其他法律有規定外，依其處理事項之性質，由關係人住所地、事務所或營業所所在地、財產所在地、履行地或行爲地之法院管轄。

第 8 條　定法院之管轄，以聲請或開始處理時爲準。

第 9 條　民事訴訟法有關法院職員迴避之規定，於非訟事件準用之。

第二節　關係人

第 10 條　本法稱關係人者，謂聲請人、相對人及其他利害關係人。

第 11 條　民事訴訟法有關當事人能力、訴訟能力及共同訴訟之規定，於非訟事件關係人準用之。

第 12 條　民事訴訟法有關訴訟代理人及輔佐人之規定，於非訟事件之非訟代理人及輔佐人準用之。

第三節　費用之徵收及負擔

第 13 條　因財產權關係爲聲請者，按其標的之金額或價額，以新臺幣依下列標準徵

收費用：

一、未滿十萬元者，五百元。

二、十萬元以上未滿一百萬元者，一千元。

三、一百萬元以上未滿一千萬元者，二千元。

四、一千萬元以上未滿五千萬元者，三千元。

五、五千萬元以上未滿一億元者，四千元。

六、一億元以上者，五千元。

第 14 條 因非財產權關係為聲請者，徵收費用新臺幣一千元。

因非財產權關係而為聲請，並為財產上之請求者，關於財產上之請求，不另徵收費用。

第 15 條 夫妻財產制契約登記及法人設立登記，徵收費用新臺幣一千元。

除前項登記外，有關夫妻財產制及法人之其他登記，每件徵收費用新臺幣五百元。

第 16 條 非訟事件繫屬於法院後，處理終結前，繼續為聲請或聲明異議者，免徵費用。

第 17 條 對於非訟事件之裁定提起抗告者，徵收費用新臺幣一千元；再抗告者亦同。

第 18 條 聲請付與法人登記簿、補發法人登記證書、夫妻財產制契約登記簿或管理財產報告及有關計算文件之謄本、繕本、影本或節本、法人及代表法人董事之印鑑證明書者，每份徵收費用新臺幣二百元。

第 19 條 關於非訟事件標的金額或價額之計算及費用之徵收，本法未規定者，準用民事訴訟費用有關之規定。

第 20 條 郵務送達費及法院人員之差旅費不另徵收。但所需費用超過應徵收費用者，其超過部分，依實支數計算徵收。

第 21 條 非訟事件程序費用，除法律另有規定外，由聲請人負擔。檢察官為聲請人時，由國庫支付。

前項費用之負擔，有相對人者，準用民事訴訟法有關訴訟費用之規定。

第 22 條 因可歸責於關係人之事由，致生無益之費用時，法院得以裁定命其負擔費用之全部或一部。

第 23 條 民事訴訟法第八十五條之規定，於應共同負擔費用之人準用之。

第 24 條 依法應由關係人負擔費用者，法院裁定命關係人負擔時，應一併確定其數額。

前項情形，法院於裁定前，得命關係人提出費用計算書及釋明費用額之證

書。

第 25 條 應徵收之費用，由聲請人預納。但法院依職權所為之處分，由國庫墊付者，於核實計算後，向應負擔之關係人徵收之。

第 26 條 第十三條、第十四條、第十五條及第十七條規定之費用，關係人未預納者，法院應限期命其預納；逾期仍不預納者，應駁回其聲請或抗告。

第二十條及前項以外之費用，聲請人未預納者，法院得拒絕其聲請。

前二項規定，於法人及夫妻財產制契約登記事件準用之。

第 27 條 對於費用之裁定，不得獨立聲明不服。

第 28 條 對於費用之裁定，得為執行名義。

第四節 聲請及處理

第 29 條 聲請或陳述，除另有規定外，得以書狀或言詞為之。

以言詞為聲請或陳述時，應在法院書記官前為之。

前項情形，法院書記官應作成筆錄，並於筆錄內簽名。

第 30 條 聲請書狀或筆錄，應載明下列各款事項：

一、聲請人之姓名、性別、出生年月日、身分證統一號碼、職業及住、居所；聲請人為法人、機關或其他團體者，其名稱及公務所、事務所或營業所。

二、有法定代理人、非訟代理人者，其姓名、性別、出生年月日、身分證統一號碼、職業及住、居所。

三、聲請之意旨及其原因、事實。

四、供證明或釋明用之證據。

五、附屬文件及其件數。

六、法院。

七、年、月、日。

聲請人或其代理人，應於書狀或筆錄內簽名；其不能簽名者，得使他人代書姓名，由聲請人或其代理人蓋章或按指印。

第一項聲請書狀及筆錄之格式，由司法院定之。

第 30-1 條 非訟事件之聲請，不合程式或不備其他要件者，法院應以裁定駁回之。但其情形可以補正者，法院應定期間先命補正。

第 30-2 條 法院收受聲請書狀或筆錄後，得定期間命聲請人以書狀或於期日就特定事項詳為陳述；有相對人者，並得送達聲請書狀繕本或筆錄於相對人，限期命其陳述意見。

第 30-3 條　因程序之結果而法律上利害受影響之人，得聲請參與程序。

　　　　　法院認為必要時，得依職權通知前項之人參與程序。

第 31 條　民事訴訟法有關送達、期日、期間及證據之規定，於非訟事件準用之。

第 32 條　法院應依職權或依聲請，調查事實及必要之證據。

　　　　　法院為調查事實，得命關係人或法定代理人本人到場。

　　　　　法院認為關係人之聲明或陳述不明瞭或不完足者，得曉諭其敘明或補充之。

　　　　　關係人應協力於事實及證據之調查。

　　　　　關係人就其提出之事實，應為真實、完全及具體之陳述。

第 33 條　關於事實及證據之調查、通知及裁定之執行，得依囑託為之。

第 34 條　訊問關係人、證人或鑑定人，不公開之。但法院認為適當時得許旁聽。

第 35 條　訊問應作成筆錄。

第 35-1 條　民事訴訟法第一百六十八條至第一百八十條及第一百八十八條規定，於非訟事件準用之。

第 35-2 條　聲請人因死亡、喪失資格或其他事由致不能續行程序，而無依法令得續行程序之人，其他有聲請權人得於該事由發生時起十日內聲明承受程序；法院亦得依職權通知於一定期間內聲明承受程序。

　　　　　依聲請或依職權開始之事件，雖無人承受程序，法院認為必要時，應續行之。

第 35-3 條　聲請人與相對人就得處分之事項成立和解者，於作成和解筆錄時，發生與本案確定裁定同一之效力。

　　　　　前項和解有無效或得撤銷之原因者，聲請人或相對人得請求依原程序繼續審理，並準用民事訴訟法第三百八十條第四項規定。

　　　　　因第一項和解受法律上不利影響之第三人，得請求依原程序撤銷或變更和解對其不利部分，並準用民事訴訟法第五編之一第三人撤銷訴訟程序之規定。

第五節　裁定及抗告

第 36 條　非訟事件之裁判，除法律另有規定外，由獨任法官以裁定行之。

　　　　　命關係人為一定之給付及科處罰鍰之裁定，得為執行名義。

　　　　　民事訴訟法第二百三十二條、第二百三十三條及第二百三十六條至第二百三十八條之規定，於第一項裁定準用之。

第 37 條　裁定應作成裁定書，由法官簽名。但得於聲請書或筆錄上記載裁定，由法

官簽名以代原本。

裁定之正本及節本，由書記官簽名，並蓋法院印信。

第 38 條 裁定應送達於受裁定之人；必要時，並得送達於已知之利害關係人。

因裁定而權利受侵害者，得聲請法院付與裁定書。

第 39 條 關係人得聲請法院付與裁定確定證明書。

裁定確定證明書，由最初為裁定之法院付與之。但卷宗在上級法院者，由上級法院付與之。

第 40 條 法院認為不得抗告之裁定不當時，得撤銷或變更之。

因聲請而為裁定者，其駁回聲請之裁定，非因聲請不得依前項規定為撤銷或變更之。

裁定確定後而情事變更者，法院得撤銷或變更之。

法院為撤銷或變更裁定前，應使關係人有陳述意見之機會。

裁定經撤銷或變更之效力，除法律別有規定外，不溯及既往。

第 41 條 因裁定而權利受侵害者，得為抗告。

駁回聲請之裁定，聲請人得為抗告。

因裁定而公益受侵害者，檢察官得為抗告。

第 42 條 受裁定送達之人提起抗告，應於裁定送達後十日之不變期間內為之。但送達前之抗告，亦有效力。

未受裁定送達之人提起抗告，前項期間應自其知悉裁定時起算。但裁定送達於受裁定之人後已逾六個月，或因裁定而生之程序已終結者，不得抗告。

第 43 條 抗告應向為裁定之原法院提出抗告狀，或以言詞為之。

以言詞為抗告時，準用第二十九條第二項、第三項之規定。

第 44 條 抗告，除法律另有規定外，由地方法院以合議裁定之。

抗告法院為裁定前，應使因該裁定結果而法律上利益受影響之關係人有陳述意見之機會。但抗告法院認為不適當者，不在此限。

抗告法院之裁定，應附理由。

第 45 條 抗告法院之裁定，以抗告不合法而駁回者，不得再為抗告。但得向原法院提出異議。

前項異議，準用民事訴訟法第四百八十四條第二項及第三項之規定。

除前二項之情形外，對於抗告法院之裁定再為抗告，僅得以其適用法規顯有錯誤為理由。

第 46 條 抗告及再抗告，除本法另有規定外，準用民事訴訟法關於抗告程序之規

定。

第 46-1 條 民事訴訟法第五編再審程序之規定，於非訟事件之確定裁定準用之。

除前項規定外，有下列各款情形之一者，不得更以同一事由聲請再審：

一、已依抗告、聲請再審、聲請撤銷或變更裁定主張其事由，經以無理由駁回者。

二、知其事由而不為抗告；或抗告而不為主張，經以無理由駁回者。

第 47 條 因法院之裁定有為一定行為、不為一定行為或忍受一定行為之義務者，經命其履行而不履行時，除法律另有規定外，得處新臺幣三萬元以下罰鍰，並得繼續命其履行及按次連續各處新臺幣三萬元以下罰鍰。

前項裁定，應附理由，於裁定前應為警告。

對於第一項裁定，得為抗告；抗告中應停止執行。

第 48 條 民事訴訟法第二百四十一條至第二百四十三條之規定，於非訟事件準用之。

第 49 條 外國法院之確定非訟事件之裁判，有下列各款情形之一者，不認其效力：

一、依中華民國之法律，外國法院無管轄權者。

二、利害關係人為中華民國人，主張關於開始程序之書狀或通知未及時受送達，致不能行使其權利者。

三、外國法院之裁判，有背公共秩序或善良風俗者。

四、無相互之承認者。但外國法院之裁判，對中華民國人並無不利者，不在此限。

第六節　司法事務官處理程序

第 50 條 非訟事件，依法律移由司法事務官處理者，依本法之規定；本法未規定者，準用其他法律關於法院處理相同事件之規定。

第 51 條 司法事務官處理受移轉之非訟事件，得依職權調查事實及必要之證據。但命為具結之調查，應報請法院為之。

第 52 條 司法事務官處理受移轉之非訟事件或兼辦其他事務作成之文書，其名稱及應記載事項，各依有關法律之規定。

第 53 條 司法事務官就受移轉之非訟事件所為處分，其文書正本或節本，由司法事務官簽名，並蓋法院印信。

司法事務官在地方法院簡易庭處理受移轉之非訟事件時，前項文書正本或節本，得僅蓋該簡易庭之關防。

第一項處分確定後，由司法事務官付與確定證明書。

第 54 條　司法事務官就受移轉之非訟事件所為處分，與法院所為者有同一之效力。

第 55 條　聲請人或權利受侵害者，對於司法事務官就受移轉事件所為之處分，得依各該事件適用原由法院所為之救濟程序，聲明不服。

前項救濟程序應為裁定者，由地方法院行之。

對於前項裁定，得依第四十五條規定向直接上級法院提起再抗告。

第 56 條　當事人對於司法事務官就受移轉事件所為之終局處分，如由法院裁定無救濟方法時，仍得於處分送達後十日之不變期間內，以書狀向司法事務官提出異議。

司法事務官認前項異議為有理由時，應另為適當之處分；認異議為無理由者，應送請法院裁定之。

法院認第一項之異議為有理由時，應自為適當之裁定；認異議為無理由者，應以裁定駁回之。

前項裁定，應敘明理由，並送達於當事人。

對於第三項之駁回裁定，不得聲明不服。

第 57 條　前條異議程序免徵費用。

第 58 條　司法事務官兼辦提存或法人及夫妻財產制契約登記事務，適用各該法令之規定，並應以提存所主任或登記處主任名義行之。

司法事務官兼辦前項事務所為處分，與提存所主任或登記處主任所為者有同一之效力。

第二章　民事非訟事件

第一節　法人之監督及維護事件

第 59 條　民法第三十三條第二項之請求解除董事或監察人職務事件、第三十六條之請求宣告解散事件、第三十八條、第三十九條及第四十二條之有關法人清算事件、第五十一條第三項之許可召集總會事件、第五十八條之聲請解散事件、第六十二條之聲請必要處分事件及第六十三條之聲請變更組織事件，均由法人主事務所所在地之法院管轄。

第 60 條　主管機關、檢察官或利害關係人依民法第三十六條或第五十八條規定，聲請法院宣告解散法人時，應附具應為解散之法定事由文件；由利害關係人聲請者，並應釋明其利害關係。

第 61 條　主管機關或檢察官依下列規定為聲請時，應附具法定事由之文件；其他聲請人為聲請時，並應附具資格之證明文件：

一、民法第三十八條之聲請選任清算人。

二、民法第六十二條之聲請法院爲必要處分。

三、民法第六十三條之聲請變更財團組織。

主管機關依民法第三十三條第二項規定，請求法院解除法人董事或監察人職務時，應附具法定事由之文件。

社團之社員依民法第五十一條第三項規定，請求法院爲召集總會之許可時，應附具法定事由及資格證明之文件。

第 62 條　法院依民法第六十二條爲必要之處分及第六十三條變更財團之組織前，應徵詢主管機關之意見。但由主管機關聲請者，不在此限。

第 63 條　法院依民法第三十六條或第五十八條宣告法人解散、第三十八條選任清算人、第六十條第三項指定遺囑執行人、第六十二條爲必要之處分及第六十三條變更財團之組織前，得通知檢察官陳述意見。

第 64 條　法人之董事一人、數人或全體不能或怠於行使職權，或對於法人之事務有自身利害關係，致法人有受損害之虞時，法院因主管機關、檢察官或利害關係人之聲請，得選任臨時董事代行其職權。但不得爲不利於法人之行爲。

法院爲前項裁定前，得徵詢主管機關、檢察官或利害關係人之意見。

法院得按代行事務性質、繁簡、法人財務狀況及其他情形，命法人酌給第一項臨時董事相當報酬；其數額由法院徵詢主管機關、檢察官或利害關係人意見後定之。

第 65 條　法院依民法第三十三條第二項解除董事或監察人職務、第三十六條或第五十八條宣告法人解散、第三十八條選任清算人、第三十九條解除清算人職務、第六十三條變更財團組織及依前條選任臨時董事者，應囑託登記處登記。

第二節　意思表示之公示送達事件

第 66 條　民法第九十七條之聲請公示送達事件，不知相對人之姓名時，由表意人住所地之法院管轄；不知相對人之居所者，由相對人最後住所地之法院管轄。

第三節　出版、拍賣及證書保存事件

第 67 條　民法第五百十八條第二項所定聲請再出新版事件，由出版人營業所所在地或住所地之法院管轄。

第 68 條	民法第五百二十七條第二項所定許可繼續出版契約關係之聲請，得由出版權授與人或其繼承人、法定代理人或出版人為之。
	前項聲請事件，由出版人營業所所在地或住所地之法院管轄。
第 69 條	民法債編施行法第二十八條所定之證明，由應變賣地公證人、警察機關、商業團體或自治機關為之。
第 70 條	民法第八百二十六條第二項所定證書保存人之指定事件，由共有物分割地之法院管轄。
	法院於裁定前，應訊問共有人。
	指定事件之程序費用，由分割人共同負擔之。
第 71 條	前條之規定，於所有權以外之財產權，由數人共有或公同共有者準用之。
第 72 條	民法所定抵押權人、質權人、留置權人及依其他法律所定擔保物權人聲請拍賣擔保物事件，由拍賣物所在地之法院管轄。
第 73 條	法定抵押權人或未經登記之擔保物權人聲請拍賣擔保物事件，如債務人就擔保物權所擔保債權之發生或其範圍有爭執時，法院僅得就無爭執部分裁定准許拍賣之。
	法院於裁定前，應使債務人有陳述意見之機會。
第 74 條	最高限額抵押權人聲請拍賣抵押物事件，法院於裁定前，就抵押權所擔保之債權額，應使債務人有陳述意見之機會。
第 74-1 條	第七十二條所定事件程序，關係人就聲請所依據之法律關係有爭執者，法院應曉諭其得提起訴訟爭執之。
	前項情形，關係人提起訴訟者，準用第一百九十五條規定。

第四節　信託事件

第 75 條	信託法第十六條所定聲請變更信託財產管理方法事件、第二十八條第二項所定聲請信託事務之處理事件、第三十五條第一項第三款所定聲請許可將信託財產轉為自有財產或於該信託財產上設定或取得權利事件、第三十六條第一項但書所定受託人聲請許可辭任事件、第二項所定聲請解任受託人事件、第五十二條第一項所定聲請選任信託監察人事件、第五十六條所定信託監察人聲請酌給報酬事件、第五十七條所定聲請許可信託監察人辭任事件、第五十八條所定聲請解任信託監察人事件、第五十九條所定聲請選任新信託監察人事件及第六十條第二項所定聲請檢查信託事務、選任檢查人及命為其他必要之處分事件，均由受託人住所地之法院管轄。
	信託法第三十六條第三項所定聲請選任新受託人或為必要之處分事件，由

原受託人住所地之法院管轄。

前二項之受託人或原受託人有數人，其住所不在一法院管轄區域內者，各該住所地之法院俱有管轄權。

信託法第四十六條所定聲請選任受託人事件，由遺囑人死亡時住所地之法院管轄。

第 76 條　信託法第六十條第一項所定信託事務之監督，由受託人住所地之法院為之。

法院對於信託事務之監督認為必要時，得命提出財產目錄、收支計算表及有關信託事務之帳簿、文件，並得就信託事務之處理，訊問受託人或其他關係人。

前項裁定，不得聲明不服。

第 77 條　法院選任之信託監察人有信託法第五十八條所定解任事由時，法院得依職權解任之，並同時選任新信託監察人。

第 78 條　法院選任或解任受託人或信託監察人時，於裁定前得訊問利害關係人。

對於法院選任或解任受託人或信託監察人之裁定，不得聲明不服。

第 79 條　對於法院選任檢查人之裁定，不得聲明不服。

第 80 條　第一百七十三條規定，於法院依信託法第六十條規定選任之檢查人，準用之。

第 81 條　法院得就信託財產酌給檢查人相當報酬；其數額由法院徵詢受託人意見後酌定之，必要時，並得徵詢受益人、信託監察人之意見。

第三章　登記事件

第一節　法人登記

第 82 條　法人登記事件，由法人事務所所在地之法院管轄。

前項登記事務，由地方法院登記處辦理之。

第 83 條　登記處應備置法人登記簿。

第 84 條　法人設立之登記，除依民法第四十八條第二項及第六十一條第二項規定辦理外，並應附具下列文件：

一、主管機關許可或核准之文件。

二、董事資格之證明文件。設有監察人者，其資格之證明文件。

三、社員名簿或財產目錄，並其所有人名義為法人籌備處之財產證明文件。

四、法人及其董事之簽名式或印鑑。

法人辦理分事務所之登記時，應附具下列文件：

一、主管機關許可或核准之文件。

二、分事務所負責人資格之證明文件。

三、分事務所及其負責人之簽名式或印鑑。

第 85 條 法人以事務所之新設、遷移或廢止，其他登記事項之變更，而為登記或為登記之更正及註銷者，由董事聲請之。

為前項聲請者，應附具聲請事由之證明文件；其須主管機關核准者，並應加具核准之證明文件。

第 86 條 登記處於登記後，應發給專用於辦理法人取得財產登記之登記簿謄本，並限期命聲請人繳驗法人已取得財產目錄所載財產之證明文件，逾期撤銷其設立登記，並通知主管機關。

聲請人繳驗前項財產證明文件後，登記處應發給法人登記證書，並通知其主管機關及稅捐機關。

法人登記證書滅失或毀損致不堪用者，得聲請補發。

第 87 條 法人聲請登記時所使用之印鑑，得由法人預納費用，向登記處聲請核發印鑑證明書。

前項印鑑證明書，登記處認有必要時，得記載其用途。

第 88 條 法人解散之登記，由清算人聲請之。

為前項聲請者，應附具清算人資格及解散事由之證明文件。

已成立之法人，經主管機關撤銷許可者，準用前二項之規定。

法人因法院或其他有關機關命令解散者，登記處應依有關機關囑託為解散之登記。

第 89 條 法人依本法規定撤銷或註銷其設立登記者，其清算程序，除本法別有規定外，準用民法關於法人清算之規定。

第 90 條 法人之清算人任免或變更之登記，由現任清算人聲請之。

為前項聲請者，應附具清算人任免或變更之證明文件。

第 91 條 法人清算終結之登記，由清算人聲請之。

為前項聲請者，應附具清算各事項已得承認之證明文件。

第 92 條 法人登記之聲請有違反法律、不合程式或其他欠缺而可以補正者，登記處應酌定期間，命聲請人補正後登記之。逾期不補正者，駁回其聲請。

第 93 條 法人已登記之事項，登記處應於登記後三日內於公告處公告七日以上。

除前項規定外，登記處應命將公告之繕本或節本，公告於法院網站；登記

處認為必要時，並得命登載於公報或新聞紙。

公告與登記不符者，以登記為準。

第　94　條　聲請人發見登記錯誤或遺漏時，得聲請登記處更正之。

登記處發見因聲請人之錯誤或遺漏致登記錯誤或遺漏者，應限期命聲請人聲請更正，逾期不聲請更正者，登記處應於登記簿附記其應更正之事由。

因登記處人員登記所生之顯然錯誤或遺漏，登記處經法院院長許可，應速為登記之更正。

前三項經更正後，應即通知聲請人及利害關係人。

第　95　條　登記處於登記後，發見有下列各款情形之一者，經法院院長之許可，應註銷其登記，並通知聲請人及利害關係人。但其情形可以補正者，應定期間先命補正：

一、事件不屬該登記處之法院管轄者。

二、聲請登記事項不適於登記者。

三、應提出之證明文件不完備者。

四、所提出之財產目錄，其記載與證明文件不相符者。

五、聲請不備其他法定要件者。

第　96　條　關係人認登記處處理登記事務違反法令或不當時，得於知悉後十日內提出異議。但於處理事務完畢後已逾二個月時，不得提出異議。

第　97　條　登記處如認前條之異議為有理由時，應於三日內為適當之處置。如認為無理由時，應附具意見於三日內送交所屬法院。

法院認異議為有理由者，應以裁定命登記處為適當之處置。認異議為無理由者，應駁回之。

前項裁定，應附理由，並送達於登記處、異議人及已知之利害關係人。

第　98　條　法人之登記經更正、撤銷或註銷確定者，準用第九十三條之規定。

第　99　條　法人登記自為清算終結之登記後，即行銷結。

第　100　條　本法有關法人登記之規定，於外國法人之登記準用之。但法令有特別規定者，不在此限。

外國法人經認許設立事務所者，其事務所之聲請設立登記，由該法人之董事或其在中華民國之代表人為之。

前項聲請，除提出認許之文件外，並應附具經中華民國駐外機構認證或證明之下列文件：

一、法人名稱、種類及其國籍。

二、法人之組織章程或捐助章程。

三、董事或在中華民國代表人資格之證明文件。

第二節　夫妻財產制契約登記

第 101 條　民法有關夫妻財產制契約之登記，由夫妻住所地之法院管轄；不能在住所地爲登記或其主要財產在居所地者，得由居所地之法院管轄。

　　　　　　不能依前項規定定管轄之法院者，由司法院所在地之法院管轄。

　　　　　　前二項登記事務，由地方法院登記處辦理之。

第 102 條　依前條規定爲登記之住所或居所遷移至原法院管轄區域以外時，應爲遷移之陳報。

　　　　　　前項陳報，得由配偶之一方爲之；陳報時應提出原登記簿謄本。

第 103 條　登記處應備置夫妻財產制契約登記簿。

第 104 條　夫妻財產制契約之登記，應附具下列文件，由契約當事人雙方聲請之。但其契約經公證者，得由一方聲請之：

　　　　　　一、夫妻財產制契約。

　　　　　　二、財產目錄及其證明文件；其財產依法應登記者，應提出該管登記機關所發給之謄本。

　　　　　　三、夫及妻之簽名式或印鑑。

　　　　　　法院依民法規定，宣告改用分別財產制者，應於裁判確定後囑託登記處登記之。

第 105 條　第九十二條至第九十八條之規定，於夫妻財產制契約之登記準用之。

第 106 條　法人或夫妻財產制契約登記簿，任何人得向登記處聲請閱覽、抄錄或攝影，或預納費用聲請付與謄本。

　　　　　　前項登記簿之附屬文件，利害關係人得敘明理由，聲請閱覽、抄錄或攝影。但有妨害關係人隱私或其他權益之虞者，登記處得拒絕或限制其範圍。

第 107 條　法人及夫妻財產制契約登記規則，由司法院定之。

第四章　（刪除）

第一節　（刪除）

第108條～第120條（刪除）

第二節　（刪除）
第121條～第132條（刪除）

第三節　（刪除）
第133條～第137條（刪除）

第四節　（刪除）
第138條～第140條（刪除）

第四節之一　（刪除）
第140-1條～第140-2條（刪除）

第五節　（刪除）
第141條～第157條（刪除）

第六節　（刪除）
第158條～第169條（刪除）

第六節之一　（刪除）
第169-1條～第169-2條（刪除）

第七節　（刪除）
第 170 條　（刪除）

第五章　商事非訟事件

第一節　公司事件
第 171 條　公司法所定由法院處理之公司事件，由本公司所在地之法院管轄。
第 172 條　公司裁定解散事件，有限責任股東聲請法院准其檢查公司帳目、業務及財產事件，股東聲請法院准其退股及選派檢查人事件，其聲請應以書面為之。
　　　　　　前項事件，法院為裁定前，應訊問利害關係人。
　　　　　　第一項事件之裁定應附理由。

第 173 條　檢查人之報告，應以書面爲之。

法院就檢查事項認爲必要時，得訊問檢查人。

第 174 條　檢查人之報酬，由公司負擔；其金額由法院徵詢董事及監察人意見後酌定之。

第 175 條　對於法院選派或解任公司清算人、檢查人之裁定，不得聲明不服。但法院依公司法第二百四十五條第一項規定選派檢查人之裁定，不在此限。

前項但書之裁定，抗告中應停止執行。

第一項事件之聲請爲有理由時，程序費用由公司負擔。

第 176 條　有下列情形之一者，不得選派爲清算人：

一、未成年人。

二、受監護或輔助宣告之人。

三、褫奪公權尚未復權。

四、受破產宣告尚未復權。

五、曾任清算人而被法院解任。

第 177 條　第一百七十四條之規定，於法院選派之清算人準用之。

第 178 條　公司法所定清算人就任之聲報，應以書面爲之。

前項書面，應記載清算人之姓名、住居所及就任日期，並附具下列文件：

一、公司解散、撤銷或廢止登記之證明。

二、清算人資格之證明。

第 179 條　公司法所定股東或股東會解任清算人之聲報、清算人所造具資產負債表或財務報表及財產目錄之聲報、清算人展期完結清算之聲請及法院許可清算人清償債務之聲請，應以書面爲之。

第 180 條　公司法所定清算完結之聲報，應以書面爲之，並附具下列文件：

一、結算表冊經股東承認之證明或清算期內之收支表、損益表經股東會承認之證明。

二、經依規定以公告催告申報債權及已通知債權人之證明。

第 181 條　對於法院依公司法規定指定公司簿冊及文件保存人之裁定，不得聲明不服。

前項程序費用，由公司負擔。

第 182 條　公司法所定股東聲請法院爲收買股份價格之裁定事件，法院爲裁定前，應訊問公司負責人及爲聲請之股東；必要時，得選任檢查人就公司財務實況，命爲鑑定。

前項股份，如爲上櫃或上市股票，法院得斟酌聲請時當地證券交易實際成

交價格核定之。

第一項檢查人之報酬，經法院核定後，除有第二十二條之情形外，由爲聲請之股東及公司各負擔二分之一。

對於收買股份價格事件之裁定，應附理由，抗告中應停止執行。

第 183 條 公司法第二百零八條之一所定選任臨時管理人事件，由利害關係人或檢察官向法院聲請。

前項聲請，應以書面表明董事會不爲或不能行使職權，致公司有受損害之虞之事由，並釋明之。

第一項事件，法院爲裁定前，得徵詢主管機關、檢察官或其他利害關係人之意見。

第一項事件之裁定，應附理由。

法院選任臨時管理人時，應囑託主管機關爲之登記。

第 184 條 公司法第二百六十四條所定公司債債權人會議決議認可事件，由公司債債權人之受託人或債權人會議指定之人向法院申報。

第一百七十二條第二項及前條第四項規定，於前項申報事件之裁定準用之。

第 185 條 就公司重整程序所爲各項裁定，除公司法另有規定外，準用第一百七十二條第二項之規定。

前項裁定，應附理由；其認可重整計畫之裁定，抗告中應停止執行。

第 186 條 依公司法第二百八十七條第一項第一款及第六款所爲之財產保全處分，如其財產依法應登記者，應囑託登記機關登記其事由；其財產依法應註冊者亦同。

駁回重整聲請裁定確定時，法院應囑託登記或註冊機關塗銷前項事由之登記。

第 187 條 依公司法第二百八十七條第一項第二款、第三款及第五款所爲之處分，應黏貼法院公告處，自公告之日起發生效力；必要時，並得登載本公司所在地之新聞紙或公告於法院網站。

駁回重整聲請裁定確定時，法院應將前項處分已失效之事由，依原處分公告方法公告之。

第 188 條 依公司法第三百零五條第一項、第三百零六條第二項至第四項及第三百十條第一項所爲裁定，應公告之，毋庸送達。

前項裁定及准許開始重整之裁定，其利害關係人之抗告期間，應自公告之翌日起算。

第一項之公告方法，準用前條第一項之規定。

准許開始重整之裁定，如經抗告者，在駁回重整聲請裁定確定前，不停止執行。

第 189 條　公司法第三百三十五條第一項命令開始特別清算、第三百五十條第二項及第三百五十一條協定之認可或變更，準用第一百七十二條第二項、第一百八十二條第四項及前條之規定。

第 190 條　公司法所定特別清算程序中應聲請法院處理之事件，其聲請應以書面爲之。

前項事件，準用第一百七十二條第二項之規定。

第 191 條　公司法第三百五十四條第一款、第二款及第六款之處分，準用第一百八十六條及第一百八十七條之規定。

第 192 條　依公司法第三百五十五條宣告破產時，其在特別清算程序之費用，視爲破產財團債務。

第二節　海商事件

第 193 條　海商法第五十一條第三項所定貨物拍賣事件，由貨物應受領地之法院管轄。

第三節　票據事件

第 194 條　票據法第一百二十三條所定執票人就本票聲請法院裁定強制執行事件，由票據付款地之法院管轄。

二人以上爲發票人之本票，未載付款地，其以發票地爲付款地，而發票地不在一法院管轄區域內者，各該發票地之法院俱有管轄權。

第 195 條　發票人主張本票係僞造、變造者，於前條裁定送達後二十日內，得對執票人向爲裁定之法院提起確認之訴。

發票人證明已依前項規定提起訴訟時，執行法院應停止強制執行。但得依執票人聲請，許其提供相當擔保，繼續強制執行，亦得依發票人聲請，許其提供相當擔保，停止強制執行。

發票人主張本票債權不存在而提起確認之訴不合於第一項之規定者，法院依發票人聲請，得許其提供相當並確實之擔保，停止強制執行。

第六章　附則

第 196 條　本法施行細則，由司法院定之。

　　　　本法未規定及新增之非訟事件，其處理辦法由司法院定之。

第 197 條　本法施行前已繫屬之事件，其法院管轄權及審理程序依下列之規定：

　　　　一、地方法院未為終局裁定者，依本法修正後之規定。

　　　　二、地方法院已為終局裁定尚未送抗告法院者，依本法修正後之規定。

　　　　三、抗告法院未為終局裁定者，依本法修正前之規定。

第 198 條　本法自公布日起六個月施行。

　　　　本法修正條文，除中華民國一百零七年五月二十二日修正之條文自公布後六個月施行外，自公布日施行。

索引

家圖書館出版品預行編目(CIP)資料

實用非訟事件法／林洲富著. -- 十四版.
-- 臺北市：五南圖書出版股份有限公司,
2023.05
　面；　公分
ISBN 978-626-366-053-3（平裝）

1.CST: 非訟事件

584.8　　　　　　　112006126

1S09

實用非訟事件法

作　　　者 — 林洲富（134.2）

發 行 人 — 楊榮川

總 經 理 — 楊士清

總 編 輯 — 楊秀麗

副總編輯 — 劉靜芬

責任編輯 — 林佳瑩

封面設計 — 姚孝慈

出 版 者 — 五南圖書出版股份有限公司

地　　　址：106台北市大安區和平東路二段339號4樓

電　　　話：(02)2705-5066　　傳　　真：(02)2706-6100

網　　　址：https://www.wunan.com.tw

電子郵件：wunan@wunan.com.tw

劃撥帳號：01068953

戶　　　名：五南圖書出版股份有限公司

法律顧問　林勝安律師

出版日期　2004 年 9 月初版一刷
　　　　　2021 年 6 月十三版一刷
　　　　　2023 年 5 月十四版一刷

定　　　價　新臺幣550元

經典永恆・名著常在

五十週年的獻禮——經典名著文庫

五南，五十年了，半個世紀，人生旅程的一大半，走過來了。

思索著，邁向百年的未來歷程，能為知識界、文化學術界作些什麼？

在速食文化的生態下，有什麼值得讓人雋永品味的？

歷代經典・當今名著，經過時間的洗禮，千錘百鍊，流傳至今，光芒耀人；

不僅使我們能領悟前人的智慧，同時也增深加廣我們思考的深度與視野。

我們決心投入巨資，有計畫的系統梳選，成立「經典名著文庫」，

希望收入古今中外思想性的、充滿睿智與獨見的經典、名著。

這是一項理想性的、永續性的巨大出版工程。

不在意讀者的眾寡，只考慮它的學術價值，力求完整展現先哲思想的軌跡；

為知識界開啟一片智慧之窗，營造一座百花綻放的世界文明公園，

任君遨遊、取菁吸蜜、嘉惠學子！